U0516013

本书为国家社会科学基金

"十三五"规划 2017 年度教育学一般课题（项目编号：BDA170026）最终成果

中非教育合作

战略与机制创新研究

Research on
Strategy and Mechanism Innovation
of
China-Africa
Educational Cooperation

牛长松 著

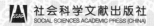

社会科学文献出版社
SOCIAL SCIENCES ACADEMIC PRESS (CHINA)

目录

CONTENTS

教育在非洲国家建构、社会经济发展中发挥着重要的引擎作用，如何发展教育一直是非洲国家社会经济发展中的重要问题。独立后的非洲各国始终将教育置于优先发展的地位，20世纪60年代，很多刚刚独立的非洲国家对教育在巩固政治独立、振兴民族经济方面所具有的作用寄予厚望，大力增加教育投入，并采取了部分减免学费的政策。实际上，教育投入在非洲国家国内生产总值（GDP）和财政预算中占较大的比重，世界银行2012年报告显示，撒哈拉以南非洲低收入国家的教育经费占GDP的4.3%；撒哈拉以南非洲中等收入国家的教育经费占GDP的5.7%，这一比例已经超过了经济合作与发展组织（OECD）的平均水平（占GDP的5.5%）。然而，在如此高的投入下，非洲国家教育进步尚不明显，仍面临很多问题与挑战，小学完成率为67%，中等教育毛入学率为50%，高等教育入学率只有5%。[1]非洲国家尚无法完全依靠自身力量实现教育现代化，非洲教育发展依然离不开外部援助。

　　二战后兴起的国际教育援助历经半个多世纪，在援助理念、制度和方式等方面均发生了变化，从强调教育援助的经济价值到关注教育促进人的发展的作用，从项目援助到部门援助及计划援助，从援受双方的不平等到倡导平等伙伴关系，从重视援助的有效性到提出发展有效性。然而，无论援助模式如何变化，援助重点如何在基础教育、高等教育、职业教育间转移，教育援助始终是大国践行其国际社会责任的一种表现。教育援助是一

---

[1] Kirsten Majgaard and Alain Mingat, *Education in Sub-Saharan Africa: A Comparative Analysis*, Washington, D.C.: World Bank, 2012.

项国际公益性事业，因其所具有的国际主义、人道主义理念和精神而在国际社会和各国受到普遍的推崇，所以，国际教育援助即使是跨地区、跨国界、跨政治文化和跨意识形态也能受到受援国及其民众的普遍欢迎，并且较易取得国际社会的赞誉和好评。[①] 为帮助包括非洲国家在内的欠发展国家实现 2030 可持续发展目标，国际社会在反思千年发展目标的同时，纷纷提出一些新的合作举措。世界银行在非洲实施"区域技能优异中心"等项目，促进非洲国家技能型人才的培养；印度与非洲的远程教育合作不断推进；日本对非洲的数学和科学教师培训已从东部非洲扩展到西非。

"国之交在于民相亲，民相亲在于心相通"，教育人文交流是中非合作的民意和社会基础。中国在加强对非洲经贸、基础设施等硬援助的同时，加强对非洲教育人文领域的软投入，形成各领域交流合作相互配合的集群效应变得越来越重要。近年来，非洲教育本土化发展的诉求日益强烈，因此积极有效地推进与非洲国家的教育合作，促进中非共同发展，日益成为中非合作关系的重要内容。

（一）学术价值

殖民时期，西方传教士打着启发"蒙昧"、传播文明的旗号，来到非洲大陆创办学校，传播教义，随着西方殖民体系的建立，英法殖民者在非洲建立正规学制，灌输西方语言、文化和价值观，非洲本土教育模式被打破，传统文化被蔑视、被贬低，导致非洲人对自身文明和文化的不自信与自惭。殖民时期，教育完全沦为维护殖民地统治的工具。非洲社会对西方政治、经济和文化严重依附，非洲在科学、技术、知识方面高度依赖宗主国，这种依附关系并未伴随非洲国家的独立而结束，相反，西方国家借助教育援助延续并强化了更深层次的依附关系。西方传统教育援助的政治性目的明显，西方传统援助往往附加民主、人权等政治条件，向非洲国家强力推行西方价值观。20 世纪 80 年代，西方以加强"善治"为目标，

[①] 熊淳：《减贫战略框架下日本对非洲的基础教育援助研究》，博士学位论文，华东师范大学，2010。

在非洲推行结构调整政策，要求非洲国家削减教育投入，尤其是减少高等教育经费，造成非洲高等教育的衰落。从援助效果来看，到2015年底，在西方倾斜性援助政策下，尽管非洲国家初等教育有了长足进步，但仍然没有实现全民教育目标，并且教育质量堪忧，教育发展不平衡的问题依旧显著。

中非合作已有近70年的历史，以平等互利、相互尊重、合作共赢、共同发展、共建人类命运共同体为核心理念的中非教育合作超越西方传统的对非教育援助，也有别于中国与西方国家的国际教育交流，具有典型的南南合作特征。中非教育合作可以创新国际教育援助理论，丰富全球教育治理内涵。本书可以为国际教育交流与合作（国际教育援助）提供新范式，探求教育"走出去"的新路径，创新中国教育国际化战略模式，为国际教育合作提供新的理论解释。

（二）现实意义

巩固和发展同非洲国家的友好合作是中国长期的战略选择。当前，中国的综合国力和国际地位大幅提升，与非洲在各领域的合作更加广泛。中非教育交流与合作能有效增进国际社会尤其是非洲对中国的理解与信任，既有助于中非关系的发展，也有助于中国在国际上展示负责任的大国形象，提升中国在非的软实力。中非教育合作，直接惠及非洲普通民众，增进了中非之间的认知和理解。中国与非洲教育合作的研究可为中国政府进一步改善与深化中非教育合作关系提供政策咨询，并为"一带一路"教育行动提供更多良好案例。

（三）国内外相关研究动态

中国与非洲的教育合作始于20世纪50年代，包括教育高层互访，招收和培养非洲留学生，进行人力资源短期培训，在非进行中文教学、人员交流、科研合作、援建学校等内容。在中非关系和中国对非战略框架下，中非教育合作不断深入与发展。尤其是2000年中非合作论坛成立以来，中非教育合作的形式、内容迅速扩展和深化，规模也迅速扩大。然而，与中非在经贸等领域的合作相比，中非教育人文交流与合作相对滞后和薄弱。为了促进中非之间民心相通，夯实中非合作的民意基础，在战略高度上思考和规划中非教育合作的路径与机制具有深远的意义与价值。

总体而言，国内外学者对中非教育合作的现有研究可以分为三类。

其一，从整体上对中非教育合作的综合研究。从整体层面分析中非教育合作，可以分为中非教育合作的价值与意义、历史阶段、内容与成效、建议四个方面。

学者们关于中非教育合作的价值与意义的研究，主要从外交、教育、经济和社会发展等几个层面展开。在外交上，中非教育合作与交流是国家间政治、经济、文化关系的重要组成部分，是中非外交关系的核心内容之一，多数学者认同中非教育合作塑造了中国负责任大国的良好形象，[①] 肯尼斯·金认为中国对非教育援助与人力资源培训是"具有中国特色"的软实力，[②] 余伟斌认为中非教育合作在"走出去"过程中能提升中国的软实力；[③] 在教育上，中国不断增加对非教育援助，中国在非洲建立学校，并持续增加教师、教学设备等资源的投入，帮助非洲更多的国家开拓教育事业，中非教育合作有利于促进非洲教育改革，提高非洲国家的教育效率和教育质量，有助于非洲国家走上独立自主的教育发展道路；在经济和社会发展上，学者大多将中非教育合作视为建立友好国家关系的文化依托以及构建命运共同体的重要基础，认为中非教育合作有助于双方政治经贸关系发展。[④] 中非双方都已意识到：教育事业是国家重要的发展战略，双方通过建设普及化教育、提高教育水平与开发人力资源，能够推动非洲的经济发展和社会全面进步。[⑤]

学者们对中非教育合作历史阶段的划分略有分歧。《中国与非洲国家的教育交流与合作》将中非教育合作分为三个阶段。第一个阶段是20世纪50年代到80年代，中国与刚刚取得民族独立的非洲国家同样经济贫弱、科技

---

① 贺文萍：《中非教育交流与合作概述——发展阶段及未来挑战》，《西亚非洲》2007年第3期，第13～18页；项建英：《中非文化交流困境及中国对非教育的使命》，《比较教育研究》2011年第12期，第38～42页。

② 〔英〕肯尼斯·金：《中国对非洲的援助与软实力：以教育和培训为例》，刘爱生、彭利平译，浙江大学出版社，2015。

③ 余伟斌：《中国对非外交政策的文化软实力研究》，博士学位论文，武汉大学，2014。

④ 张秀琴等：《中国和非洲国家的教育交流与合作》，《西亚非洲》2004年第3期，第24～28、79～80页。

⑤ 中华人民共和国教育部中非教育部长论坛文集编辑组：《2005中非教育部长论坛文集》，北京大学出版社，2006。

落后，培养建设人才成为共同的需要，双边代表团互访和学生互换为主要合作方式，合作规模尚小。第二个阶段是20世纪90年代，中国国家领导人相继出访非洲，双边合作从学生交流扩展到高等院校的合作，并逐渐走向成熟。第三个阶段是2000年中非合作论坛成立以来，中非教育合作进入新的历史时期，呈现多主体、多层次、多领域、多形式的特征。①也有学者将时间阶段划得更为细致，例如，20世纪50年代至1977年为初创和探索阶段，1978~1999年为变革与发展阶段，2000年至今为快速提升与全面发展阶段。②此外，有学者梳理了2000年之前的中非教育合作的发展情况，将之划分为四个阶段：1949年至1966年为第一阶段，主要形式是互派留学生和教育代表团互访；1966年至1978年为第二阶段，在中国"文化大革命"时期中非教育合作与交流曾一度中断，但后期恢复；1979年至1989年为第三阶段，自中国实行改革开放以来，中非双方的教育交流与互动频率增加，应非洲政府的需求，中国向非洲派遣大量的专业教师；1990年至1999年为第四阶段，中非教育合作与交流的层次不断提高。③不同学者对中非教育合作历史阶段的划分有差异，但总体而言，多数学者一致认同：20世纪50年代是中非教育合作的起步阶段；进入21世纪，在中非合作论坛成立后，中非教育合作进入新阶段。

中非教育合作主要涵盖以下内容：教育高层互访、留学生交流、高等教育合作、职业技术教育合作、开办专业研修班、孔子学院建设、开展中文培训与派遣专业教师。在2005年北京举行的中非教育部长论坛上，围绕发展中国家的教育发展战略与改革以及国家间的教育合作与交流，中国强调教育在国家发展战略中的优先地位，并且提出要根据非洲国家社会发展的实际需要，以项目援助为依托，以高等学校为阵地，通过接纳留学生和派遣专业学者等多种形式，继续广泛深入地开展教育援非工

① 王鲁新：《中国与非洲国家的教育交流与合作》，载北京大学非洲研究中心编《中国与非洲》，北京大学出版社，2000，第326~331页。
② 刘鸿武、黄梅波等：《中国对外援助与国际责任的战略研究》，中国社会科学出版社，2013，第274~276页。
③ 吉佩定主编《中非友好合作五十年》，世界知识出版社，2000。

作。①《中国与非洲国家教育合作与交流》一书比较全面地介绍了中非在人才培养合作、科学研究合作、校际合作等方面的成效。20世纪80年代，中国根据非洲国家的实际情况与中国高等教育的特点，逐步调整留学生的学历层次与培养方式，并开始推行用英语或法语为外国留学生授课，提升了教育的灵活性。②《中非人文交流与合作》指出，教育交流与合作是中非人文交流与合作的重要组成部分，也是中非全面友好合作的重要内容，书中关注中非教育、医疗卫生、新闻媒体三大方面的合作与交流，教育方面包含六部分：合作机制、留学生教育、教育援助、职业教育合作、教育领域的三方合作以及孔子学院建设。③肯尼斯·金在《中国对非洲的援助与软实力：以教育和培训为例》一书中认为中非教育合作项目最能体现中非友好的合作伙伴关系，书中提到中非教育合作的七大方式：高层教育交流、学生交换、开展教育合作项目、举办专业研修班、在非洲的中文培训、为非洲专业人员在中国举办的研讨会和讲习班、在中国进行的非洲研究和职业培训。④通过中非双方的不懈努力，中非教育合作有了显著的成效，教育合作的成就主要体现在留学生项目、孔子学院建设、职业技术教育以及高等教育四个方面。留学生项目为非洲国家培养了许多高素质专业人才，适应了非洲国家经济社会发展与教育人才培养的需求；中国凭借中非友好传统优势，并结合当地实际情况，在非洲多个国家建设孔子学院，孔子学院的知名度日益提升、影响力不断扩大，孔子学院成为中非教育合作中成就最显著的合作项目之一；中非职业技术教育合作对于加强非洲人力资源开发、提升非洲青年就业率、推动中国优质教育资源"走出去"都具有重要的战略意义；中国通过派遣援非教师、援赠教学和科研仪器设备、进行人员培训与人力资源开发等方式促进中非高等教育合作，高等教育

---

① 中华人民共和国教育部中非教育部长论坛文集编辑组：《2005中非教育部长论坛文集》，北京大学出版社，2006。

② 《中非教育合作与交流》编写组编著《中国与非洲国家教育合作与交流》，北京大学出版社，2005。

③ 吴传华、郭佳、李玉洁：《中非人文交流与合作》，中国社会科学出版社，2018。

④ 〔英〕肯尼斯·金：《中国对非洲的援助与软实力：以教育和培训为例》，刘爱生、彭利平译，浙江大学出版社，2015。

与科研项目合作取得重大成就。①

　　对于如何进一步加强中非教育合作，学者们提出了各自的见解与建议。非洲国家的高层强调教育在对抗贫困和实现21世纪发展目标的进程中是有战略性意义的事业，在2005年中非教育部长论坛上各国发言人共同提出非洲的文盲率高、教育基础设施陈旧、教育资源匮乏等问题，指出应加快非洲的教育改革，更加重视双边及多边教育合作与交流，充分利用国际合作，推动非洲各国教育发展进程。②有学者总结中非教育合作与交流的基本经验时提出中非友好合作关系是中非教育合作的前提与基础，中非教育合作需要双方国家政府的宏观指导，需要建立科学与完善的教育评估机制以及建设专业的高素质教师队伍，同时提出中非教育合作在形式和内容上要有所创新和发展，并且强调教育要兼顾社会效益与经济效益。③牛长松认为教育援助满足非洲实际需求的程度有待提高。④楼世洲与徐辉指出，新时期中非教育合作出现了一些新的发展趋势，与此相适应，应该完善和深化相关交流机制与研究机制。⑤在合作有效性问题上，郑崧认为，中国对非援助在性质与理念上与传统的援助国有所区别，满足非洲国家的实际需要是提高援助有效性的关键所在，同时中国也有必要加强同其他援助者的合作。⑥中非教育合作研究不但要坚持学理性探究，而且应反哺中非教育合作的实践，为提高中非教育合作有效性提供政策建议。

　　其二，从国别层面对中非教育合作做专门的探讨。随着中非合作关系的深化，中国已与多个非洲国家建立了教育合作与交流关系，双方的教育

---

① 吴传华、郭佳、李玉洁：《中非人文交流与合作》，中国社会科学出版社，2018。
② 中华人民共和国教育部中非教育部长论坛文集编写组：《2005中非教育部长论坛文集》，北京大学出版社，2006。
③ 《中非教育合作与交流》编写组编著《中国与非洲国家教育合作与交流》，北京大学出版社，2005。
④ 牛长松：《基于教育援助有效性视角的中非教育交流与合作评估——喀麦隆的个案》，《比较教育研究》2011年第12期，第43～47页。
⑤ 楼世洲、徐辉：《新时期中非教育合作的发展与转型》，《教育研究》2012年第10期，第28～32页。
⑥ 郑崧：《有效援助议程下的中国对非教育援助》，《比较教育研究》2011年第12期，第48～52页。

合作形式走向多元化、多样化。从国别层面看，国内关于中非教育合作的
研究主要集中在中国与喀麦隆、南非、肯尼亚、博茨瓦纳、埃塞俄比亚等
非洲国家的合作上。在2005年中非教育部长论坛中，中国与贝宁、刚果
（金）、埃及、尼日利亚等非洲国家进行高层交流，不同非洲国家发言人表
达了对中非教育合作的期待和支持。①肯尼斯·金分别论述了中国与埃塞俄
比亚、肯尼亚、南非等国在学生互换、人力资源培训、科研、中文教学等
领域开展的合作。他指出，2000年中非合作论坛成立后，中国在非的教育
人力资源开发项目受到欢迎，这与中国在这些国家开展基础设施建设、中
资企业在非投资等中非经贸领域合作是密不可分的。中国与南非等国的教
育合作，包括中资企业为本土员工提供的旨在加强非方能力建设和自主发
展的培训。②熊建辉强调了中国对南非的教师教育与教师培训的投资，并关
注南非为通过教育建立起自己的民主国家，恢复南非在国际上的地位所做
的努力。③

国内外的较多学者关注中国与喀麦隆的教育合作，诺德韦特（Nordtveit）
在对中国与喀麦隆在教育领域的交流与合作详细分析后，指出中国尚缺乏援
助协调机制，对喀方的某些教育需求缺乏回应，他认为可以通过增加援助，
比如建设孔子学院和提供长期奖学金，来扩大中国与非洲的接触。④牛长松
则从教育援助有效性视角积极评价中国与喀麦隆的教育合作，分析认为中

① 中华人民共和国教育部中非教育部长论坛文集编辑组：《2005中非教育部长论坛文集》，
北京大学出版社，2006。
② Kenneth King, "China's Cooperation in Education and Training with Kenya: A Different Model?" *International Journal of Educational Development*, Vol. 30, No. 5（2010），pp.488-496; Kenneth King, "The External Agenda of Educational Reform: A Challenge to Educational Self-Reliance and Dependency in Sub-Saharan Africa," *Journal of International Cooperation in Education*, Vol.7, No.1 (2004), pp.85-96.
③ 熊建辉：《加强中南基础教育合作 增进中非友好交流——访南非基础教育部部长安吉·莫采卡》，《世界教育信息》2014年第6期，第3~7页。
④ B. H. Nordtveit, "An Emerging Donor in Education and Development: A Case Study of China in Cameroon," *International Journal of Educational Development*, Vol.31, No.2（2011），pp.99-108.

喀的教育合作具有学术、政治、文化、经济等多重效益。^①有学者赞同中喀双方合作已经成为非洲促进教育和技能发展的强有力手段，中喀的教育合作能实现喀麦隆在内部政策和务实行动上的"双赢"。^②关于中国和博茨瓦纳的教育合作，有学者从中博两国教育合作与交流的多层次、多渠道发展格局出发，提出中博交流存在着交流单向性等问题。^③刘爱生和黄英以博茨瓦纳为例，强调中非高等教育合作具有光明前景和无限潜力，应致力于开展高质量、高层次的中非合作办学。^④

　　除了中国与喀麦隆、博茨瓦纳、南非等国家教育合作的相关研究，也有学者曾探讨过中国与布隆迪的高等教育合作情况，从南南关系角度阐述了中国和布隆迪之间合作模式的重要性，强调应增进中非之间的理解和对话。^⑤一些学者则关注中国对埃塞俄比亚的职业教育师资援助，指出在实践层面中埃塞职业教育合作尚存在规模小、经费不足和管理机制不健全等问题。^⑥总体而言，国内对于中非教育合作的研究主要把非洲国家看作整体进行研究，而针对中国与单个非洲国家的教育合作的研究规模还较小，且主要集中在喀麦隆、南非等国家。非洲有54个国家，各国教育发展历史、现状不同，基于国别的研究才能更准确地把握中非教育合作的具体特征与情况。

　　其三，从项目层面对中非教育合作的关注与讨论。中非教育合作项目大致可以分成四类：非洲孔子学院、中非学生交流、高等教育合作及职业

---

① 牛长松：《基于教育援助有效性视角的中非教育交流与合作评估——喀麦隆的个案》，《比较教育研究》2011年第12期，第43~47页。

② Emmanuel Chidiebere Edeh & Tachago Tchuente Ines Brenda, "Examining the Impact of China-Africa Educational Cooperation: A Case Study of Cameroon," *Journal of Education and Practice*, Vol.4, No.11（2019），pp.371-394.

③ 陈志禄、张民选：《中国和博茨瓦纳的教育合作与交流：内容、特点及政策启示》，《比较教育研究》2015年第11期，第64~70页。

④ 刘爱生、黄英：《非洲大学治理改革、排名及其与中国的合作——访博茨瓦纳大学教育学院院长塔布拉瓦》，《世界教育信息》2015年第2期，第51~54页。

⑤ 〔布隆迪〕荷迈尼基尔德·卢旺塔巴古、周倩：《促进非洲与中国的高等教育合作——布隆迪案例》，《西亚非洲》2007年第3期，第30~33页。

⑥ 陈静、祝士明：《中国援助埃塞俄比亚职教师资问题探究》，《中国职业技术教育》2014年第18期，第59~62页。

教育合作。

对非洲孔子学院的研究基本可以划分为三大类。第一类是对孔子学院功能的研究，其中，关于孔子学院与我国软实力的关系的研究成果最为丰富。多数学者持有相同的观点：非洲孔子学院是中国文化传播的主要窗口，对促进中非语言文化交流、提升中国文化软实力等方面具有特殊意义，孔子学院对非洲教育和经济发展起到重要作用，并且对非洲人对中国整体形象的认知起到了正面的促进作用。[①]整体而言，孔子学院承担着中文教学功能、学术交流的平台功能和外交的桥梁功能。[②]第二类是对孔子学院内部运作的研究，包括课程设置、师资培养、跨文化适应、教材研发、教学方法、课堂管理、教学测量与评估等方面。多位学者阐述非洲孔子学院办学的特点：教学层级多样、教学点布局分散、合作院校众多、课程性质多样、课程门类复杂多样等。关于非洲孔子学院内部运作的研究主要集中在课程与教学两个方面。第三类是孔子学院发展所面临的问题与挑战，《中非人文交流与合作》提出孔子学院建设面临的师资、教材、教学方法等问题需要得到关注与解决，并且指出受西方政治舆论影响，仍存在一部分非洲学者对孔子学院持有疑虑态度。[③]钟英华重点论述了非洲孔子学院存在的问题及解决对策。[④]有学者论述非洲孔子学院还面临师资力量、教学内容、自身定位三个方面的挑战，并指出非洲孔子学院不仅需要引进外来文化，也需要让自身文化"走出去"。[⑤]还有学者提出在中国"一带一路"倡

① 〔英〕肯尼斯·金：《中国对非洲的援助与软实力：以教育和培训为例》，刘爱生、彭利平译，浙江大学出版社，2015；程迈、刘伯成：《对推动非洲孔子学院发展因素的实证研究与调整建议》，《复旦国际关系评论》2017年第1期，第195～217页；杨薇、翟凤杰、郭红、苏娟：《非洲孔子学院的语言文化传播效果研究》，《西亚非洲》2018年第3期，第140～160页。

② 田小红、李军：《发达国家与发展中国家孔子学院的功能与服务模式比较研究》，《江苏高教》2015年第5期，第31～34页。

③ 吴传华、郭佳、李玉洁：《中非人文交流与合作》，中国社会科学出版社，2018。

④ 钟英华：《非洲孔子学院建设中的几个基本问题》，《云南师范大学学报》(对外汉语教学与研究版)2009年第1期，第37～40页。

⑤ 孟嘉璐等：《非洲留学生作为人才储备推动对非贸易的策略研究》，《金融经济》2019年第10期，第152～153页。

议下非洲孔子学院蓬勃发展，但仍存在数量分布不均、合作机构单一、运行机制不完善等问题。①韦勒（Wheeler）等以内罗毕大学孔子学院为个案论述孔子学院对非洲高等教育的影响，并提出建议：需将孔子学院的文化外交功能与非洲国家语言规划相结合。②非洲孔子学院发展势头迅猛，但由于其综合环境的复杂性，孔子学院的发展面临多重挑战，需要中非双方从发展思路、合作模式及运行机制等方面去调整。

　　非洲留学生来华对我国的教育国际化具有重大意义，这不仅能扩大我国高等教育在非洲的影响力，还能提升我国在高等教育国际化全球性浪潮中的竞争力和自身的国际影响力。挪威学者豪根（Haugen）探讨了非洲留学生来华对提升中国软实力的潜在作用。③一些学者认为非洲留学生作为储备人才能够推动中国对非贸易的发展。④非洲来华留学生事业的发展将有利于塑造中国形象，提升中国的国际认同。第一批非洲来华留学生可追溯至20世纪50年代，随着中非交流与合作的深入，留学生的规模不断扩大，2018年中国累计为非洲留学生提供政府奖学金名额约7万个，随着中国影响力的扩大和中非关系的全面发展，非洲来华留学生的数量迅速增加，中国为非洲国家培养了不同领域的高素质专业人才，许多留学生学成回国后为国家建设做出了巨大的贡献。⑤关于非洲来华留学生的研究议题比较多，主要集中在影响非洲留学生来华的因素、留学生的跨文化适应问题等方面。许多学者曾探讨过影响非洲学生来华留学的因素，安然等人调研后发现课程与教学、名城与名校是非洲留学生来华的主要影响因素，并且根据市场营销理念，提出了"对非洲学生进行全方位招生

① 刘宝存、张永军：《"一带一路"沿线国家孔子学院发展现状、问题与改革路径》，《西南大学学报》(社会科学版)2019年第2期，第74～80、196～197页。
② 〔美〕安妮塔·韦勒、黄姗：《公共外交与中国——非洲文化交流：以内罗毕大学孔子学院为例》，《中国道路的现实与未来》，中国社会科学出版社，2013，第184～199页。
③ H. Ø. Haugen, "From Pioneers to Professionals: African Brokers in a Maturing Chinese Marketplace," *African Studies Quarterly*, Vol. 17, No.4（2018），pp.45–62.
④ 孟嘉璐等：《孔子学院在非洲——浅析如何推进中非教育共同体迈向新高度》，《中国民族博览》2019年第8期，第67～68页。
⑤ 吴传华、郭佳、李玉洁：《中非人文交流与合作》，中国社会科学出版社，2018。

宣传的模式"。[①]汉娜·费尔贾尼（Hannane Ferdjani）以北京的非洲留学生为例，指出中国政府的鼓励政策是吸引非洲留学生来华的重要因素，鼓励政策包括奖学金政策与学术移民政策。[②]张立军与张谅认为吸引非洲留学生来华的因素包括专业优势和良好的经济与生活环境。[③]也有一些学者认为，中国企业在非洲大规模进行基础设施的援建，这能吸引许多非洲的青年才俊学习中文。[④]总体而言，国内外学者探讨影响非洲留学生来华的因素时主要围绕在政策、经济、环境等层面。不同学者探讨了非洲来华留学生项目存在的问题，在20世纪末，经费投入不足、政府奖学金名额缺口较大等是该项目的主要问题，此后中国加大了对非洲来华留学生项目的资金投入力度。[⑤]越南学者博艾敦指出，非洲来华留学生面临的问题和挑战主要源于语言以及跨文化的背景。[⑥]也有学者讨论了非洲来华留学生招生及管理方面的一些问题。[⑦]其中关于非洲来华留学生的适应性问题，有学者指出非洲来华留学生存在跨文化学业适应不良现象，部分学生难以度过跨文化学习不适应期。影响非洲来华留学生适应性的因素有学习动机、学业自我效能感、学习策略、中文水平、教学模式和教学管理等。[⑧]一些学

---

① 安然等：《非洲留学生教育需求与招生宣传模式》，《高教探索》2007年第5期，第110~113页。

② Hannane Ferdjani, "African Students in China: An Exploration of Increasing Numbers and Their Motivations in Beijing," Centre for Chinese Studies, Stellenbosch University, September 2012, https://scholar.sun.ac.za/handle/10019.1/70764?show=full.

③ 张立军、张谅：《非洲留学生来华学习动因调查分析——以中国地质大学（武汉）为例》，《教育观察》2014年第2期，第42页。

④ 李安山、沈晓雷：《非洲留学生在中国：历史、现实与思考》，《西亚非洲》2018年第5期，第79~80页。

⑤ 《中非教育合作与交流》编写组编著《中国与非洲国家教育合作与交流》，北京大学出版社，2005。

⑥ A. Bodomo, "The Bridge Is Not Burning Down: Transformation and Resilience within China's African Diaspora Communities," *African Studies Quarterly*, Vol. 17, No.4 (2018), pp.63-84.

⑦ 程伟华等：《非洲来华留学研究生教育问题与对策》，《学位与研究生教育》2012年第8期，第54~58页；段胜峰：《非洲来华留学生汉语教学研究》，博士学位论文，西南大学，2014；孙玉兰等：《从理想到现实：非洲来华留学生兼职困境研究——以南京八所高校为例》，《高教探索》2015年第12期，第99~106页。

⑧ 陈秀琼、龚晓芳：《来华非洲留学生跨文化学业适应调查与分析》，《教育评论》2018年第9期，第55~59页。

者提出，移民也会影响非洲留学生的适应程度。^①但关于非洲来华留学生适应性问题的研究比较浅层，解决适应性问题的对策大多停留在经验总结上。

国内外关于中非高等教育合作的研究主要围绕"中非高校20+20合作计划"这一主题。中非合作论坛第四届部长级会议上，中方倡议实施"中非高校20+20合作计划"，在这一计划下，中国和非洲的20对大学（或职业教育学院）建立了一对一的合作关系，^②李萍萍系统地研究了"中非高校20+20合作计划"的框架、实践内容、面临的挑战等。^③楼世洲指出，"中非高校20+20合作计划"是对国际教育援助理论和实践模式的创新，对提高非洲高等教育能力和促进中国高等教育国际化具有双重作用。^④中非高校"20+20合作计划"能提高中非教育合作积极性、促进非洲高校的学科建设与人才培养。^⑤其他关于中非高等教育合作的研究主要集中在合作内容、发展历程、意义与建议等方面。肯尼斯·金提出，中非高等教育合作项目包括研究者间的交流、成果的共享、高校教师交换等方面，并指出高等教育合作项目能体现中非教育合作的共享性和相互性。^⑥一些学者则回顾了中非高等教育合作的历史渊源及发展历程。^⑦在建议方面，万秀兰对中非大学科

---

① Agnes Ngoma Leslie，"Introduction China–Africa Relations: Theoretical and Practical Perspectives on African 'Migrants' in China，"*African Studies Quarterly*，Vol. 17，No.4（2018），pp.2–4；Dong Niu，"Transient: A Descriptive Concept for Understanding Africans in Guangzhou，"*African Studies Quarterly*，Vol. 17，No.4（2018），pp.86–100.

② 《中非教育合作与交流》编写组编著《中国与非洲国家教育合作与交流》，北京大学出版社，2005。

③ 李萍萍：《中非高等教育交流与合作研究——以中非高校20+20合作计划为例》，硕士学位论文，浙江师范大学，2015。

④ 楼世洲：《从援助走向合作：基于"中非大学20+20合作计划"的分析》，《比较教育研究》2014年第5期，第1~5页。

⑤ 高旭、吴多利：《中非高校20+20合作计划对我国教育援外工作的启示》，《国际公关》2019年第8期，第3页，第7页。

⑥ 〔英〕肯尼斯·金：《中国对非洲的援助与软实力：以教育和培训为例》，刘爱生、彭利平译，浙江大学出版社，2015。

⑦ 姜洋：《中非高等教育合作与交流探究》，《重庆高教研究》2013年第4期，第109~112页；王玉珏等：《新时代中非高等教育合作的思考与展望》，《世界教育信息》2020年第9期，第29~37页。

研合作提出了明确合作目标与重点领域等建议。① 当下需要更多学者关注新时代的中非高等教育合作，这一点对于推进中非教育合作深化和发展具有战略性意义。

中非职业教育合作的相关研究成果较为丰富，研究一致认为职业教育合作被赋予了更加多元化的内涵与使命，对中非双方皆具有重要战略意义。唐金花对中非职教合作内容进行总结概括，② 马丽杰等学者探索了职业教育领域的校企合作问题，③ 梁克东则分析了中非职业教育合作存在的不足与面临的挑战。④ 在中非职业教育领域的建议方面，有学者指出应充分发挥我国职业技术师范教育的优势，助力非洲"完善职教体系建设及运行"；⑤ 罗恒等强调推动中非职业教育信息化的重要性，关注职业教育从"重理论"到"重实践"的转变。⑥ 在关于中非职业教育合作项目的研究方面，国内多数学者关注中非职业教育合作的新模式——鲁班工坊，张磊指出，鲁班工坊契合非洲本土经济发展和教育发展的需要，是促进中非职业教育合作的有效模式。⑦ 有学者以埃塞俄比亚鲁班工坊为例，提出鲁班工坊面临规模扩大和可持续发展的挑战。⑧ 一些学者分析了鲁班工坊的五大原则以及鲁

① 万秀兰：《非洲大学科研政策、困境及中非合作建议》，《比较教育研究》2016年第12期，第38~44页。
② 唐金花：《我国高职教育对非洲合作模式研究——以浙江省为例》，《黑龙江高教研究》2016年第5期，第88~90页。
③ 马丽杰：《非洲地区孔子学院与职业教育结合的探索与实践》，《职业技术教育》2016年第35期，第78~80页；赵鹏飞等：《"一带一路"职业教育校企协同走进非洲》，《中国职业技术教育》2017年第29期，第71~74页。
④ 梁克东：《中非职业教育合作的理念与路径》，《职业技术教育》2020年第6期，第69~74页。
⑤ 张媛远、云蔚：《中非职业技术师范教育合作的实践路径研究——以埃塞俄比亚FTVETI为例》，《职业教育研究》2021年第10期，第29~33页。
⑥ 罗恒等：《"一带一路"倡议下职业教育国际合作模式探究——以中国−肯尼亚职教项目为例》，《比较教育研究》2018年第9期，第11~18页。
⑦ 张磊：《鲁班工坊在中非教育合作中的SWOT分析及策略要义》，《天津教育》2021年第13期，第23~25页。
⑧ 张磊等：《鲁班工坊核心要义的致用之道：认知、行动与策略——以埃塞俄比亚鲁班工坊为例》，《职业教育研究》2021年第9期，第4~11页。

班工坊的办学模式。①从合作实践的角度看，中非职业教育合作迅速展开，参与度较高，正在形成品牌效应。但对于具体国别、具体项目以及不同主体在职业教育合作中具体参与情况的研究还不够充足，研究滞后于实践的问题较为明显。

这些研究为本书奠定了知识基础，具有借鉴和启迪价值。但从国内外目前已有的研究成果来看，现有研究主要是对中非教育合作历史和现状的梳理、特点分析及评价，忽略了中非全面合作的大背景及非洲发展的现实需求，缺乏将具体举措与有效机制结合起来进行整体与系统把握的成果。对中非教育合作的实地考察和调研比较缺乏，实证研究不足。本书立足于弥补和改进上述不足，更深入系统地探究中非教育合作的战略和机制创新。

---

① 吕景泉：《非洲鲁班工坊项目建设、发展策略及管理政策研究》，《职业教育研究》2021年第5期，第10～17页；陈静：《高等职业教育跨境办学合作模式研究——基于鲁班工坊在非洲的实践》，《天津教育》2021年第22期，第31～32页。

第一章
中非教育合作的新阶段与新需求

经过近70年的发展，中非教育合作已取得显著成效，本着合作共赢、平等协商、相互尊重、共同发展的南南合作理念，中非关系从新型战略伙伴关系发展到全面战略合作伙伴关系，正在构建更加紧密的中非命运共同体。中非教育合作也正处于不断深化的历史阶段，面临前所未有的机遇与挑战。这些机遇与挑战来自以下几个层面。在国际层面，国际社会尤其是发达国家对非洲基础教育领域实施了大量援助，却未能帮助非洲国家实现普及初等教育和教育领域性别平等的目标，非洲教育质量低下。基于对全民教育目标及千年发展目标（Millennium Development Goals，MDGs）的反思，国际社会提出2030教育可持续发展目标，新的全球教育议程在终身学习、教育包容与公平、学习成果、全球公民以及教育对实现其他可持续发展目标的作用等方面均做出了明确的阐释，对开展国际教育合作，实现2030教育可持续发展目标提出新的要求。在中非合作关系层面，大国在非竞争的加剧、西方国家对中非合作的诋毁愈加凸显中非人文交流的重要性与紧迫性，加强教育合作与民间交流，夯实中非合作的民意基础成为中非合作的重要领域。在非洲层面，非洲教育发展深受殖民影响，后殖民时代仍面临很多危机与挑战，了解非洲教育的本土诉求是开展中非教育合作的基础与前提。

第一节　联合国2030教育可持续发展的新议程与影响

2015年9月，联合国可持续发展峰会（UN Conference on Sustainable Development）通过《变革我们的世界：2030可持续发展议程》（Transforming

Our World：The 2030 Agenda for Sustainable Development）（以下简
称《2030可持续发展议程》），制定17项可持续发展目标（Sustainable
Development Goals，SDGs）。这项雄心勃勃的计划旨在消除贫困、促进社
会与经济包容、应对气候变化、推动公平以及提供优质教育。第4项教育
专项目标阐明了到2030年国际社会应实现的教育新愿景，即"确保包容
和公平的优质教育，让全民终身享有学习机会"。同年11月，联合国教科
文组织通过《教育2030行动框架》（Education 2030 Framework for Action），
提出在全球、区域和国家层面实现教育专项目标的指导性策略和关键路线
图，受人文主义与可持续发展观的启发，该议程基于人的尊严、社会正
义、包容、保护、文化和族群多样性、共担责任等理念，重申教育的价
值以及教育对可持续发展的重要作用，规划未来15年全球教育发展的
整体目标。①这一新的全球教育议程在世界范围内掀起更深层次的教育变
革与转型浪潮，实现如此宏大的教育目标对国际教育援助也提出了新的
要求。

一 2030教育可持续发展目标制定的背景

2010年起，国际社会组织不同背景和专业领域的专家和学者，对全民
教育和千年发展目标的实施情况进行总结和反思，并就教育与发展问题展
开一系列的研讨与磋商。基于这些讨论与反思、国际社会对全球普遍性教育
问题的关切以及对可持续发展理念所达成的共识，《2030可持续发展议程》
出台。

（一）全球普遍性教育问题

20世纪70年代以来，石油危机引发的经济滞胀导致各国教育财政支
出大幅削减，教育质量下跌。80年代开始的全球化突破了传统教育时空观
的限制，对教育提出了新的要求。1983年，联合国教科文组织大会第一次

---

① UNESCO, "Education 2030 Incheon Declaration and Framework for Action for the
Implementation of Sustainable Development Goal 4," January 1, 2016, pp. 7-8, http://uis.
unesco.org/sites/default/files/documents/education-2030-incheon-framework-for-action-
implementation-of-sdg4-2016-en_2.pdf.

提出"全民教育"（Education for All，EFA）理念，并将其作为推进各国教育发展的重要目标。1990年，在泰国宗滴恩举办的世界全民教育大会通过了《世界全民教育宣言》（The World Declaration on Education for All），指出"所有儿童、青年和成人均享有受教育的权利，这种教育应能真正充分地满足他们的基本学习需求"。"全民教育"成为教育领域最有影响力的理念之一，得到155个国家政府、组织、机构、团体和协会的支持。2000年，在塞内加尔达喀尔举行的世界教育论坛上通过的《达喀尔行动纲领》（The Dakar Framework for Action）是164个国家做出的一项集体行动承诺，该纲领为保证全民教育的实现而制定了6项目标，涉及幼儿保育和教育、普及初等教育、青年和成人的技能、成人扫盲、教育性别平等、教育质量，①预计最迟在2015年实现全民教育的各项目标，表达了各国政府的强大决心。2002年始，联合国教科文组织每年发布《全民教育全球监测报告》（Education for All Global Monitoring Report）来监测全民教育目标的进展情况。2000年，国际社会制定千年发展目标，包括8项发展目标和18项限期的具体指标，有关教育的目标（以下简称"教育千年发展目标"）的内容是：目标2，普及初等教育，即确保到2015年所有儿童都能完成初等教育，其进展监测指标为初等教育净入学率、一年级读到五年级的比例、15~24岁人口的识字率；目标3，争取到2005年消除初等教育和中等教育中的两性差异，最迟于2015年在各级教育中消除此种差异，其进展监测指标为初等、中等和高等教育中的男女比例，15~24岁男女人口的识字率。

以经合组织发展援助委员会（OECD-DAC）为首的国际教育援助机构以推进广大发展中国家实现全球教育议程为目标展开教育援助。到2015年，发展中国家的教育获得长足发展，全球初等教育入学率从1999年的84%上升到2015年的93%，撒哈拉以南非洲初等教育入学率从1999年的59%上升到2015年的80%。②然而，全民教育目标以及教育千年发展目标并

① UNESCO, "Dakar Framework for Action. Education for All: Meeting Our Collective Commitments," April 26-28, 2000, https://unesdoc. unesco.org/ark:/48223/pf0000120240.

② United Nations, "The Millennium Development Goals Report 2015," July 6, 2015, https://www.un.org/en/node/89740.

未达成，儿童失学、成年文盲比例高、教育质量低下和教育不平等等全球普遍性教育问题仍然没能得到彻底解决。2014年底，在初等教育阶段，全球有6100万名儿童失学，在中等教育阶段，失学人数达2.02亿人。[①]小学中途辍学者的比例仅下降了2个百分点，从1999年的58%下降到2010年的56%。[②]教育边缘化在弱势群体中最为严重，即使在教育取得显著进步的国家，这些弱势群体也被远远甩在后面。学者将失学原因归为个人、家庭、学校和社会四个方面的因素，[③]贫困仍旧是造成教育剥夺和不平等的决定性因素。101个中低收入国家的20~24岁青年中，来自最贫困家庭的学生比最富有家庭的学生的受教育年限平均少5年。[④]政府在成人教育方面投入的资金不足，技术和职业培训政策不能惠及最贫困群体。教育性别不平等问题依然突出，2013年，全世界有7.57亿名成人（15岁及15岁以上）文盲，其中女性占2/3。[⑤]识字和计算技能低的成人失业的可能性更高，很难获得体面工作，更难利用社会上的机会行使自己的权利。此外，高水平的认知技能没有得到重视，全球范围内越来越多的青年失业构成严重的社会问题。

（二）教育与可持续发展理念

20世纪五六十年代以来，在经济增长、城市化发展加速、人口膨胀、资源危机严重等导致的环境压力下，增长等于发展的模式不断受到质疑。1962年，美国学者瑞秋·卡森（Rachel Carson）出版了环境科普著作《寂静的春天》（Silent Spring）一书，批评DDT合成杀虫剂的使用对环境造成的污

---

① UNESCO, "Education for People and Planet: Creating Sustainable Futures for All," September 6, 2016, p.182, https://en.unesco.org/gem-report/report/2016/education-people-and-planet-creating-sustainable-futures-all.

② UNESCO, "Teaching and Learning: Achieving Quality for All," April 2014, https://en.unesco.org/gem-report/report/2014/teaching-and-learning-achieving-quality-all.

③ 秦玉友、李琳、赵忠平：《失学的概念、影响因素和控制策略——基于UNESCO的10年EFA全球监测报告的分析》，《外国教育研究》2012年第12期，第28页。

④ UNESCO, "Education for People and Planet: Creating Sustainable Futures for All," September 6, 2016, p.73, https://en.unesco.org/gem-report/report/2016/education-and-planet-creating-sustainable-futures-all.

⑤ UNESCO, "Education for People and Planet: Creating Sustainable Futures for All," September 6, 2016, p.274, https://en.unesco.org/gem-report/report/2016/education-people-and-planet-creating-sustainable-futures-all.

染，警醒世人重视环境和发展问题，人们逐渐认识到将经济、社会和环境割裂开来谋求发展，只能给地球和人类社会带来毁灭性的灾难。1972年联合国在斯德哥尔摩召开人类环境会议标志着可持续治理的全球对话的开始，尽管可持续发展理念尚不明晰。两年后，专家们在墨西哥召开了一次全球研讨会，并签署了1974年《科科约克宣言》（The Cocoyoc Declaration），该宣言主张通过"生态发展"协调环境与发展战略。首次使用"可持续发展"一词的公共文件是1980年的《全球保护战略》（World Conservation Strategy），该战略确认保护生物资源对可持续发展至关重要。1986年在渥太华召开的保护与发展大会将"可持续发展"界定为：（1）保护与发展相融合；（2）满足人类基本需要；（3）实现公平与社会正义；（4）提供社会自决权与文化多样性；（5）维护生态系统完整性。

　　使"可持续发展"概念普及起来的是布伦特兰报告，即1987年世界环境与发展委员会［World Commission on Environment and Development，WCED，又被称作布伦特兰委员会（Brundtland Commission）］发表的《我们共同的未来》（Our Common Future）报告，其指出人类要对经济发展和环境保护这两大问题负起重任，错误的政策和漫不经心的态度都会对人类的生存造成威胁。报告将"可持续发展"界定为"满足当代需求，又不危及后代人满足其需求的发展"①，并提出可持续发展的关键目标：提升经济增长的质量；满足对就业、粮食、能源、水和卫生设施的基本需求；确保可持续的人口水平；保护和加强自然资源基础；重新定位技术和管理风险；在决策中将环境和经济问题联系起来；重新定位国际经济关系，使发展更具参与性。随后，1992年在巴西里约热内卢召开的联合国环境与发展大会（United Nations Conference on Environment and Development，UNCED）发布《21世纪议程》（Agenda 21），"可持续发展"概念得到进一步强化，国际社会督促工业化国家改变消费方式，发展中国家降低人口增长率，并聚焦于减少贫困问题。

　　进入21世纪以来，"可持续发展"概念逐渐深入人心，对其内涵的解释

---

① Brundtland Commission, "Report of the World Commission on Environment and Development: Our Common Future," 1987, https://sustainabledevelopment.un.org/content/documents/5987our-common-future.pdf.

也趋于明晰。2002年在约翰内斯堡召开可持续发展世界峰会（World Summit on Sustainable Development，WSSD），峰会承诺在全球、区域、国家和地方各层面促进可持续发展，达成"永远消除不发达"的目标。2012年联合国可持续发展大会再次呼吁将可持续发展的三大支柱——社会、环境和经济维度作为社会发展的核心指标。在国际社会不断的努力下，2015年《2030可持续发展议程》出台，这是一个基于价值的行动框架，反映了平等、包容、多样性、机会均等、无歧视等核心理念。一般来说，可持续发展包含环境、经济、社会和政治四大要素，经济增长、环境保护、社会公平与政治赋权等几个方面相互影响、相互作用，共同构成可持续发展的主要内容。

"可持续发展"概念可以从不同视角被界定。生态学家认为，当今人类过于关注自身，忽略了动植物等其他生命体，人类必须学会少追求私利，多考虑其他物种的需求。倡导转型的人士提出，社会应该回归到使当地可持续发展的生活方式上——减少消费和浪费，限制对当地可用资源的需求，尊重自然，放弃污染技术。文化学家认为，可持续发展应该融入日常文化，人们在考虑吃什么、穿什么、如何出行、如何度过闲暇时间等问题时，都应该考虑可持续性和环保。

从教育与可持续发展之间的关系来看，教育是可持续发展的催化剂。可持续发展教育意味着通过各种教育和培训促进社会的可持续，开发可持续性的本土解决方案，解决贫困等社会问题。联合国教科文组织认为："可持续发展教育不仅仅是讲授与可持续有关的知识和原则，在更广泛的意义上，可持续发展教育以建设更加可持续的社会为目标，通过教育来促进社会变革，涉及教育规划、政策制定、课程实施、教育财政、教与学、评估、管理等教育的方方面面，其宗旨在于推动教育、公众意识和培训的互动，来建设可持续型社会。"[1]

二 2030教育可持续发展目标与教育千年发展目标的比较

《2030可持续发展议程》将教育作为单项目标，突出了教育在实现可

---

[1] UNESCO，"Education for Sustainable Development Sourcebook，"2012，http://unesco.org/images/0021/002163/216383e.pdf.

持续发展目标中的重要作用，同时在健康、经济增长与就业、可持续消费与生产及气候变化等其他几项可持续发展目标里提及有关教育的目标，教育成为实现每项可持续发展目标的战略的一部分。该发展框架根植于对千年发展目标的评估与反思，包括激烈的批判，但也是千年发展目标的延续，不仅旨在完成之前未竟的议程，而且对未来提出更宏大的愿景，千年发展目标与2030可持续发展目标的区别见表1-1。

表1-1　千年发展目标与2030可持续发展目标的区别

	千年发展目标	2030可持续发展目标
范围指向	发展中国家	发展中国家和发达国家
目标体系	8项目标 21项成果指标 60项细化指标	17项目标 169项成果指标 230项细化指标
细化层级	国家层面	不让任何一个人掉队
财政支持	主要依靠援助资金	国内和地方资源 新的资金来源和融资模式
教育公平	代内公平	代内和代际公平

资料来源：笔者根据相关内容整理。

首先，千年发展目标与2030可持续发展目标的差异体现出国际社会对发展理论的理解与认知的变化。千年发展目标本想突破将"发展"界定为经济增长或GDP增长的传统狭隘的发展观，但是更为宽泛的发展理念在千年发展目标中未能体现。只要有更快的经济增长、更多的援助，加上更好的治理即可实现千年发展目标，这种发展观念在国际上占据主导地位。有学者指出，千年发展目标代表简化论者的发展观，"千年发展目标对发展的理解过于狭隘，集中在社会领域，过分强调数量增长，遗漏了《联合国千年宣言》所包含的基本目标，如和平与安全、人权、民主、对弱势群体的保护等，忽略了发展中很多重要的参数"[1]。而2030可

---

[1] J. Vandemoortele, "If Not the Millennium Development Goals, Then What?" *Third World Quarterly*, Vol. 32, No. 1（2011）, pp. 9–25.

持续发展目标主张从社会、文化、经济和环境四个维度来界定"发展"概念，可持续发展的核心价值包括社会维度的和平与非暴力、文化维度的包容多样性、环境维度的关心和保护环境以及经济维度的公平分享资源。①

其次，在可持续发展的宏观框架下，2030教育可持续发展目标与教育千年发展目标在范围、目标覆盖面、细化层级等方面，既有联系又有区别。教育千年发展目标主要聚焦于普及初等教育及实现教育性别平等。相比之下，2030教育可持续发展目标以全民教育运动为基础，透过终身学习路径，关注增加所有教育层次的入学机会，具体目标包括：到2030年所有的儿童完成中小学教育，所有人获得接受可负担的高中教育和高中后教育的平等机会。

再次，从教育公平的角度看，教育千年发展目标重点关注教育性别平等，2030教育可持续发展目标强调给予每一个人平等的机会，不让任何一个人掉队。所有人都应该能获得包容、公平、优质的教育和终身学习机会。当然，教育性别平等仍旧是可持续发展议程中的焦点问题，新的全球教育议程将继续支持有关性别平等的政策、规划和学习环境。

最后，教育千年发展目标重视入学率的提升，2030教育可持续发展目标则凸显了对教育质量、学习成果和技能的关注。这是从全民教育发展中所汲取的经验与教训，因为只关注入学机会，而未充分关注学生入学后是否能学好并获得相关技能是相当危险的，过分强调量化评估的做法必须被改变。另外，当初等教育入学率快速增长时，这给中高等教育发展带来巨大压力，很多发展中国家无法满足中高等教育的入学需求。此外，其他领域的发展对教育提出新的要求，例如，社会不平等的加剧引发人们对教育公平的关注；失业率攀升迫使人们将注意力转移到学生的技能培养上，引发关于在正规课程中补充创业、沟通等"生活技能"等内容的讨论。

---

① 杨尊伟：《面向2030可持续发展教育目标与中国行动策略》，《全球教育展望》2019年第6期，第16页。

三 2030教育可持续发展目标的主要内容

2030可持续发展目标中的几个关键术语的解释如下。

（1）人类（People）、地球（Planet）与繁荣（Prosperity）：人类、地球、繁荣是相互依存、相互加强的支柱，代表了地球上所有生命形式进化的社会、环境和经济方面。

（2）良好治理：负责任的领导和公私部门的积极参与可以支持人类、地球与繁荣，良治可以确保社会和平，维护人权，造福地球。

（3）联系和联结：可持续发展是一个组织原则，复杂的自然和社会系统是相互联系和相互依存的，系统中发生的变化可能会影响到其他部分，从而产生部分相加大于总和的效果。

（4）代际公平和正义：在公平世界里，所有儿童能够健康成长、营养充足、受到良好教育、对文化敏感、免受暴力，享有安全、无污染的生态系统。

2030教育可持续发展目标提出"为人类、地球与繁荣制定行动计划"，其核心理念体现在5P概念中，即人类、地球、繁荣、和平（Peace）和伙伴关系（Partnership）。这一普遍议程契合所有国家，无论是发展中国家还是发达国家，所有目标之间相互关联，教育作为全球可持续发展议程的关键，包含7项成果指标和3项执行手段（见表1-2）。

表1-2　2030教育可持续发展目标的主要内容

目标4：确保包容和公平的优质教育，让全民终身享有学习机会	
成果指标	4.1 到2030年，确保所有男女童完成免费、公平和优质的中小学教育，并取得相关和有效的学习成果
	4.2 到2030年，确保所有男女童获得优质幼儿发展、保育和学前教育，为他们接受初级教育做好准备
	4.3 到2030年，确保所有男女平等获得负担得起的优质技术、职业和高等教育，包括大学教育
	4.4 到2030年，大幅增加掌握就业、体面工作和创业所需相关技能，包括技术性和职业性技能的青年和成年人数

	4.5 到2030年，消除教育中的性别差距，确保残疾人、土著居民和处境脆弱的儿童等弱势群体平等获得各级教育和职业培训
	4.6 到2030年，确保所有青年和大部分成年男女具有识字和计算能力
	4.7 到2030年，确保所有进行学习的人都掌握可持续发展所需的知识和技能，具体做法包括开展可持续发展、可持续生活方式、人权和性别平等方面的教育，弘扬和平和非暴力文化，提升全球公民意识，以及肯定文化多样性以及文化对可持续发展的贡献
执行手段	4.a 建立和改善兼顾儿童、残疾和性别平等的教育设施，为所有人提供安全、非暴力、包容和有效的学习环境
	4.b 到2020年，在全球范围内大幅增加发达国家和部分发展中国家为发展中国家，特别是最不发达国家、小岛屿发展中国家和非洲国家提供的高等教育奖学金数量，包括职业培训和信息通信技术、技术、工程和科学项目的奖学金
	4.c 到2030年，大幅增加合格教师人数，具体做法包括在发展中国家，特别是最不发达国家和小岛屿发展中国家开展师资培训方面的国际合作

资料来源：UNESCO, "Education 2030 Incheon Declaration and Framework for Action for the Implementation of Sustainable Development Goal 4," January 1, 2016, http://uis.unesco.org/sites/default/files/documents/education-2030-incheon-framework-for-action-implementation-of-sdg4-2016-en_2.pdf。

（一）提倡终身学习

2030教育可持续发展目标涵盖所有教育层级，明确了各个阶段要实现的教育目标，强调终身学习，认为任何阶段教育均不可偏废，不能将资源过度集中在某一阶段教育中而牺牲了其他阶段教育的发展。终身学习是贯穿生命的每个阶段的学习过程。首先，幼儿保育与教育是终身学习的基础，能为儿童进入小学提供身心准备，儿童在认知、语言、社会、情感和身体等方面需要获得均衡发展。其次，在基础教育阶段，2030教育可持续发展目标提出要为所有人提供免费、公平和优质的中小学教育，使其取得有效、适切的学习成果。最后，保障技术、职业和高等教育入学机会均等是2030教育可持续发展目标的一项重要内容，这里强调在扩大职业技术教育，培养技能型人才的同时，也要培养未来的科学家、专家和领袖。因此，2030教育可持续发展目标提倡学习途径的灵活与多元，人们通过正规和非正规教育获得的知识、技能与能力都能得到承认，从而实现终身学习。

（二）继续强调教育性别平等

沿袭全民教育目标和千年发展目标的传统，教育性别平等依然是2030教育可持续发展目标的重点。2030教育可持续发展目标提出，到2030年消除教育领域性别差异，实现各级教育中的性别平等。由数据可知，教育层级越高，男女不平等现象越严重。要实现教育性别平等，首先，国际社会要制定实现性别公平的战略和政策，关注女性的受教育权利。其次，各国要严格遵守国际社会的战略准则，将性别问题纳入教育部门和相关部门的规划当中，并结合本国的现实和能力水平实施行动，如开展免费和义务教育，降低女童入学的成本；加大教育财政投入力度，修建更多学校来保障偏远地区女童的就学；等等。最后，各学校要聘用更多女性教师，编写有关性别平等的教学材料，杜绝校园性别暴力等。

（三）聚焦教育质量与学习成果

联合国在对千年发展目标成果进行总结时发现，入学率的提高并没有带来学习成效的显著改进，38%完成小学教育的儿童却不具备生活所需要的基本技能。[①]2030全球教育议程转向强调受教育机会、教育质量与学习成果三方面并重发展，"适当和有效的学习成果"（relevant and effective learning outcomes）成为《仁川宣言》的关键词，贯穿行动框架的始终，在各级教育目标中均被重点强调。合格的受过良好专业训练的教师队伍被认为是提高教育质量的关键所在。优质教育是指学生全面而均衡的发展，学生除具有基本的读写技能，还具备分析、解决问题等认知和社交技能。更为重要的是，通过可持续发展教育和全球公民教育（global citizenship education）培养的技能、价值观和态度能让公民过上一种健康圆满的生活，其能做出明智决策，并能够应对地方和全球的挑战。

（四）突出教育包容与平等

2030教育可持续发展目标突出教育的包容与平等，强调不让任何一个人掉队。任何人不因其在性别、年龄、地域、残疾、贫困、种族、土著身份、语言、宗教、移民、性别取向、宗教信仰等方面存在的差异而被排除在教育之外。教育的被边缘化、歧视和被排除的根源是多重的，弱势群体需要额外的关注和政策支持。为了实现教育包容，教育系统必须进行变革，更好地回应学生的多样性需求。此外，很多儿童因为受冲突、流行病和自然灾

---

① UNESCO, "Charting the Course of Education and HIV," 2014, p.106, https://unesdoc.unesco.org/ark:/48223/pf0000226125.

害影响被剥夺了受教育机会，全球2100万名失学儿童中，36%在受冲突影响地区。[1]2030全球教育议程呼吁，在危机、冲突、后冲突和后灾害等情境下，国际社会和各国政府应该为儿童提供教育，满足流离失所者和难民对教育的需求，教育供给形式可以更多元，如利用各种教育技术，提供远程教育等。

（五）注重培养全球公民

2030教育可持续发展目标提出"在相互依存和互联互通的多元世界中培养全球公民意识"。[2]全球化使得国家间、地区间、不同种族社会个体间的空间距离缩短，沟通障碍及发展过程中的异质性弱化，[3]全球公民意识教育由此产生。全球化带来了语言、宗教、艺术、道德、风俗习惯、生活方式、价值体系等方面的碰撞与交流，文化多样性得到了最大限度的体现：就个体而言，文化多样性能够带给个体归属感和历史认同感；就国家而言，文化多样性是社会聚合的基础；就国际而言，承认文化多样性是处理地区和国际事务的前提。[4]可持续发展教育融合不同文化精髓，有助于加快形成全球公民意识。2030教育可持续发展目标注重非认知技能教育，非认知技能是难以"被智力测验或学业成绩测量的个人特征"。[5]非认知技能更加重视人格特质以及批判思维、创造力、团队协作、交流沟通和解决冲突等能力，这些能力不仅有助于个体认知技能的获得，还可以在不同国家和地区的交流中起到缓冲的作用，有利于提高国际合作的效率。

（六）强调教育与其他可持续发展目标相互关联

可持续发展目标、具体指标及执行手段是普遍的、不可分割和相互关联的。17项目标中都设计了一组具体指标，每一组具体指标中，至少有一项

---

[1] UNESCO, "Education for All 2000–2015: Achievements and Challenges," 2015, pp. 6–8, https://en.unesco.org/gem-report/report/2015/education-all-2000-2015-achievements-and-challenges.

[2] UNESCO, "Education 2030 Incheon Declaration and Framework for Action for the Implementation of Sustainable Development Goal 4," January 1, 2016, p. 21, http://uis.unesco.org/sites/default/files/documents/education-2030-incheon-framework-for-action-implementation-of-sdg4-2016-en_2.pdf.

[3] 卢丽华：《"全球公民"教育思想的生成与流变》，《比较教育研究》2009年第11期，第81页。

[4] 陈学金：《文化多样性与学校教育：西方国家的实践及中国的历程》，《广西民族研究》2018年第1期，第100页。

[5] 周金燕：《非认知技能的概念及测量进展》，《全球教育展望》2020年第5期，第53页。

涉及学习、培训或教育。教育被认为是解决环境和可持续性问题以及确保人类福祉的关键因素。教育成就有助于通过减少贫困、改善健康、推进技术和增强社会凝聚力来改变生活。教育可以使个人更好地应对与气候变化有关的危险。教育还与环保意识及保护环境的行动有关。在参加经合组织2006年国际学生评估项目（PISA）的57个国家中，在环境科学方面得分较高的学生对复杂环境问题的意识更高。[①]世界价值观调查（World Values Surveys）的结果显示，受教育年限越长，一个人对环境保护的关注度就越高。教育还使公民获得适应气候变化的不利影响所需的技能。在布基纳法索、喀麦隆、埃及、埃塞俄比亚、加纳等国，受教育程度更高的农民更有可能建立抗灾能力。

四　教育援助与实现2030教育可持续发展目标

动员国内资源是实现2030教育可持续发展目标的首要条件，除政府投入外，低收入国家要从私营部门等第三渠道筹措新的资金，扩大税收基础，防止逃税并增加国家预算中教育分配的份额。国际社会建议将公共支出的15%~20%或GDP的4%~6%用于教育。在确保公共教育财政投入的同时，需要改善治理和问责制以提高资源的使用效率和更公平地分配资源，要优先考虑处境不利的儿童及女性等弱势群体，有专用资金和针对性战略来满足他们的受教育需求。但是对于广大中低收入国家来说，资金短缺是最大的挑战。据统计，2015~2030年中低收入国家用于实现新的教育目标的年度资金总缺口平均为390亿美元。[②]在低收入国家，情况尤其严重，年度资金缺口达42%。[③]来自外部的官方发展援助是填补资金缺口的重要途径，国家也希望借

---

① OECD, "Green at Fifteen? How 15-year-olds Perform in Environmental Science and Geoscience in PISA," 2006, https://www.oecd.org/pisa/pisaproducts/42467312.pdf.

② UNESCO, "Education 2030 Incheon Declaration and Framework for Action for the Implementation of Sustainable Development Goal 4," January 1, 2016, p. 21, http://uis.unesco.org/sites/default/files/documents/education-2030-incheon-framework-for-action-implementation-of-sdg4-2016-en_2.pdf.

③ UNESCO, "Education for People and Planet: Creating Sustainable Futures for All," September 6, 2016, p.352, https://en.unesco.org/gem-report/report/2016/education-people-and-planet-creating-sustainable-futures-all.

由国际援助调动和筹集来自其他公共部门和私营部门的更多的资金。

第一，敦促各国履行援助承诺，扭转教育援助减少的趋势。1968年联合国贸发会议（United Nations Conference on Trade and Development，UNCTAD）首次提出，发达国家每年将国民总收入的0.7％用于发展援助；2002年，在墨西哥蒙特雷召开的发展筹资问题国际会议上，这一目标再次被确认。截至2016年，只有6个发达国家兑现了承诺。发达国家如果不能兑现援助承诺，发展中国家，特别是贫困国家实现可持续发展目标的希望更加渺茫。如果发达国家兑现全部或部分援助承诺，也希望将资金分配给教育领域，对教育的援助应该是可预期的。

第二，做好援助协调，因为这是影响援助效果的重要因素之一。所有的合作伙伴与受援国应该基于受援国的需求与优先事项，协调国内和外部资金支持共同议程。援助国应遵照援助有效性原则，做好协调，提升受援国的自主权。外部融资应更有针对性地支持被忽略的部门、低收入国家以及中等收入国家的弱势群体。与此同时，流向中低收入国家的官方发展援助减少的趋势需要被扭转。官方发展援助的分配不应仅以人均收入为指标，应特别关照小岛屿发展中国家等脆弱国家的需求。教育的多边和双边援助机构应与受援国合作制定战略，寻求更好的援助渠道和方式。

第三，促进南南合作和三方合作。南南合作是国际发展合作的重要组成部分，是南北合作的补充，而不是替代。与南北合作相比，南南合作有着不同的历史背景与特色，其重要性不断提升，应被视为南方各国人民和国家之间基于共同经验和目标，加强团结的表现。三方合作是教育筹资的一种方式，可以将不同的经验和专业知识用于发展合作。巴西、中国、印度、俄罗斯和南非等国成立了金砖国家新开发银行，其可以为教育提供新的资源，在一定程度上扭转了援助减少的趋势。

第四，增加对冲突和危机地区的教育援助。如果那些受冲突和自然灾害影响的国家以及脆弱国家的儿童和成年人无法接受教育，那么不让任何一个人掉队的目标就不可能实现。应该根据需要，做出紧急努力，大幅增加人道主义危机反应和解决方面的教育支持，以此对冲突和危机局势做出迅速回应。人道主义援助和发展援助相关方在融资与援助方式上可以相互配合，让投入危机后恢复工作中的每一分援助资金都发挥效力，并协调一致地解决中短期恢复与长期发展之间的关系，找到解决危机的可持续方法。

第五，扩大和加强现有的多边伙伴关系。2030教育可持续发展目标是所有国家做出的集体承诺，无论其发展水平如何，协作、合作和建立伙伴关系都是必然选择。在全球范围内，国际组织要发挥协调作用，收集数据，组织会议，建立对话与沟通机制，分享良好案例，并调动资源来实施联合项目；国家之间也要密切合作，包括发达国家对发展中国家提供必要的援助以及发展中国家间开展南南合作。例如，2030教育可持续发展目标强调增加合格教师人数及扩大高等教育入学机会的一个重要路径就是对发展中国家，尤其是最不发达国家和小岛屿国家提供教育援助。由于可持续发展目标之间的关联性，其在国家内部提倡跨部门的协调与合作。在教育领域，政府应与民间社团和私营部门同样缔结合作伙伴关系，采取全部门方法，将可持续发展纳入国家教育发展规划，融入整个教育体系，并确定每个领域的优先行动计划、具体目标和主要措施。

第六，教育援助要重视教育质量的提高。2030教育可持续发展目标聚焦于更为宽泛的"教育质量"概念，囊括从学前教育到高等和成人教育的终身学习机会及相关学习成果，将"公平"和"包容性"也纳入教育质量的考量维度，并且要求确保学习者具有可持续发展所需的知识、技能、方法、价值观和态度。宽泛的质量观需要相关方重新审查现有的课程框架、教学内容、教学方法、课堂教学实践、评估框架以及教师培训和专业发展。一个整体和连贯的课程方法需要课程内容、评价、教师培训和学校管理之间的协调。例如，培养具备关键的可持续发展能力和创新性教学方法的教师。[①]总之，课程内容需朝着多元、有效、终身的方向发展。此外，应注重培养学习者与工作及生活相关的关键技能和知识，将正规教育与非正规教育融合，建立或加强国家质量保障机制和国家资格框架。

① A. Gough, *Teacher Education for Sustainable Development: Past, Present and Future*, Springer International Publishing, 2016, pp.109-122.

第二节　经贸合作与人文交流"二轮驱动"的中非合作新格局

非洲大陆长期受西方文化的影响，其发展问题不单单涉及经济增长与政治民主，更重要的是涉及非洲内部的思想创造与文化自觉。中非人文交流与文明互鉴对非洲探索本土思想自觉与自立有着重要意义。然而，与中非经贸领域合作相比，作为中非关系民意基础的人文交流明显滞后。面对快速变化的非洲发展态势和中非关系结构与性质的变迁，重视和加强中非在思想、文化、教育、民间交往各领域的交流与合作是一个基础性的战略选择。

一　中非经贸合作及其面临的挑战

过去20年里，中非在贸易、投资等领域的合作获得长足的进展，"中国自2009年起连续12年稳居非洲第一大贸易伙伴国地位，中非贸易额占非洲整体外贸总额比重连年上升，2020年超过21%"。[1]2000年，中非贸易额首次突破100亿美元；2012年，中国与非洲贸易总额达1984.9亿美元；[2]2018年，中非贸易额达2042亿美元（见图1-1），同比增长20%。[3]截至2018年底，中国在非洲设立各类企业逾3700家，对非全行业直接投资存量超过430亿美元。[4]自中国2005年实行非洲最不发达国家部分输华商品零关税政策以来，中国主动扩大自非洲的非资源类产品进口，帮助更多非洲农业、制造业产品进入中国市场。中国在卢旺达、埃塞俄比亚、莫桑比克等非洲国家建成15个农业技术示范中心，中国农业技术组和技术专

---

① 中华人民共和国国务院新闻办公室：《新时代的中非合作》，中国政府网，2021年11月26日，http://www.gov.cn/zhengce/2021-11/26/ content_5653540.htm。

② 中华人民共和国国务院新闻办公室：《中国与非洲的经贸合作（2013）》，中国政府网，2013年8月29日，http://www.gov.cn/zhengce/2013-08/29/content_2618549.htm。

③ 新华社：《2018年中非贸易额达2042亿美元，同比增长20%》，中国政府网，2019年6月4日，http://www.gov.cn/xinwen/2019-06/04/content_5397407.htm。

④ 新华社：《2018年中非贸易额达2042亿美元，同比增长20%》，中国政府网，2019年6月4日，http://www.gov.cn/xinwen/2019-06/04/content_5397407.htm。

家通过农业技术示范中心，为非洲培训农业技术人员，推广农业生产经验和实用技术，帮助非洲提高农业自主发展能力。境外经贸合作区成为中国对非投资的重要平台，产业集聚效应逐步显现，投资合作领域从传统的农业、采矿、建筑等，逐步拓展到资源产品深加工、工业制造、金融、商贸物流、地产等，形成了制造装备、轻工纺织、家用电器等多个产业群，大大提升了当地的工业化水平、产业配套和出口创汇能力。中国企业在非洲轨道交通、港口、高速公路、立交桥、航空、电力等领域实施了一大批重大项目，极大改善了非洲的基础设施。

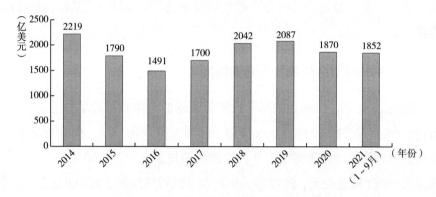

图1-1 2014年至2021年9月中非贸易额

资料来源：中华人民共和国国务院新闻办公室《新时代的中非合作》，中国政府网，2021年11月26日，http://www.gov.cn/zhengce/2021-11-26/content_5653540.htm。

中国在非洲作用的增强引发西方国家在某种程度上的"焦虑"，因此其对中国对非政策和中非合作实践进行攻击和诋毁。西方媒体、学者与政客利用各种媒介传播缺乏事实根据的言论。

非洲晴雨表（Afrobarometer）2015年的一项调查显示，63%的非洲人认为中国的形象是积极正面的，非洲民众对中国产生好感的因素有几个方面：中国在基础设施等发展领域的投入、中国产品的物美价廉和中国的商业投资。相比较而言，非洲民众对中国的"不干涉内政"原则知之甚少，对此的了解和认同度甚低。尽管非洲民众并不广泛认同前宗主国的发展模式，但认为前宗主国对非洲国家的影响是最大的。尽管总体上非洲民众对中国持积极的态度，但是中国在非洲各国中的形象是不统一的，一些负面因素影响中国在非洲的国家形象。[1]

西方和非洲本土对中非合作的负面看法与误读表明我国对非工作中硬实力和软实力并未实现同步发展的现状，[2] 非洲对中国的认知大多仍停留在经济层面，对中国的社会制度和文化的了解还很少。中非不仅要加强政治与经贸合作，更要加强人文交流与合作，以此增进相互之间的了解和友谊，形成经贸合作与人文交流"二轮驱动"的格局。

二 中非人文交流的价值与意义

中非传统友谊深厚，中非人文交流历史悠久，渐趋深入化、常态化，并逐步成为助推双边经贸合作、政治互信的纽带。中国提出"一带一路"倡议，并致力于打造人类命运共同体，这为中非经济、人文交流与合作提供了更加广阔的发展空间，中非人文交流必须在战略高度上提出目标与方向。

（一）有助于推动共建中非命运共同体

2018年中非合作论坛北京峰会通过《关于构建更加紧密的中非命运共同体的北京宣言》，中非共建"人类命运共同体"是中非传统友谊、中非合作的历史积淀与升华，体现新的历史时期中国致力于改善全球治理体系、构建新型国际关系、维护和促进世界和平与发展的决心。中非承诺携手打造"携手共建、责任共担、合作共赢、幸福共享、文化共兴、安全共筑、和谐共生"的中非命运共同体。正如宣言指出："中非历来是命运共同体。中国是最大的发展中国家，非洲是发展中国家最集中的大陆。基于共同历史遭遇、发展任务和政治诉求，中非人民同呼吸、共命运，结下深厚友谊。"中非人文交流有着深厚的历史积淀，两汉时期，中国海船抵达印度东海岸或斯里兰卡岛一带，卸下丝绸、香料、金属器皿等货物，接着这些货物由印度人、南阿拉伯人等，经由阿拉伯海、红海，运抵埃及亚历

---

① Afrobarometer, "China's Growing Presence in Africa Wins Largely Positive Popular Reviews," October 24, 2016, http://www.afrobarometer.org/wp-content/uploads/migrated/files/publications/Dispatches/ab_r6_dispatchno122_perceptions_of_china_in_africa1.pdf.

② 贺文萍：《推倒高墙：论中非关系中软实力的建设》，《西亚非洲》2009年第7期，第5～11页。

山大城,"海上丝绸之路"的开通促进了中国与非洲大陆的直接接触。据说埃及艳后克利奥帕特拉就曾享用中国的丝绸,埃及的亚历山大城是中国史籍中最早出现的非洲地名,被称为"黎轩""乌迟散"。唐宋时期中非交流区域扩大,《旧唐书》《太平广记》记载了被称为"僧祇奴"和"僧祇女"的黑人艺人。① 到了明朝,郑和船队4次到东非,这是中国大型船队留下记载的首次直航东非,从肯尼亚出土的瓷器再次确定了郑和到访非洲的事实。15世纪以来,中国与非洲的人文交流拥有深厚的经济贸易基础。16世纪西方殖民主义的兴起在一定程度上阻隔了中非之间的交流与商贸往来,中非均遭受殖民主义侵略之苦。中国与埃及的学术文化交流在艰难的情况下断断续续进行。20世纪30年代,中国派遣留学生到埃及爱资哈尔大学留学,马坚、纳忠、纳训等5人在那里学习阿拉伯语、伊斯兰教教义和教律,这批精通阿拉伯语的中国学者在将《古兰经》和阿拉伯文学翻译推介到国内的同时,将《论语》等学术经典介绍到阿拉伯非洲,中非文化交流与互鉴有了新的发展。20世纪五六十年代,中国始终支持非洲大陆的民族解放运动,1955年万隆会议及之后的不结盟运动是中国与广大亚非国家团结合作的基础。自1963年中国向阿尔及利亚派遣首支医疗队起,截至2013年,中国向非洲派遣了近2万人次的医疗队,援非医生深入广大乡村,为2.5亿人次的非洲人民解除病痛,有力推动了非洲医疗卫生事业发展,见证了中非之间珍贵的友情与信任,是中非人文交流的典范。② 20世纪80年代初,大多数跨国公司离开非洲甚至中断它们在非发展计划时,中国继续扩大对非贸易并不断增加经济援助,帮助非洲渡过难关。

中非命运共同体体现责任共担,中非在国际舞台上相互支持与配合,共同维护发展中国家的利益。③ 非洲有54个国家,占联合国席位超过1/4,在全球发展、气候变化、国际治理体系改革等重大问题上休戚与共,共同

---

① 李安山:《中非古代关系史研究四十年》,《社会科学战线》2021年第2期,第97~109页。
② 参见《让世界尊敬的"中国医生"——中国援外医疗队派遣五十周年综述》,《光明日报》2013年8月18日,第1版。
③ 张忠祥、陶陶:《中非合作论坛20年:回顾与展望》,《西亚非洲》2020年第6期,第53~77页。

发声。中国支持非盟和非洲次区域组织联合自强、维护地区和平以及推动经济一体化建设的努力，并积极参与联合国在非维和行动。非洲对中国核心利益问题在政治上给予支持，支持一个中国原则，在涉台、涉港、涉疆问题上明确支持中方立场。2020年，当一些西方国家借新冠疫情对中国进行污名化时，非洲国家坚定地与中国站在一起。所有与中国建交的非洲国家领导人和非盟委员会主席都来电、来函或以其他方式向中方表达真挚的慰问和兄弟般的支持。①

中非命运共同体尊重非洲自主选择发展道路，支持各国对发展道路多样性和独特性的探索及对自我利益的合理性追求，包容多样与尊重差异，有别于西方发达国家采取的"传统—现代""先进—落后"的二元框架，注重中国与非洲各国的平等相待和相互尊重。中国坚持道路自信、理论自信、制度自信、文化自信的"四个自信"，但不主张非洲国家照搬照抄中国的发展道路。在中非合作中，中方充分尊重非洲的自主权、发言权，秉持不干涉内政的合作方针。面对西方发展不稳定性给发展中国家带来的未知挑战以及发展中国家对全球公正性发展的诉求，中非命运共同体批判"零和博弈"思维，强调"合作共赢"的价值理念，主张发展中国家借助全球产业分工互补的良机充分释放自身潜能，实现共同发展、共同繁荣。

构建中非命运共同体，民心相通是重要因素。"国之交在于民相亲，民相亲在于心相通。"相较于政府层面的合作，人文交流涉及教育、旅游、艺术、科技、体育等普通民众生活的方方面面，可以深入普通民众，更容易拉近不同国家人民心与心的距离，夯实中非合作的民意基础，让人民群众对于中非合作的成就、价值与意义，有更多的获得感、参与感和使命感，增进中非双方的相互理解与信任。

（二）增进中非思想交流与对话

中国和非洲各国都有着各自独特的文化形态，中国是拥有五千多年灿烂文明的古国，非洲是一个多元文化共存的大陆，非洲国家语言多样、宗

---

① 戴兵：《二十载耕耘结硕果 新时代扬帆启新程——纪念中非合作论坛成立20周年》，《中国投资》2020年第z2期，第25页。

教多元、经济发展水平不同、资源条件有异。中非开展文明对话，有助于推动中非文化互鉴、推动世界文化的繁荣，也将加深双方在合作和国际问题上的一致性认识，推进共同发展。正如习近平主席在2019年"亚洲文明对话大会"上所强调的，"深化人文交流互鉴是消除隔阂和误解、促进民心相知相通的重要途径"。①

中国对非合作中体现出的"不附加任何条件""不干涉内政""平等互利""共同发展"等原则都得到非洲国家的广泛赞同与认可，中非关系实现了从"伙伴关系"到"新型战略伙伴关系"再到"全面战略合作伙伴关系"最后到"新时代全天候中非命运共同体"的升级，中国在非洲的影响力不断增强。中非之间的合作也早已超越经贸领域，向更深层次的文明对话、思想交流、知识重建推进。经贸合作与人文交流成为支撑中非关系的两轮，不可偏废。也有学者提出，政治、经济、文化是支撑当今中非合作关系的三大支柱，三者相互支撑，中非关系才牢固，才能可持续发展。②《中国对非洲政策文件》强调"中国将秉持真实亲诚的对非政策方针，推动中非友好互利合作实现新的跨越式发展"③。这里的"亲"指通过人文交流和民间交往，促进中非之间思想融通、民心相通，为中非合作提供坚实的民意和社会基础。作为世界上最大的发展中国家，中国始终重视与非洲开展治国理政经验交流，向其提供思想性公共产品。中非治国理政经验交流，不只是一般的经济发展经验交流，还包括更深层次的制度建设乃至思想交流，具体包括以下几个方面的显著内涵：自立精神、发展主义、有效政府和多元共识。④自立精神指中国始终坚持独立自主和自力更生，强调依靠中国自己的力量和智慧来实现国家发展；发展主义表明中国对发展目标的执着追求和发展规划的通盘设计，还体

① 《习近平在亚洲文明对话大会开幕式上的主旨演讲（全文）》，新华网，2019年5月15日，http://www.xinhuanet.com/politics/leaders/2019-05/15/c_1124497022.htm。

② 刘鸿武：《非洲文化与当代发展》，人民出版社，2014。

③ 中华人民共和国外交部：《中国对非洲政策文件》，2015年12月5日，http://newyork.fmprc.gov.cn/wjb_673085/zfxxgk_674865/gknrlb/tywj/zcwj/201512/t2015_7949942.shtml。

④ 罗建波：《中国与发展中国家的治国理政经验交流：历史、理论与世界意义》，《西亚非洲》2019年第4期，第3~23页。

现一种"发展导向"的问题解决思路；有效政府指基于成熟的国家基本制度、相对"自主性"和选贤任能机制，中国政府得以有效地行使权力；多元共识既体现为中国社会中广泛存在的多元共识理念，也体现为国家治理和社会管理中广泛存在的多元共识的制度安排。中非之间的经验交流与思想对话是建立在相互尊重和平等基础之上的，中国发展道路对非洲的意义在于，非洲各国需要考虑自身的现状和主要矛盾，规划自己的发展路线图，因地制宜地探索适合本国国情的自主发展道路。

（三）提升中非的国际话语权

中非政治和经贸关系的快速发展引发了国际媒体、西方学术界对中非关系的极大关注，相关报道和讨论急剧升温。在国际舆论中经常出现一些不利于中非合作的声音，甚至是对中非合作的扭曲和抹黑，西方媒体不时炒作"新殖民主义""债务陷阱""掠夺非洲资源"等负面论调，对中非合作造成不良影响。如果中国和非洲国家不加强媒体舆论的自主建设，对双方的政治稳定、民族团结、经济发展以及社会安全都是非常不利的。面对西方主导的国际舆论和话语环境，中非需合力应对话语权挑战。[1] 中非智库学者和媒体的交流与合作应以反映包括非洲各国和中国在内的发展中国家的根本利益和诉求为主要目标，中非应合力在未来国际规则改革和制定中为发展中国家发声，争取国际话语权。中非智库和媒体需发挥舆论引导力，讲述真实的中非合作故事，积极利用新媒体和新平台，创新传播手段，为中非合作营造积极的舆论环境，扭转西方独大的国际话语局面。

第三节　中国教育国际化战略的历史与特征分析

一　中国教育国际化战略的历史回顾

（一）中国教育"引进来"发展阶段

中国教育国际化在21世纪前经历了1848～1949年"被动的"国际化

---

[1] 《中非智库论坛第八届会议学者观点总结》，浙江师范大学新闻网，2019年8月27日，http://news.zjnu.edu.cn/2019/0827/ c8449a296815/page.htm。

阶段、1949～1976年"封闭的"国际化阶段、1977～2000年"主动的"国际化阶段，① 以向国外派遣留学生为教育国际化的主要形式，目的是向世界发达国家和地区学习先进的科学文化知识。

近代以来，清政府开展的官方留学活动包括：1872年派遣留美幼童；1877年福州船政学堂派遣留欧学生；从1896年开始，到20世纪初达到高潮的留日浪潮；1909年开始的庚款留学。清政府在"中学为体、西学为用"的指导思想下派遣留学生的目的主要是学习西方的"船坚炮利"之术，但随之被引进来的西方社会思想和文化所引发的革命浪潮也加速了腐朽清王朝的覆灭。

辛亥革命胜利后，中国的留学教育进入新的历史时期，主要包括1912～1927年即民国初期和北洋政府时期的留学教育、南京国民政府成立后的1928～1945年的留学教育、抗战胜利后的1946～1949年的留学教育。② 这一时期的留学教育受到时局动荡的影响较深，前期表现为"政局混乱下的失控"③，中后期南京国民政府逐渐实施了规范的留学制度，以1933年颁布实施的《国外留学规程》为标志。这一时期的留学教育培养了一大批掌握西方先进科学技术的人才，为之后新中国的建设发挥了重要作用。

新中国成立后至改革开放之前，我国的留学教育由于受到西方的封锁出现"一边倒"的现象，主要是向苏联和东欧社会主义国家派遣留学生。到1959年，新中国共派出留学生6900多名，其中91%的留学生被派往苏联，8%的留学生被派往东欧国家。④ 这一时期的留学教育为我国社会主义现代化建设培养了大批工程技术人才和管理人才。

改革开放到21世纪初期，我国的教育国际化处于大发展阶段。除了向外派遣留学生迎来了空前发展，来华留学教育也迎来大发展。改革开放之

---

① 高书国：《中国教育国际化发展阶段与特征分析》，《中国高教研究》2016年第12期，第63～67页。

② 蒋凯、徐铁英：《近代以来中国留学教育的历史变迁》，《大学教育科学》2007年第6期，第67～74页。

③ 冉春：《南京国民政府留学教育管理研究》，博士学位论文，华中师范大学，2007，第22页。

④ 高书国：《中国教育国际化发展阶段与特征分析》，《中国高教研究》2016年第12期，第63～67页。

后的留学教育由1978年肇始，依据邓小平同志恢复派遣留学生的重要战略决策，教育部制定了"突出重点、统筹兼顾、保证质量、力争多派"的国家公派留学生选派原则。20世纪80年代，我国留学教育进入制度化和规范化发展时期。1981年，国务院批准教育部等六部门提交的《关于出国留学人员管理工作会议情况的报告》；1986年，国家教育委员会制定了《关于出国留学人员的若干暂行规定》，规定了出国留学工作的指导原则和组织管理、公派出国留学人员的选派与管理、自费出国留学人员管理等方面。自此，我国形成涵盖公派留学、自费留学和留学回国的政策保障体系。[①]1988年，国家教委成立"中国留学服务中心"，其发展成为管理出国留学、留学回国、来华留学以及教育国际交流与合作的专门机构。到20世纪90年代，随着改革开放的深入，《中共中央关于建立社会主义市场经济体制若干问题的决定》首次以中央文件的形式确立了"支持留学、鼓励回国、来去自由"十二字留学政策，留学教育进入快速发展时期。1979～1986年，我国出国留学人员每年平均达到3800余人，而到1991年，自费出国留学人数就超过13000人，是80年代年平均出国留学人数的3倍还多。这一时期，我国来华留学生政策逐渐完善，到1999年，来华留学生人数达44711人，是1998年来华留学生人数的7.66倍。[②]此外，引进西方优质教育资源的中外合作办学在20世纪90年代逐步发展。1993年，《中国教育改革和发展纲要》明确将中外合作办学等形式的对外教育交流作为一个整体统筹规划，全面推进实施。同一年，国家教委出台《关于境外机构的个人来华合作办学问题的通知》；1995年，国家教委颁布《中外合作办学暂行规定》。中外合作办学在这些管理制度的支持下取得较大发展。1995年，我国已经有71个中外合作办学机构或项目。[③]改革开放之后，我国的教育国际化取得空前发展，培养了不计其数的掌握先进文化理念和科学

---

① 孙霄兵：《中国教育对外开放70年的政策演变与发展成就》，《国家教育行政学院学报》2019年第10期，第10～15页。

② 刘宝存、张继桥：《改革开放四十年教育对外开放政策变迁的历史考察》，《高校教育管理》2018年第6期，第1～13页。

③ 李盛兵、王志强：《中外合作办学30年——基于11省市中外合作办学分析》，《华南师范大学学报》（社会科学版）2009年第2期，第96～99页。

技术的各行各业的人才，为我国重新融入世界、与世界接轨提供了人才支撑。

（二）中国教育"引进来"与"走出去"双重发展阶段

进入21世纪，我国加入世界贸易组织之后，教育国际化进入迅猛发展的快车道。旨在学习和引进西方科学技术知识和先进文化的留学教育、中外合作办学等教育国际化形式迎来转型升级阶段。以中外合作办学为例，入世后，中外合作办学被纳入教育服务贸易。2003年和2004年，国务院和教育部分别出台《中华人民共和国中外合作办学条例》和《中华人民共和国中外合作办学条例实施办法》，标志着中外合作办学进入法制化阶段。2002年，我国中外合作办学机构和项目达到712个，2003年，中外合作办学机构和项目达到951个，增长速度超过33.6%。2009年底，中外合作办学机构和项目总数达到1100多个，与2003年相比增长15.7%。高等教育阶段中外合作办学机构（包括独立法人单位和二级学院两种类型）从2003年的19个增加到2009年的52个。[①]

进入21世纪之后，我国教育国际化从以往单向的"引进来"逐渐发展到"引进来"和"走出去"双重发展格局。与"引进来"一致，加入世界贸易组织之后，我国高校赴境外办学也成为教育服务贸易的一种形式。2002年12月，教育部发布《高等学校境外办学暂行管理办法》，明确了"积极探索，稳步发展，量力而行，保证质量，规范管理，依法办学"的办学方针，并提出"高等学校境外办学应当优先举办具有中国高等教育比较优势或者特色的学科，并充分考虑所在国家（地区）的需求及发展特点"。虽然我国高校境外办学有了具体的政策支持，但高校境外办学面临经济成本高、文化障碍与制度障碍等困难。2011年7月，在中国和老挝两国政府的支持下，我国在海外创建的第一所高等学府老挝苏州大学成立。我国高校境外办学迈入实质发展阶段。

我国教育"走出去"的一大重要办学形式是建立孔子学院。孔子学院作为向全世界推广中文教学和促进中外文化交流的机构，承担着推动语言文化

---

① 参见《中外合作办学概况》，《神州学人》2018年第S2期，第3页。

"走出去"的重担。2002年，教育部和国家对外汉语教学领导小组在借鉴英国、德国、法国等国推广本民族语言经验的基础上在海外成立语言推广机构。2004年，第一所孔子学院在韩国首尔正式成立。孔子学院采取了与申办方合作的办学模式，主要分为中外高校合作设立、中外高校与公司联合设立、中国高校与国外文化社团机构联合创立、中国高校与国外政府联合创立，其中90%的孔子学院为中外高校合作设立。由于独特的办学模式，孔子学院在短期内获得了迅速发展。[①] 截至2011年底，已在105个国家建立了358所孔子学院和500所中小学孔子课堂，注册学员达到50万人。[②]2011年之前，建设孔子学院成为我国教育"走出去"的主要形式。

（三）"一带一路"倡议下中国教育"走出去"全面发展阶段

2016年4月，为推动教育"走出去"和共建"一带一路"教育行动，中共中央、国务院出台《关于做好新时期教育对外开放工作的若干意见》。该意见鼓励我国本科院校和职业院校在"一带一路"建设的背景下配合企业"走出去"，在境外办学，同时鼓励社会力量参与境外办学；该意见称，应实施"一带一路"教育行动，促进共建国家教育合作等。同年7月，为落实教育对外开放工作，教育部专门出台《推进共建"一带一路"教育行动》，该文件确立了"育人为本、人文先行，政府引导、民间主体，共商共建、开放合作，和谐包容、互利共赢"的合作原则，表示应开展教育互联互通、人才培养培训、共建丝路合作机制等方面的合作，形成中央各部门协调推动，地方重点推进，各级学校有序前行，非营利性组织、企业与个人等社会力量顺势而行的协同工作机制。

共建"一带一路"教育行动开展以来，在教育互联互通方面，截至2019年，我国已与24个共建"一带一路"国家签署高等学历学位互认协议：波兰、立陶宛、爱沙尼亚、拉脱维亚、匈牙利、罗马尼亚、保加利

---

① 詹海玉：《"一带一路"背景下的孔子学院发展策略探讨》，《河北师范大学学报》（教育科学版）2017年第6期，第121~125页。

② 中华人民共和国教育部：《孔子学院发展规划（2012—2020年）》，2013年2月28日，http://www.moe.gov.cn/jyb_xwfb/gzdt-gzdt/s5987/201302/t20130228_148061.html。

亚、捷克等中东欧8国，泰国、越南、菲律宾、马来西亚、印度尼西亚等
东南亚5国，哈萨克斯坦、土库曼斯坦、吉尔吉斯斯坦、乌兹别克斯坦、
塔吉克斯坦等中亚5国，俄罗斯、乌克兰、白俄罗斯3国，南亚、东亚与
北非各1国（斯里兰卡、蒙古国、埃及）。

　　随着共建"一带一路"教育行动的深入开展，我国教育"走出去"获
得重大进展。本科院校境外办学逐步发展。截至2018年6月，全国共有
21个省区市的84所本科院校开展境外办学，共有境外办学机构和项目128
个，涉及亚洲、欧洲、美洲、大洋洲的48个国家和地区，这些国家和地区
多为共建"一带一路"国家和地区。[①]除了2011年成立的第一所境外办学
机构老挝苏州大学，云南财经大学曼谷商学院（2013）、同济大学佛罗伦
萨校区（2014）、中俄交通学院（2015）、北京语言大学东京学院（2015）、
厦门大学马来西亚分校（2016）、温州大学意大利分校（阿雷佐校区）
（2016）、北京大学汇丰商学院英国校区（2018）、信阳师范学院景明国际
学院（2020）、燕山大学欧洲学院（2021）等境外办学机构纷纷成立。除
日本外，这些境外办学机构所处的国家皆为共建"一带一路"国家。境外
办学机构的专业由起初的中医、中文等扩展到经济、工程等领域，境外办
学层次逐渐提高。

　　与本科院校相比，我国职业院校"走出去"的规模较大。据不完全统
计，截至2019年，我国43所职业院校在全世界共开设了48所不同形式的
海外分校。[②]2012年，上海医药高等专科学校在美国芝加哥创办分校，顺德
职业技术学院在马来西亚创办马来西亚UCSI大学顺峰烹饪学院。2014年，
重庆城市管理学院与柬埔寨经济管理大学联合创办职业教育中心。2015
年，广东农工商职业技术学院分别在泰国和柬埔寨创办学习中心。2016
年，增加了6所职业院校海外分校，如宁波职业技术学院与贝宁合作创办
的中非（贝宁）职业技术教育学院、天津渤海职业技术学院在泰国创办的

---

① 刘宝存、张继桥：《改革开放四十年教育对外开放政策变迁的历史考察》，《高校教育管
　理》2018年第6期，第1～13页。
② 李长波、王阳：《中国职业教育走出去的时代选择》，《神州学人》2021年第11期，第
　16～19页。

第一所鲁班工坊、北京信息职业技术学院在埃及创办的埃及苏伊士运河大学分院等。2017年，我国职业院校创办海外分校的数量猛增10所，如金华职业技术学院在卢旺达创办的穆桑泽国际学院、山东科学职业学院创办的东非（乌干达）国际学院、淄博职业学院在柬埔寨开办的职业教育中心等。2018年和2019年分别增加了12所和15所，如2018年，河北软件职业技术学院在泰国创立冲之学院，黄河水利职业技术学院在赞比亚创立大禹学院；2019年，湖南交通职业技术学院在泰国创办中泰国际学院，铜仁职业技术学院在老挝创办老挝分校等。我国职业院校创办的海外分校遍及五大洲21个国家和地区，共建"一带一路"国家居多，在泰国的海外分校最多，达到14所，其次是柬埔寨，为7所，排在第三的是赞比亚，为4所。

值得一提的是，我国天津地区职业院校的"鲁班工坊"已经成为职业教育"走出去"的重要品牌。从2016年在泰国创办的第一所鲁班工坊运行以来，鲁班工坊迅速发展壮大，逐渐遍布亚洲、欧洲、非洲等十几个国家。截至2021年，鲁班工坊已经在全球有20所，其中12所在非洲。[①]2019年，服务于亚吉铁路运营的非洲首所鲁班工坊在吉布提成立；随后2年又陆续在肯尼亚、南非、马里、尼日利亚、埃及、乌干达、科特迪瓦、马达加斯加、埃塞俄比亚、摩洛哥等10个非洲国家设立11所鲁班工坊，其中埃及成为唯一有两所鲁班工坊的非洲国家。"鲁班工坊"的"走出去"模式依托政府间的战略合作，以中外职业院校间的国际合作为载体，以配合中国企业和产品"走出去"战略为目的。[②] 职业教育"走出去"的"鲁班工坊"模式伴随"一带一路"倡议重要工程建设，不仅是中国职教方案和职教装备"走出去"，更是职教标准"走出去"的实践。

---

① 中华人民共和国教育部：《天津在非洲建成12个"鲁班工坊"——为非洲职教贡献"中国方案"》，2021年12月2日，https://hudong.moe.gov.cn/jyb_xwfb/s5147/202112/t20211202_584025.html。

② 吕景泉：《服务"一带一路"，职业教育的新作为——"鲁班工坊"》，《天津职业院校联合学报》2018年第1期，第3～7页。

总之，我国本科院校和职业院校"走出去"办学，为"一带一路"建设提供了重要的人才支撑，也是教育的"中国方案""走出去"和中国参与全球教育治理的重要途径。

二　中国教育国际化的特征

（一）传承中国传统文化

中国教育"走出去"与西方教育"走出去"的根本区别就是我国教育"走出去"建立在深厚的文化基础上。首先，中国教育"走出去"传承和文化。"以和为贵""和而不同""和实生物，同则不继"。"和文化是中国文化的源与根，是中国文化的原初性基因，是中华民族基础性信仰。"[①] 习近平主席反复向世界倡导中国的"和平""和谐""和合"的和文化，并提出对待世界文化的四原则："维护世界文明多样性"、"尊重各国各民族文明"、"正确进行文明学习借鉴"和"科学对待文化传统"。[②] 与西方文化中心主义和殖民主义不同，我国教育"走出去"以和文化为基础，在维护世界文明多样性和尊重文化多样性的基础上促进各国不同文化之间的交流与互鉴。其次，中国教育"走出去"传承传统文化中的"大同"理想。"大道之行也，天下为公。"我国教育"走出去"的根本目的是秉承"天下为公"的文化理想，倡导包容性的全球化和人类命运共同体，为世界提供教育的"中国方案"，与世界各国政府和人民合作，通过教育消灭人类不平等，促进人类的可持续发展、绿色发展和永续发展。

（二）服务国家大战略

第一，教育"走出去"服务我国深化对外开放的大战略。长期以来，我国教育国际化以"引进来"为主，"走出去"发展滞后。全面提高对外开放水平亟须我国教育高质量"走出去"，传播中国声音，讲好中国故事。教育一直是文化软实力的重要组成部分。我国教育"走出去""促进传统文明、

① 金应忠:《从"和文化"到新型国际关系理念——兼论人类命运共同体意识》,《社会科学》2015年第11期，第18～33页。

② 参见《习近平：要维护世界文明多样性》,《新京报》2014年9月25日，第A8版。

政治观念和社会价值的跨国传播"①，有利于提升中国文化和教育在世界上的影响力和话语权，在增进国家利益的同时促进中国参与全球教育治理，改善教育的巨大不平等局面。第二，教育"走出去"服务我国"一带一路"倡议。我国教育"走出去"以共建"一带一路"国家为重点，为"政策沟通、设施联通、贸易畅通、资金融通、民心相通"提供国际化和本土化的各类人才支撑。人才是"一带一路"倡议实施的基础。我国各级各类教育"走出去"一方面为我国参与"一带一路"项目的中国企业和广大华人华侨服务；另一方面培育当地懂得中国文化和中国标准的本土人才，促进"一带一路"倡议在共建国家的"落地生根"。

（三）地方、企业、高校积极协同落实

首先，各地依据自身情况积极落实。2016年中共中央、国务院出台《关于做好新时期教育对外开放工作的若干意见》，以及教育部出台《推进共建"一带一路"教育行动》以来，各地依据自身的区位优势和对外开放的基础陆续出台了地方教育对外开放规划。各地教育对外开放和教育"走出去"发展迅速。例如，贵州通过"中国—东盟教育交流周"活动，与东盟国家强化教育的交流与合作。自2008年起，截至2021年，已举办13届交流周活动，涵盖教育、科技、文化、卫生、体育、旅游等方面，贵州也成为内陆地区教育开放的新高地。云南与东南亚国家越南、老挝、缅甸接壤，这成为面向东南亚教育开放的重要基础，教育"走出去"成果卓著，在东南亚国家的境外办学机构为12个，境外办学项目为3个。②

其次，企业积极参与教育"走出去"战略。企业大规模参与教育"走出去"，以职业教育最为突出。如中国有色矿业集团有限公司与国内北京工业职业技术学院、哈尔滨职业技术学院、湖南有色金属职业技术学院、陕西工业职业技术学院和甘肃白银矿冶职业技术学院等13所高职院校合作共建中国—赞比亚职业技术学院，中国有色矿业集团有限公司是创办发起单位和办学支

---

① 孙志远：《构建"中国教育走出去"战略的四个基本问题》，《复旦教育论坛》2021年第1期，第24~30页。

② 昆明市呈贡区人民政府：《云南省16个州市高等学校全覆盖》，2021年5月18日，http://www.kmcg.gov.cn/c/2021-05-18/5167033.shtml。

持方。①可以说，每一所职业院校的"走出去"项目都是通过校企合作、产教融合实现的。

最后，各类高校发挥各自优势主动"走出去"。各高校根据自身国际化办学的基础和优势主动制定教育对外开放工作规划和"走出去"发展战略。比如，宁波职业技术学院紧紧围绕地方和区域产业发展需求，把高质量教育国际化作为重要办学方向，国际化办学项目涉及制造、汽车、航空等核心产业，为共建"一带一路"国家培训3326名产业界、教育界官员和院校教师（2019年数据），与贝宁建立中非（贝宁）职业技术教育学院，与斯里兰卡高校共建"中斯丝路学院"，与马来西亚高校共建"中马职业技能与文化中心"等。

第四节　非洲国家实现教育可持续发展目标面临的挑战

一　非洲国家教育发展进程

（一）非洲传统教育

非洲传统教育（traditional education or indigenous education）是指欧洲殖民者（也包括伊斯兰教和基督教传教士）到来之前的非洲本土非正规教育。非洲传统教育是非洲传统社会历史文化的一部分，②教育的场所通常是家庭、村庄和部落。一般来说，非洲传统教育指非洲传统社会的学习方式，非洲传统社会的部族知识、技能通过口耳相传和实践活动从年长者传递给儿童。

肯雅塔对肯尼亚吉库尤人的教育做了这样的描述："可以看到，教育贯穿了从出生到死亡的全过程。儿童在不同阶段分进不同年龄组，依循教育体系来界定人生中每个阶段的身份。与欧洲人带到非洲的学校教育系统不

---

① 中华人民共和国教育部：《中国特色现代职业教育体系向纵深推进——党的十八大以来职业教育改革发展成就》，2022年5月24日，http://www.moe.gov.cn/fbn/live/2022/54487/sfcl/202205/t20220524_629748.html。

② Michael Omolewa, "Traditional African Modes of Education: Their Relevance in the Modern World," *International Review of Education*, Vol. 53, No. 5/6（2007），pp.593–612.

同，在吉库尤人的话语中没有专门的学校，家庭即学校，这就是他们将自己的历史一代一代传下去的一种方式。"①

非洲传统教育具有多种传播方式，如音乐、舞蹈、口头语言、谚语、神话、故事等。这种教育是由一代又一代人经年累月通过口头传授和宗教文化流传下来的，往往需要人们终身学习。

非洲传统教育被认为是部族的信息来源和基础，能促进交流和决定事宜。②而教育中的一个重要方面则是孩子获得的知识是丰富多彩的，如对神的认知、对农作物的播种和收获的认识、对草药的鉴别等。这些也是日常生活所需的常识性知识。非洲传统教育以实用的常识性知识为基础，与生活是一个不可分离的整体，教育寓于生活，而生活又给教育丰富的题材，两者相辅相成，这也正是非洲人民的一种生活方式。

非洲传统教育不仅注重通识教育，还关注职业导向。非洲传统教育非常注重对孩子技能的培训和发展。如在农业教育方面，涉及种植业、畜牧业、渔业；在贸易和手工教育方面，涉及编织、雕刻、击鼓、制陶、唱歌、酿酒等；在一些职业教育方面，涉及的领域有祭司、医生、法官、猎人、士兵等。③

年龄对于非洲人来说是极为重要的。它是社会地位和经济地位的象征，甚至还与食物分配、奖品发放有关。非洲传统教育实行的是年龄分级制度，即年龄相同的孩子将会被分在一起，共同学习，共同承担责任，并进行一些与其年龄相符的劳作。相同年龄的孩子之间有时候会进行一些健康无伤害的竞争，如摔跤比赛、玩游戏等。举行比赛的目的不是在于分出胜负，而是让他们增强体质，学会多运动、多动脑，培养他们的创新能力。实行年龄分级制度，根据不同年龄段儿童的智力和心理发育程度把孩子分在一起，这样有利于相同年龄段的孩子互帮互助，共同学习成长。

---

① A. Babs Fafunwa, "African Education in Perspective," in A. Babs Fafunwa and J. U. Aisiku, eds., *Education in Africa: A Comparative Survey*, London: George Allen & Unwin Ltd., 1982, pp. 11–12.

② Michael Omolewa, "Traditional African Modes of Education: Their Relevance in the Modern World," *International Review of Education*, Vol. 53, No. 5/6（2007）, pp.593–612.

③ A. Babs Fafunwa, *New Perspectives in African Education*, Lagos: Macmillan, 1967, pp.1–16.

非洲传统教育提倡终身学习，"活到老，学到老"的教育思想贯穿于学习者的一生，如约鲁巴人就坚信人虽死而学习犹在。[1]在非洲传统社会的教育体系里就已经倡导终身学习，它既可以推动非洲部族里个人的知识积累、素质提升，也有利于提升整个部族决策的有效性以及促进部族的繁荣发展，可见在当时非洲传统教育也有其进步之处。

非洲传统教育还特别注重道德教育，道德教育是不正式的，通过民间传说、神话、寓言、日常对话、德高望重的老人的行为举止来传授。每个人在生活中学习和加强道德教育。[2]从道德层面讲，每个人并不只代表着一个个体，还体现了个人在其生活中所培养出的社会责任感。道德教育主要体现在塑造人的良好的个性、培养人的尊老爱幼的品德、使人遵守部族和社会的规章制度方面。良好个性的塑造对于一个人的一生有非常重大的意义。良好的个性是人的主体性发展的需要，也是社会发展及时代进步的客观需求。尊重长者是道德教育中的一个重要的部分，长者代表着权威，这些长者是指酋长、宗教领袖、预言家、亲戚、邻居等。尊重长者的一个重要表现是学会问候，而问候在非洲文化里是一件复杂的事情，在不同时间遇到不同的人需要使用不同的问候方式。遵守部族和社会的规章制度也是道德教育的一部分，任何人若违反了部落的规章制度就会受到惩罚，因此而蒙羞的并不仅仅是个人，连其家庭和亲戚都会感到羞耻。

总之，传统教育作为非洲传统社会生活的重要一环在儿童成长和地区发展中起着至关重要的作用，其主要功能是通过祖辈流传下来的传统思想对年轻一代的思想观念进行陶冶，最终促进其个人发展和社会稳定，从而保障传统社会的正常运转和权力结构的稳定持续。具体而言，非洲传统教育主要有七大目标：（1）发展儿童的潜在体能；（2）完善和发展儿童性格，促进其身心健康发展；（3）促进儿童智力发展；（4）教导儿童尊敬长辈，服从权威；

---

[1] Michael Omolewa, "Traditional African Modes of Education: Their Relevance in the Modern World," *International Review of Education*, Vol. 53, No. 5/6（2007）, pp.593–612.

[2] Polycarp Ikuenobe, "Moral Education and Moral Reasoning in Traditional African Cultures," *The Journal of Value Inquiry*, Vol. 32, No.1 (1998), pp. 25–42.

（5）给予青年专门的职业技术培训，培养其认真、端正的工作态度；（6）培养年轻人团队精神，使其积极参与家庭、社区与部族事务；（7）向年轻人灌输传统文化知识，使其对所在部族传统文化遗产有敬畏之心，培养其对传统文化的理解和传播能力。传统教育通过建立这种学徒式和家庭式的教育，实现了个人的社会化。直到现在，这种传统的教育形式依旧是非洲教育体系的重要组成部分。

（二）殖民时期非洲教育

学校教育被引入非洲要追溯到16世纪欧洲传教士在非洲大陆的传教活动，早期传教士进行的教育活动并非真正意义上的教育活动，更谈不上建立教育体系，主要是以传教士个人或者某个传教组织进行的小范围活动，其主要目的是传播教义，招徕教徒。据历史记录，基督教传到肯尼亚是在1498年。大规模的传教活动是伴随着英国探险者、殖民者的到来开始的。19世纪中叶的那些探险者中，很多人本身既是传教士又是教师。例如，19世纪40年代尼日利亚引入了正规的西方教育模式。1842年，尼日利亚开办小学，基督教传教士根据基督教教义和哲学安排课程，管理教学体系。19世纪中叶，英国圣公会（Church Mission Society，CMS）在非洲开办学校。1859年，尼日利亚建立第一所中等学校，即拉各斯的圣公会文法学校。传教士认为中等教育可以启发人们的批判性思维，不利于思想和文化控制，因此对教学内容严格把控。学校以宗教教育为课程的核心，教导人们语言、基本的知识、阅读、写作、计算等生产生活技能。

19世纪后半叶，殖民政府通过资助教会机构，开始干预教育发展，在非洲大力推行西式教育。[①]殖民政府接管教会学校主要旨在为其殖民统治服务。随着教会学校的增加，教会教育出现越来越多的弊端，如目的单一性以及课程内容缺乏灵活性、资金的短缺等，难以满足当地人民和殖民地发展的需要，但传教士们又不舍得放弃扩大基督教影响力的绝佳机会，因此不得不向政府求援；而当时殖民地经济的发展需要具有一定技能的劳动力，殖民政府亟须培养为白人殖民者服务的非洲廉价劳工、技术工人和教

---

① A. Babs Fafunwa, *History of Education in Nigeria*, London：Routledge, 2018.

员及文书等下级行政官员，这就要求政府干预教育并制定新的教育政策，但政府学校数量稀少，教会又有办学的传统和经验且与当地民众有更密切的关系，因而政府也需要教会的协助。这样，政府和教会在教育合作上一拍即合，政府也在合作过程中，逐渐接管教育，掌握教育权，确立官方教育体系。

1882年，尼日利亚殖民政府增加教育拨款，制定教育条例，全面控制教育。"1882年教育条例"主要旨在解决尼日利亚教育体系不平衡问题，加强对教会学校的控制，涉及建立教育总委员会和地方委员会、建立技工学校等。至此，教育控制权从教会转向了政府。1887年，殖民政府出台"1887年教育法令"，增加补助金，用于教师培训，并建立中等和技术教育奖学金制度，进一步解决教育问题。20世纪初，殖民政府开始修建中小学。1914年，殖民政府把南北两个地区合并为一个殖民地，此时，尼日利亚共有11所中学、59所政府小学，以及91所教会小学。[①] 合并后，时任尼日利亚总督的弗雷德里克·卢加德勋爵（Lord Frederick Lugard）提出了一些新想法，这些想法构成了1916年法令的主要部分。这项法令的颁布促进了殖民时期尼日利亚教育体系的形成。1932年，尼日利亚第一所高等教育机构成立。1948年，伊巴丹大学成立，最初只有104名学生。

在法属殖民地，欧洲教会很早就在塞内加尔建立学校，殖民政府也不甘落后，1854年塞内加尔共有4所学校，其中2所在圣路易斯，主要用于培养牧师。到一战前，法属西非共有70所学校。1903～1924年，法国政府通过立法，完全控制殖民地学校，同时向教会学校提供财政补贴，加强管理，最后只剩15%的学生在教会学校就读。[②] 根据1922年法令，在殖民地办学必须经殖民政府批准，学校聘用的教师需在政府注册，采纳政府制定的课程体系，还有一条是必须使用法语教学。

法属殖民地教育归结起来有几个显著特征。一是广泛使用法语。法国

---

① State University, "Nigeria—History & Background," http://education.stateuniversity.com/pages/1100/nigeria history backg-round.html izz5e8pruzx8.

② Bob W. White, "Talk about School: Education and the Colonial Project in French and British Africa (1860–1960)," *Comparative Education*, Vol.32, No.1（1996）, pp. 9–25.

只允许在低年级某些学科中使用非洲本土语言进行教学，但最终学习目标是必须掌握法语。二是根据殖民政府可提供的职位限制学生入学。法国政府希望借此避免毕业即失业的状况。三是法国殖民地学校具有双重体系，大部分学校针对的是非洲普通民众，一部分更欧化的学校用来培养在殖民地政府担任较低职位的非洲精英。

1944年法属非洲召开布拉柴维尔会议，讨论殖民地教育问题，大会一致认为应该增加入学机会，招募更多的非洲教师，并且不能改变使用法语授课的原则。此次会议提出改革殖民地教育的一些举措，"有了普及性的教育及当地精英的选拔，在整个法兰西殖民帝国中应开设有利于当地人的职业学校、高级初等学校及专科教育机构，让当地人日后可以在商业、工业和行政管理上担当越来越重要的职位"①。二战后法属殖民地加大对当地精英的培养力度，送一些非洲人到法国本土接受教育，其本质是法国企图借助当地精英来确保殖民统治。

在英属殖民地，最初，英国政府对教会学校采取更为宽容的政策，赋予教会学校行政管理权并提供资助，鼓励教会办学。因此，很多教会，包括英国圣公会、苏格兰教会（Church of Scotland）都积极创办学校，在英属殖民地或托管地教会学校与政府学校长期并存。直到一战之后，英国才最终接管教育权。1923年热带非洲土著教育咨询委员会（Advisory Committee on Native Education in Tropical Africa）成立，是英属非洲殖民地制定教育政策的主要机构。②该委员会于1925年发表《英属热带非洲教育政策报告》（Education Policy in British Tropical Africa），也称白皮书，提出在殖民地实施适应性教育的战略规划。

1925年白皮书涉及以下几方面的内容。（1）教育的适应性。教育应适应各族民众的心理、性格、职业和传统，尽可能保存他们社会生活结构中一切合理和健康的因素，适应变化的环境和进步的思想，促进社会的自然

---

① 〔塞内加尔〕巴帕·易卜希马·谢克：《法国在非洲的文化战略：从1817年到1960年的殖民教育》，邓皓琛译，商务印书馆，2016。

② Ann Beck, "Colonial Policy and Education in British East Africa, 1900–1950," *The Journal of British Studies*, Vol. 5, No. 2 (1966), pp. 115–138.

发展与演进，教育旨在提高个人适应生活的能力，通过推动发展农业、民族工业，改善健康和卫生条件，灌输公民意识和服务思想来促进村社整体的进步。（2）宗教教育和道德教育。其与世俗科目并重，能使非洲传统社会的积极因素得到保存和改进，其与儿童的生活环境和日常经验联系在一起，有助于人养成自律和忠于村社的习惯。（3）师资培训。一个完善的教育体系有赖于师资的培训，师资培训能够缓解由财政困难导致的师资不足问题，应得到重视，土著教学人员的任教资格应被放宽，妇女也应被包括在内。（4）职业和技术教育。应开办一些中高级水平的教育机构，设置职业课程，如医学、农业课程等，提升人们的劳动技能，改变人们轻视劳动的旧观念。（5）妇女和女童教育。对妇女和女童的教育能够改善村社的健康和卫生条件，也能延续传统，增进部族之间的和谐。（6）休闲娱乐与交往。在教室教学中引入高尚的休闲娱乐，节制土著人情感狂野的娱乐活动，增进村社交往，培养人们淳朴的品性、为村社服务的精神和有序合作的意识。①殖民政府的适应性政策主要侧重于实用性教育，对高等教育并不重视。

这一双重的教育政策一方面是强调面向大众的实用性教育，另一方面是强调为培养非洲领导者和技术人才的精英教育。殖民地教育政策实质上是带有种族偏见的殖民政策，殖民政府仅仅将教育作为其政治统治及获取经济利益的工具，宣扬白人种族优越性及非洲人的愚昧落后，导致形成一种殖民地文化心态。作为殖民战略的一部分，殖民地教育政策在非洲当地有着持久的影响力，直到今天依然塑造着非洲的历史认知，进而影响着非洲的一些意识形态。非洲国家独立后，普遍面临如何解决殖民遗产、实现教育现代化的问题。

（三）独立后非洲教育改革

大多数非洲国家在20世纪60年代获得独立，从传教士和殖民政府那里继承了西化的教育体系，课程与教学内容都以讲授西方知识为主，入

---

① Rennie Smith, "Education in British Africa," *Journal of the Royal African Society*, Vol. 31, No. 122（1932）, pp. 54–76.

学机会十分有限，只有少数非洲人接受了教育，整个撒哈拉以南非洲地区成人识字率只有9%[①]。教育体系中的入学比例呈金字塔形，顶部非常狭窄，中等教育毛入学率只有3%（见表1-3），很多非洲国家独立初期连1所大学都没有，加纳全国只有90名大学生，塞拉利昂有72名，马拉维只有29名。[②]

独立后，非洲各国均采取了增加入学机会的举措，学校规模迅速扩大。各国创建全新的高等教育机构，如福拉湾学院被升格为塞拉利昂大学学院；在马达加斯加，合并了原来的法律学院、理学院和教育学院，成立了塔那那利佛大学。到20世纪70年代，这些新独立非洲国家的各级教育都获得发展，提高了入学率，这一时期被称为"教育大发展"时期，主要表现为学校数量、入学人数的增长，学校教学质量的提升，教育支出增加，课程非洲化，越来越多的学校在基础教育阶段采用母语教学。[③]

表1-3　1960年和1983年撒哈拉以南非洲在校人数和毛入学率

单位：万人，%

教育水平		1960年	1983年
初等教育	在校人数	1190	5130
	毛入学率	36	75
中等教育	在校人数	80	1110
	毛入学率	3	20
高等教育	在校人数	2.1	43.7
	毛入学率	0.2	1.4
全部在校人数		1270	6290

注：原书数据如此，个别数据存在出入。
资料来源：李建忠《战后非洲教育研究》，江西教育出版社，1996，第4页。

然而，20世纪80年代的经济危机打断了非洲教育发展进程，以坦桑尼

---

① 世界银行：《撒哈拉以南的非洲教育政策——调整、复兴和扩充》，朱文武等译，浙江大学出版社，2008。
② 世界银行：《撒哈拉以南的非洲教育政策——调整、复兴和扩充》，朱文武等译，浙江大学出版社，2008。
③ 李建忠：《战后非洲教育研究》，江西教育出版社，1996。

亚为例，20世纪80年代，坦桑尼亚国家债务超过34亿美元，其所拥有的对世界产油国的信贷额度已经耗尽，对外国援助的依赖急剧增加。从1977年到1982年，其进口收入下降了50%。到1985年坦桑尼亚已经成为西方第三大受援国，接近15%的国民生产总值来自外部资金。[①]此外，石油进口成本上涨以及偿债压力影响了非洲国家的公共开支。在该地区，教育在国民生产总值中所占的比例从3.8%下降到了3.1%。这一减少损害了教育部门，因为它已不再是公共支出的优先部门。[②]其中一个后果是专业人员从教育部门流失，从而减少了给予学生的时间和关照。伴随着经济不稳定，世界银行说服非洲各国实施结构调整计划（Structural Adjustment Programs，SAPs）。

其他挫折也加剧了基础教育的衰退，特别是债务负担加重、经济衰退和人口迅速增长。根据莱默斯（Reimers）和富勒（Faller）的数据，在20世纪90年代，由于改革忽视了教育和人力资源开发的问题，超过1亿的孩子没有机会接受初等教育，很多学生入学但没能毕业，尤其是女孩。[③]公共教育开支减少及家庭对教育贡献甚微是非洲国家改革过程中所忽略的问题。

为了应对非洲的经济问题，国际组织实施一些措施，如国际货币基金组织的重债穷国（Heavily Indebted Poor Countries，HIPC）债务减免计划，

---

① G. E. Urch, "Shifts in Socioeconomic and Educational Policy in Tanzania: External and Internal Forces," in M. B. Ginsburg, ed., *Understanding Educational Reform in Global Context: Economy, Ideology and the State*, London: Garland Publishing, Inc., 1991, pp. 201–228.

② F. Faller, "Universal Primary Education in Sub-Saharan Africa: Achievable or Impossible Targets?" in F. Nwonwu, ed., *The Millennium Development Goals: Achievements and Prospects of Meeting the Targets in Africa*, Pretoria, SA: African Institute of South Africa, 2008, pp.37–76.

③ F. Reimers, "Education and Structural Adjustment in Latin America and Sub-Saharan Africa," *International Journal of Educational Development*, Vol. 14, Issue 2 (1994), pp. 119–124; F. Faller, "Universal Primary Education in Sub-Saharan Africa: Achievable or Impossible Targets?" in F. Nwonwu, ed., *The Millennium Development Goals: Achievements and Prospects of Meeting the Targets in Africa*, Pretoria, SA: African Institute of South Africa, 2008, pp.37–76.

那些贫困高债务的发展中国家获得来自国际货币基金组织和世界银行的援助。其后，国际社会制定千年发展目标，一些学者将千年发展目标视为衡量各国发展的标尺和框架，或者将其视为"沉没的非洲发展之舟的救援船"①，还有一些学者则将千年发展目标视为责任框架内的全球承诺。例如，布吉尼翁（Bourguignon）等人将千年发展目标视为全球社会对普遍发展的承诺。②

二 非洲教育危机现状

大部分非洲国家气候条件优越，资源丰富，这些资源奠定了其强大的社会、政治和经济基础。然而，非洲仍然不发达和贫穷。非洲的贫困与一些国家因腐败和资源分配不均而无法有效调动和利用资源等有关，此外，非洲一些国家治理能力差及严重腐败，导致贫富差距拉大。一些家庭无法送孩子上学并保持他们的出勤率，即使国家实施义务教育，一些家庭也无力负担杂费，例如，在肯尼亚，480先令的校服费已经超出一些家庭的支付能力。③在一些地方，儿童被视为家庭的经济支柱。因此，贫困是实现教育可持续发展目标的最大障碍。

政治不稳定、内战和干旱、疾病、饥荒和人口问题等都是制约非洲国家实现可持续发展目标的因素。例如，内战破坏了南苏丹、索马里、刚果民主共和国、塞拉利昂和利比里亚等国的教育体系。这些战争增加了流离失所儿童的数量，影响到冲突国家的人力、财政和物质资源。受冲突影响国家的儿童不仅失去上学机会，还有可能沦为儿童兵，或失去生命。

① F. Nwonwu, "Introduction," in F.Nwonwu, ed., *The Millennium Development Goals: Achievements and Prospects of Meeting the Targets in Africa*, Pretoria, SA: African Institute of South Africa, 2008, p.1.

② F. Bourguignon et al., "The Millennium Development Goals: An Assessment," in R. Kanbul & M. Spence, eds., *Equity and Growth in a Globalizing World*, Washington, D.C.: The International Bank for Reconstruction and Development, 2010, pp. 17–39.

③ R. Glennerster et al., *Access and Quality in the Kenyan Education System: A Review of the Progress, Challenges and Potential Solutions*, Massachusetts: Massachusetts Institute of Technology, 2011.

此外，疾病，特别是艾滋病，已经从一个健康问题变成了对非洲经济和发展的威胁。这种疾病一直在消耗人力、财力。非洲国家因此失去了部分劳动力，包括教师。艾滋病夺去了许多父母的生命，使许多学生成为孤儿。据估计，90%的孤儿都在非洲地区，[①]这些学生的旷课和逃课率很高。艾滋病造成了大量的艾滋病孤儿，其他人也受艾滋病影响被迫离开学校，承担作为家庭照顾者和养家糊口者的责任。非洲是世界上受艾滋病病毒和艾滋病影响最严重的地区之一。数据表明，世界上超过67%的艾滋病病毒感染者生活在非洲。[②]这样，艾滋病病毒和艾滋病大大限制了非洲国家培养受过教育和有技能的人员所做的努力。健康状况不佳妨碍了学生入学，影响了学生的学习成效。

语言多样性影响非洲教育质量。那些不以教学语言为母语的学生在学会读写算之前，必须学习一门新的语言，学校也缺少精通双语的教师。即使学校使用本土语言教学，找到使用本土语言编写的教学材料也不是很容易。校园里，那些讲少数族群语言的学生往往会遭受歧视，在不断城市化的非洲国家，由语言、性别、家庭背景等造成的校园暴力和歧视越来越突出。非洲教育面临的挑战可以概括为以下几个方面。

第一，非洲的文盲率依然很高。据统计，2018年，25岁以上成人的1/3是文盲；15~24岁青年中也有1/5是文盲。从整个大陆的情况来看，平均文盲率，从西非的52%到南部非洲79%，呈不均匀分布。[③]父母或监护人的受教育程度与子女或被监护人是否为文盲直接相关。很多研究表明，在非洲，父母或监护人的受教育程度越高，儿童失学的风险就越低。那些受

① F. Faller, "Universal Primary Education in Sub-Saharan Africa: Achievable or Impossible Targets?" in F. Nwonwu, ed., *The Millennium Development Goals: Achievements and Prospects of Meeting the Targets in Africa*, Pretoria, SA: African Institute of South Africa, 2008, pp.37-76.

② UNAIDS, "Fact Sheet 2022," October 2022, p.5, http://www.unaids.org/sites/default/files/media_asset/UNAIDS_Factsheet_en.pdf.

③ UNICEF, "Transforming Education in Africa: An Evidence-based Overview and Recommendations for Long-term Improvements," September 18, 2021, p.10, https://www.unicef.org/reports/transforming-education-africa.

过良好教育的父母更有能力监督子女学习，也对子女有较高的学术期待和职业期望。数据显示，撒哈拉以南非洲一些国家采取免费教育政策，入学率因此大幅提高，然而，这个地区的失学人数仍是全球最高的，小学、初中、高中的失学率分别占适龄人口的19%、37%和58%，更为严峻的是，大部分失学者既不在学校，也未能就业。根据国际劳工组织的统计，2019年，非洲20.7%的15～24岁青年处于失学未就业的状态。[①]

第二，失学人数居高不下。撒哈拉以南非洲学前教育毛入学率只有33%。2019年，非洲中小学失学人口达1.05亿人，比2000年多，[②]这部分失学人口主要集中在中学及以上阶段，小学阶段失学人口呈下降趋势。西非的失学人口最多，达4200万人。吉布提不仅学前教育入学率偏低，而且93%的儿童在私立幼儿园接受教育，2016年全国仅有24家公立学前教育机构。吉布提教育部表示，在公立小学试行学前班失败，主要原因是附设的学前班以教授小学内容为主。为实现教育2030可持续发展目标，当地教育部制定新的战略，即到2030年所有5岁儿童至少接受一年的学前教育。与吉布提类似，很多非洲国家公立学前教育机构稀缺。摩洛哥87%的儿童都在附设于清真寺的私立幼儿园接受教育，2020年左右，政府才提出将公立幼儿园的比例提高到16%的目标。非洲国家初等教育入学率在增长，然而超龄入学、留级、辍学后复学的比例很高。2015年，安哥拉24岁青年中有19%在读中学，马拉维15岁青年中有75%还在读小学。[③]为解决超龄学生的学习问题，一些非洲国家实行"加速学习项目"（accelerated education programs），将正常学习年限压缩，这样超龄学习者可以尽快赶上同龄人的学习进度并且回归主流课堂。布基纳法索、马里、尼日尔、埃塞俄比亚和乌干达设立的"加速学习项目"将小学前三年的课程压缩到9～10个月。

---

① ILO, "Global Employment Trends for Youth 2020:Africa," March 9, 2020, https://www.ilo.org/global/ about-the-ilo/WCMS_737670/lang—zh/index.htm.

② UNICEF, "Transforming Education in Africa: An Evidence-based Overview and Recommendations for Long-term Improvements," September 18, 2021, p.12, https://www.unicef.org/reports/transforming-education-africa.

③ UNESCO, "Global Education Monitoring Report 2020. Inclusion and Education: All Means All," 2020, p.220 , https://unesdoc.unesco.org/ark:/48223/pf0000373724.

结业时，学生获得证书，并直接转入对接学校。非洲面临在保持入学率的同时提高学习质量的双重挑战。一方面要保障3000万名儿童入学，另一方面要确保学生毕业时掌握相关的能力和知识。

第三，非洲学生的学习成效令人担忧。世界银行担心全球减少"学习贫困"的进展太慢，无法实现2030可持续发展目标。据统计，若按当前的进展，到2030年，全球尚有43%的儿童处在学习贫困状态，其中78%在非洲。世界银行对非洲儿童的学习贫困有过这样的表述，"3700万名非洲儿童在学校所学甚微，并不比那些从未上过学的儿童好多少"[①]。在非洲，小学低年级的数学达标率为47%，阅读达标率为36%；小学高年级的情况更糟，数学达标率仅为22%，阅读达标率为35%。[②]关于非洲小学后教育质量的统计基本是缺失的，为数不多的几个国家的数据显示，中学阶段学生的学业成绩并不比小学好，初中只有一半学生的数学和阅读达标。世行认为，即使是非洲那些进步较快的国家，到2030年也不能消除学习贫困。[③]

第四，非洲教师数量严重不足是非洲教育发展面临的严峻挑战。到2030年要达到普及初等和中等教育的目标，非洲还需要1700万名教师。非洲教师短缺问题在生师比上表现得并不明显。平均而言，学前、小学和中学阶段的生师比分别为29∶1、37∶1和24∶1，[④]并且，很多非洲国家采取控制教育支出、增加教师供给的紧急举措，如从其他公共部门抽调人手来填补教师缺口、聘用合同制教师、家长出资聘请教师、起用不合格的代课

---

① World Bank, "World Development Report 2018: Learning to Realize Education's Promise," 2019, p.71, https://openknowledge.worldbank.org/bitstream/handle/10986/28340.pdf.

② UNICEF, "Transforming Education in Africa: An Evidence-based Overview and Recommendations for Long-term Improvements," September 18, 2021, https://www.unicef.org/reports/transforming-education-africa.

③ World Bank, "World Development Report 2018: Learning to Realize Education's Promise," 2019, p.71, https://openknowledge.worldbank.org/bitstream/handle/10986/28340.pdf.

④ UNICEF, "Transforming Education in Africa: An Evidence-based Overview and Recommendations for Long-term Improvements," September 18, 2021, p. 18, https://www.unicef.org/reports/transforming-edueation-africa.

教师等，例如，中非公立小学60%的教师工资是由家长支付的。[①] 相比生师比，大量学历不达标、没有接受正规培训的不合格教师是非洲国家教育质量低下的主要原因之一，各国采取的应对教师短缺的措施多是以牺牲教师教育质量为代价的，撒哈拉以南非洲很多教师缺乏足够的培训，49%的学前教师、64%的小学教师、58%的初中教师和43%的高中教师只接受了最低限度的培训。[②] 莫桑比克将教师职前培训从原来的2年压缩到1年；西非一些国家的代课教师只接受过几周的职前培训；在非洲，许多未取得教师资格证的人员进入教师行列。在安哥拉、赤道几内亚、加纳，小学阶段的合格教师比例为60%；科摩罗为44%；乌干达为40%；津巴布韦为25%。[③] 如果将不合格教师排除的话，非洲国家的生师比将大幅提高。大多数非洲国家的生师比依然很高，2010年以来，截至2020年，小学生师比有所降低，回落到90年代中期的水平。一些国家，如中非、马拉维、坦桑尼亚和卢旺达等国一直在争取达到50∶1的生师比。[④] 根据统计，非洲到2030年要实现普及初等和中等教育的目标，需要补充1700万名教师，其中需要小学教师630万人，中学教师1008万人。[⑤] 非洲国家教师培训体系不健全，在一些非洲国家由大学教师教育机构培养师资，然而，这些刚升格的大学没有相关培训经验和基础，教师培训课程建设刚起步，在学科知识、教学能力和教师职业道德培养方面都存在很多不足。非洲国家教师管理体制方面存在缺陷、教师管理部门权责不明、财政不稳定使得教师工资难以得到有效

① UNICEF，"Transforming Education in Africa：An Evidence-based Overview and Recommendations for Long-term Improvements，"September 18, 2021, p. 18, https://www.unicef.org/reports/transforming-education-africa.

② UNESCO，"Global Education Monitoring Report 2020. Inclusion and Education: All Means All，"2020, p. 302, https://unesdoc.unesco.org/ark:/48223/pf0000373724.

③ UNESCO，"Education for People and Planet: Creating Sustainable Futures for All，"September 6, 2016, p.182, https://en.unesco.org/gem-report/report/2016/education-people-and-planet-creating-sustainable-futures-all.

④ UNESCO，"Global Education Monitoring Report 2020. Inclusion and Education: All Means All，"2020, p. 303, https://unesdoc.unesco.org/ark:/48223/pf0000373724.

⑤ UNESCO，"Education for People and Planet: Creating Sustainable Futures for All，"September 6, 2016, p.182, https://en.unesco.org/gem-report/report/2016/education-people-and-planet-creating-sustainable-futures-all.

保障，造成教师的流失。农村地区师资缺乏问题更为严重，很多国家采取激励政策，对农村教师实行补贴，但在很多情况下，或者津贴额度过小，或者补贴不到位，农村教师津贴制度因此未能得到很好的落实。

第五，中等教育入学压力突出。尽管1999~2012年非洲中等教育毛入学率从24%上升到近50%，但由于入学机会有限及投入不足，非洲中等教育发展总体上受到限制。对中等教育的需求大于供给导致围绕现有入学机会的激烈竞争，私立学校在中等教育方面占有一席之地。低收入非洲国家的初中和高中的入学率都很低，分别为44.7%和23.2%，更令人忧虑的是，这些学生却很少能够从中学顺利毕业，初中和高中的完成率分别为29.5%和13.9%。[1]此外，中学阶段性别不平等问题尤为突出，由于学校环境、社会偏见、文化习俗等，女性在数学和科学学科上的表现都比男性逊色。撒哈拉以南非洲是世界上人口增长最快的地区，2015~2019年人口增加了7亿人。[2]非洲是唯一没有经历人口转变的地区，非洲，特别是撒哈拉以南非洲的高人口增长率减缓了相对于其他地区的结构转型进程，这也限制了生产力发展。根据研究，在非洲，2015年，每个母亲平均大约生育5个孩子，这相当于1950年的全球平均水平，是当时全球平均水平（2.5个）的两倍，非洲人口增长率达到2.59%，但人均预期寿命在全球最低，为61岁，平均年龄在全球最低，为19岁。[3]非洲年轻的人口结构及高增长率对教育造成的压力主要表现为对中等教育需求的增长，然而，对于如何应对这种入学压力，非洲各国政府似乎尚没有行之有效的策略和方法。

第六，撒哈拉以南非洲的第三级教育入学情况更是不容乐观。非洲第三级教育的毛入学率为9%，短期非学历教育的入学率为20%，本科为70%，硕士为9%，博士为2%。非洲国家的高等教育发展表现出不均衡性。近年

---

[1] AU, "Continental Education Strategy for Africa (2016–2025)," January 1, 2016, https://au.int/sites/default/files/documents/29958–doc–cesa_–_english–v9.pdf.

[2] United Nations, "Financing for Sustainable Development Report 2019," April 8, 2019, https://www.un.org/development/desa/publications/financing–for–sustainable–development–report–2019.html.

[3] David E. Bloom, "Demographic Upheaval," *Finance & Development,* Vol. 53, No. 1 (2016), pp.6–11.

来，突尼斯高等教育快速发展，2018年入学率达到35%；摩洛哥2011年的高等教育入学率与苏丹持平，只有16%，到2018年增长了一倍多，达到36%。① 非洲的研究生教育仍然不发达，其在科研与创新方面的贡献微不足道。在世界大学排行榜上，除了南非和埃及的大学，非洲高校都没有名气。非洲大学作为知识生产者正进一步被边缘化，对全球知识的贡献率只有1%，为全世界最低。与高等教育需求不断增长相伴随的是高等教育领域普遍存在的不公平，包括由性别、社会阶层、族群、残疾等造成的不平等。非洲高校还面临教师群体"青黄不接"的挑战，一大批经验丰富、受过良好训练的教师正值退休年龄，亟须补充新的教师团队。为了吸引更多的年轻人，教师的工作与生活条件也迫切需要更新。

第七，职业技术教育无法满足社会发展需求。在职业技术教育领域，非盟早已提出要增加职业技术教育入学机会，加强工作与职业技能培训的关联。非洲职业技术教育规模尚小，2019年，中等职业技术教育的学生大约有1000万人，也就是说，每10万名居民中有762人接受中等职业技术教育，低于每10万人801名中等职业技术教育学生的全球平均值。② 在整个非洲大陆，15~24岁的年轻人中，接受职业技术教育的仅为3%，③ 从区域层面看，高中职业技术教育学生比例相差不明显，但国家间的差异还是明显的，科摩罗高中职业技术教育学生只有1%，而乌干达高达53%，④ 安哥拉、埃及、埃塞俄比亚、马里、卢旺达、尼日尔等国的高中职业技术教育的发展在非洲比较领先。在大多数工业化国家，职业技术教育和培训（TVET）在培养技术

① UNESCO，"Global Education Monitoring Report 2020. Inclusion and Education: All Means All，" 2020, p.230，https://unesdoc.unesco.org/ark:/48223/pf0000373724.

② UNICEF，"Transforming Education in Africa：An Evidence-based Overview and Recommendations for Long-term Improvements，" September 18, 2021, p.16，https://www.unicef.org/reports/transforming-education-africa.

③ UNICEF，"Transforming Education in Africa：An Evidence-based Overview and Recommendations for Long-term Improvements，" September 18, 2021, p.16，https://www.unicef.org/reports/transforming-education-africa.

④ UNICEF，"Transforming Education in Africa：An Evidence-based Overview and Recommendations for Long-term Improvements，" September 18, 2021, p.16，https://www.unicef.org/reports/transforming-education-africa.

工人方面扮演着非常重要的角色，因为高技能劳动力是工业和经济增长的基础。在非盟的带领下，很多非洲国家开始重视职业技术教育发展，制定职教发展战略，旨在转变职业技术教育范式。政府希望通过职业技术教育和创业教育让更多的年轻人参与创业，成为创造就业机会的人而非求职者，也让公众改变甚至摒弃轻视职业技术教育的传统思想。从数据来看，非洲中等职业技术教育的入学率偏低。职业技术教育是非洲实现2030可持续发展目标及非洲2063愿景的关键领域，职业技术教育能为非洲工业化进程和基础设施建设提供技能型人才，创造更多的就业机会。非洲国家必须构建融合正规和非正规教育的完整的职业技术教育体系，满足信息科技发展及市场对人才的新需求。

第八，在教育信息化领域，非洲国家与世界其他地区存在信息鸿沟。很多非洲国家还在依赖广播教学，64%的低收入国家在初等教育中采用广播教学；中等偏上收入国家中，只有42%采用这种方法。[1]比如在埃博拉危机期间，塞拉利昂每周播放5天的教育广播节目，每次30分钟。[2]2020年3月，肯尼亚开始在公共广播上进行小学和中学课程。[3]在马达加斯加，一个由大约30个地方广播电台组成的非政府协会提供教育节目。然而，即使是这种技术含量低的方法，也很难保证学习的连续性。在最贫穷的20%的家庭中，拥有收音机的比例在埃塞俄比亚为7%（2016），在刚果民主共和国为8%（2014），在马达加斯加为14%（2016），在肯尼亚为30%（2014），几乎所有最贫困的20%的家庭都没有电视机。[4]

① UNESCO，"Global Education Monitoring Report 2020. Inclusion and Education: All Means All，" 2020，p.58，https://unesdoc. unesco.org/ark: /148223/pf0000373724.

② Shawn Powers，Kaliope Azzi-huck，"The Impact of Ebola on Education in Sierra Leone，" March 4，2016，https://blogs.worldbank.org/education/impact-ebola-education-sierra-leone.

③ Kenya Institute of Curriculum Development，"Media and Extension Broadcast to School Timetable 2020，" Nairobi：Kenya Institute of Curriculum Development，2020.

④ UNESCO，"Global Education Monitoring Report 2020. Inclusion and Education: All Means All，" 2020，p.58，https://unesdoc. unesco.org/ark: /148223/pf0000373724.

第二章
国际社会对非洲的教育援助

国际教育援助是全球治理的重要途径，参与主体涉及国家、国际组织、非政府组织、区域银行、私人基金会等所有与教育相关的行动者。援助方通过制定全球教育议程、提出援助条件、分享专业知识与最佳实践、开展技能培训与人才培养、提供教育咨询、指导教育规划等双边和多边教育援助活动，影响受援国的教育发展。与一般层面的援助一样，在教育援助领域同样存在对援助有效性的困惑与争议，相关方就对教育援助效果的评估并未形成一致性结论。很显然，固守传统援助模式很难解决教育发展所面临的复杂问题，考察国际教育援助发展进程及西方国家教育援助的理念、实践及经验，对我国与非洲国家的教育合作具有借鉴与启示意义。

第一节　国际教育援助的发展进程

从历史的视角看，20世纪50年代兴起的以西方为主导的国际援助在援助理念、制度、构成和方式等方面均发生了变化，国际教育援助始终处于变革之中，援助资金上下波动，援助优先事项不断变化，援助理念更趋向建立平等的合作伙伴关系。援助对受援国的政治、经济、文化和自然环境都产生了深刻的影响。

一　20世纪60年代教育援助：以发展经济为导向

（一）教育援助的理论基础：现代化理论及人力资本理论

现代对外援助体系的建立是在二战之后，以战后欧洲重建为主要内容。1955～1961年，发展中国家的债务翻了一番，而其同期出口收入只增长了15%。在这种形势下，帮助广大发展中国家特别是收入低、债务重的发展中国家减轻债务负担，发展生产和提高人民生活水平，尤为迫切。[1]而"马歇尔计划"的巨大成功使人们认为只要实现了经济增长，发展中国家面临的一切问题都能迎刃而解。因此，促进GNP增长成为20世纪50年代国际发展援助的基本目标。[2]进入20世纪60年代后，人们仍然将经济增长等同于发展，追求GNP增长的余热未退；同时，在冷战的氛围下，援助成为资本主义和社会主义两大阵营争夺势力范围的政治工具。因此，60年代国际发展援助的主要目标在于促进发展中国家的经济增长、政治稳定和现代化。[3]这一时期，现代化理论和人力资本理论的提出，为国际教育援助提供了理论支持。

现代化理论产生于以美苏为代表的两大阵营争夺处于中间地带的欠发达国家的客观需要，因为欠发达国家是走资本主义的发展道路还是走社会主义的发展道路不仅关系到自身的现代化问题，也会对冷战的格局产生重要影响。[4]它主要论述欠发达国家为何难以实现现代化以及如何实现现代化的问题。在该理论的分析框架下，西方教育学者认为欠发达国家现存的教育传统是阻碍其实现教育现代化的关键因素。[5]拉斯韦尔和布雷克在对教育现代化的研究中形成了有名的现代化分析模型："发达国家—教育问题—教育援助—发展中国家的教育与经济发展—发展中国家的发展与现代化。"[6]这促使教育援助成为以美国为首的发达国家向发展中国家输入西方的政治经济制度和社会文明的手段。现代化理论的一套理论假设是结构功能主义，即社会各要素之间具有相互依赖关系，因此现代化理论认为现代化是一个系统的过程，是一个涉及社会各要素的发展过程。[7]教育在这一过程中，承担起促进个人

---

[1] 金立群主编《世界银行：寻求发展之路》，北京工业大学出版社，1994，第59页。

[2] 李小云主编《普通发展学》，社会科学文献出版社，2005，第161页。

[3] 李小云、唐丽霞、武晋编著《国际发展援助概论》，社会科学文献出版社，2009，第26页。

[4] 李小云主编《普通发展学》，社会科学文献出版社，2005，第55页。

[5] 参见袁本涛《发展教育论》，江苏教育出版社，2005，第80页。

[6] 转引自薛理银《当代比较教育方法论研究——作为国际教育交流论坛的比较教育》，首都师范大学出版社，1993，第53页。

[7] 李小云主编《普通发展学》，社会科学文献出版社，2005，第57页。

社会化、社会选择、维持社会生存与稳定、技术提升的职能，并且对社会经济、文化、政治态度、公民心理等方面产生影响。此外，另一个以结构功能主义为基础的理论——人力资本理论的发展，使西方教育学家越发重视教育在现代化发展进程中的作用。[①]以舒尔茨为代表的西方经济学家认为："资本分为物质资本和人力资本两种形式，人力资本是体现在劳动者身上的，以劳动者的数量和质量表示的资本，它能促进经济增长和国民收入的增加。"[②]而教育投资是人力资本构成的最主要部分。对于社会而言，教育投资最大的社会收益，在于它能促进经济增长；对于个人而言，一个人受教育的水平越高，未来获得收入以及合理支配收入的能力也越高。[③]因此发展中国家实现工业化和现代化的关键在于，通过增加对教育的投资，培养足够的各级劳动力和熟练工人，提高物质资本投资的收益率。因此，在现代化理论和人力资本理论的影响下，教育被看作为实现增长而开发人力资源的手段。[④]国际组织所制定的援助政策也集中在与经济增长相关的中、高等教育和职业技术教育上，并且重视建设校舍、提供设施等硬件投入。

（二）教育援助政策：硬件投入为主

在实现经济增长的目标下，加上受现代化理论和人力资本理论的影响，中、高等教育和职业技术教育被认为是人力资源开发的最有效手段。因此，20世纪60年代的援助政策明显向中、高等教育和职业技术教育倾斜。但这一援助政策的形成是不同因素共同作用的结果。一方面，自20世纪50年代起，许多发展中国家通过政治运动纷纷取得独立，由于占据要职的外籍人员撤出，其迫切需要大批管理和技术人才。这些国家的领导人认为，在教育领域最大、最紧迫的需要是为政府部门和工业、商业、农业等各经济领域提供专业技术人才和高级管理人才。此外，对于从殖民统治中

---

① 孙进主编《定位与发展：比较教育的理论、方法与范式》，山东教育出版社，2015，第429页。

② 孙进主编《定位与发展：比较教育的理论、方法与范式》，山东教育出版社，2015，第416页。

③ 孙进主编《定位与发展：比较教育的理论、方法与范式》，山东教育出版社，2015，第418页。

④ 赵玉池：《国际教育援助研究》，博士学位论文，西南大学，2010。

取得独立的非洲国家而言，非洲大学的创建被视为民族骄傲和国家主权的象征。另一方面，虽然国际援助机构认识到普及初等教育对于促进发展中国家现代化的重要性，但是考虑到初等教育见效慢、投资回报率未必很高以及需要消耗大量援助资金等原因，国际援助机构大多将对初等教育的需求置后。①世行在其《1963～1971财年教育部门工作报告》中明确指出：世行首先考虑为能够提高生产率、培养劳动力的教育项目提供资金，以促进其成员国的经济发展。1963年，时任世界银行行长在其关于教育政策的第一份备忘录中也强调将把教育援助的重点放在各级职业技术教育、中等教育项目上，以满足其成员国发展计划中对人力资源开发的需求。②具体而言，就是将援助重点放在中等教育、各级职业技术教育和培训上。如表2-1所示，71.8%的援助资金用于中等教育，23.0%用于中等后教育和大学，4.1%用于成人培训，而与初等教育直接相关的项目只获得了近1%的援助资金。在课程方面，通识课程一直备受世行的青睐，所获得的资金以及获得的学生名额无疑是最多的，但这直接造成了一些发展中国家对中等教育的需求达到饱和状态，教师、技术人员和工程师数量不足。③因此，1970～1971财年，世行教育援助项目中分配给技术课程（工、商）和教师培训课程的学生名额达到48%，而通识课程的学生名额则从64%减少到45%（见表2-2）。

表2-1　1963～1971财年世界银行国际发展援助对教育部门的贷款分配

单位：百万美元，%

各级教育	初等教育	4.90	1.1
	中等教育	309.65	71.8
	中等后教育	56.08	13.0
	大　学	43.24	10.0
	成人培训	17.58	4.1
	总　计	431.45	100

① 〔美〕菲利普·库姆斯：《世界教育危机》，赵宝恒、李环等译，人民教育出版社，2001。
② World Bank, *Education Sector Policy Paper*, Washington, D.C.: World Bank, 1980, p.11.
③ World Bank, "Education Sector Working Paper," 1995, https://documents.worldbank.org/curated/en/809951468739309587/pdf/multi-page.pdf.

续表

课　程	通识课程	190.77	44.1
	技术课程（工、商）	126.48	29.3
	农业课程	63.03	14.7
	教师培训课程	51.17	11.9
	合　计	431.45	100

资料来源：World Bank，"Education Sector Working Paper，" 1995，p.32, https://documents. worldbank.org/curated/en/809951468739309587/pdf/multi-page.pdf。

表2-2　1963～1971财年世界银行国际发展援助针对不同课程的学生名额分配

单位：人，%

	1963～1969财年		1970～1971财年		1963～1971财年	
	人数	百分比	人数	百分比	人数	百分比
通识课程	433000	64	120000	45	553000	58
技术课程（工、商）	159000	24	91000	34	250000	27
农业课程	55000	8	18000	7	73000	8
教师培训课程	30000	4	36000	14	66000	7
合　计	677000	100	265000	100	942000	100

资料来源：World Bank，"Education Sector Working Paper，" 1995，p.33, https://documents. worldbank.org/curated/en/809951468739309587/pdf/multi-page.pdf。

（三）教育援助效果及影响

1961年，经合组织在华盛顿召开了"关于经济发展和教育投资的改革会议"，该会议的总结报告以人力资本理论为依据，要求其成员国增加教育投资，以使教育与经济同步发展。[①]60年代教育部门的援助金额仅占国际发展援助总额的8%左右。[②]这一时期的国际教育援助以项目的具体运作为主，旨在将资源从发达国家转移到发展中国家，用于经济增长和收入分

---

① 张卫宇、邵成忠：《论人力资本论对于教育变革的影响》，《高等建筑教育》1999年第2期，第3～5页。

② Miguel Niño-Zarazúa, "Aid, Education Policy, and Development，" *International Journal of Education Development*，Vol. 48（2016），pp. 1–8.

配。[1]出于援助的经济利益考量，在新兴国家缺乏教育设施的现实情况，以及国际组织将援助资金集中于大型基础设施投资的背景下，[2]一时间建设校舍、提供教育设施等硬件援助成为国际教育援助的主流，占援助总额的约95%，而课程开发、师资培养等软件投入以及技术援助并没有得到援助机构的重视（见表2-3）[3]。然而，这种单一的援助形式和强调硬件、资金的援助逐渐显露其不可持续的征兆。首先，项目的有效性在很大程度上取决于外部因素，如受援国合理分配援助资源的能力以及国内良好的政策环境，而刚刚取得独立的新兴国家并不具备这些因素，这将进一步导致受援国政府部门执行迟滞、出现腐败问题。[4]其次，项目援助大多数是在援助国内部进行的，援助资金也在很大程度上用于购买援助国的商品和设备、高薪聘请援助国的专家。[5]

表2-3　1963~1971财年世界银行国际发展援助对教育部门的支出情况

单位：百万美元，%

支出	校舍建设	262.17	60.8
	设施、设备	148.16	34.3
	技术援助*	21.12	4.9
	合计	431.45	100

*技术援助，主要是指援助国通过向受援国转让技术专利、培养技术人才、传授管理知识、提供咨询服务等形式提供发展援助。

资料来源：World Bank, "Education Sector Working Paper," 1995, p. 32, https://documents.worldbank.org/curated/en/809951468739309587/pdf/multi-page.pdf。

20世纪60年代的现代化理论和人力资本理论认为，教育投资能够促进经济增长，但事实不尽然。尽管国际教育援助规模不断扩大，学校在校学

① 李小云、唐丽霞、武晋编著《国际发展援助概论》，社会科学文献出版社，2009，第123页。

② 〔赞比亚〕莫约：《援助的死亡》，王涛等译，世界知识出版社，2010，第57页。

③ P.W. Jones, *World Bank Financing of Education: Lending, Learning and Development*, London and New York: Routledge, 1992, p.125.

④ 李小云、唐丽霞、武晋编著《国际发展援助概论》，社会科学文献出版社，2009，第126页。

⑤ 熊淳：《国际教育援助的趋向转变》，《教育研究》2013年第4期，第147~153页。

生人数、入学率等量化指标有所好转（见表2-4），但国际教育援助并没有达到预想的效果，援助带来的某种程度上的经济增长也没有惠及穷人，贫困人口不减反增。[1]因此，国际援助机构开始重新思考欠发达国家的发展道路，并调整其援助政策及措施。例如，20世纪60年代末，世行为土耳其提供了一笔援助资金，用于扩充和改善当地制造教学设备、仪器的生产中心，旨在减少受援国对价格高昂的进口设备的依赖。世行还提出，计划通过寻求更低成本的非正式教育和培训，进一步提高教育投资的回报率。[2]

表2-4　世界不同地区的各级教育入学学生人数情况

单位：万人，%

地区	1960/61学年				1966/67学年				增长率			
	小学	中学	大学	合计	小学	中学	大学	合计	小学	中学	大学	合计
非洲发展中国家	1893.1	211 5	19.2	2123.8	2674.8	389.3	33.4	3097.5	41	84	73	45
拉丁美洲发展中国家	2697.3	388 5	56.7	3142.5	3665.3	746.8	97.8	4509.9	36	94	72	45
亚洲发展中国家	7464.5	1218 6	143.2	8826.1	11198.6	2142.1	291.1	13630	50	76	103	54
发展中国家总计	12054.9	1818 6	219.1	14092.4	17538.7	3278.2	422.3	21237.4	42	80	93	51
世界	24848.6	6392 7	1117.4	32358.7	31170	9671.3	1999.2	42840.5	25	51	79	32

资料来源：World Bank, "World Bank Operations: Sectoral Programs and Policies," 1972, https://library. sama.gov.sa/cgi-bin/koha/opac-detail.pl?biblionumber=6389&shelfbrowse_itemnumber=3820。

二　20世纪70年代教育援助：以减贫为目标

（一）教育援助的理论基础：减贫理论

二战后到20世纪60年代，在以经济增长为中心的现代化理论和人力

---

[1]　仲鑫：《对二战后发展理论及官方发展援助关系的思考》，《南京财经大学学报》2008年第2期，第56~59、72页。

[2]　World Bank, "Education Sector Working Paper," 1995, https://documents.worldbank.org/curated/en/809951468739309587/pdf/multi-page.pdf.

资本理论的指导下，国际发展援助规模持续扩大，一些发展中国家的经济取得了某种程度的增长。但与此同时，单一的经济增长并没有与社会发展同步，相反，贫富两极分化、社会动荡、失业率居高不下等问题使得欠发达国家陷入发展的困境。①1969年世界银行发布了"皮尔森报告"，评估并反思了第一个"联合国发展十年"中存在的问题以及在促进欠发达国家发展和减贫方面的失误。在这之后，联合国大会通过了《第二个联合国发展十年的国际发展战略》，指出："发展的最终目的是为所有的人民能更好地生活提供日益增多的机会，其实质就是对收入和财富实行更平等的分配，以促使社会公正和生产效率，提高实际就业水平，更大程度地保证收入并扩大和改善教育、卫生、营养、住房及社会福利设施，以及保护环境……减少现存的地区、部门和社会内部的不平等。"②这标志着国际发展援助的重心开始转向以减贫为主的基础设施建设和社会公共服务领域。③此外，1973年石油价格猛涨造成了世界范围内的经济衰退和通货膨胀，导致发展中国家的经济增长率急剧下降，加上国内经济从普遍缺少受教育劳动力的时代突然向劳动力过剩的时代转变，就业难、贫困、收入不均导致的贫富分化、沉重的外债负担等问题因此日益尖锐。④在此背景下，减贫成为70年代国际教育援助的首要目标。

在发展经济学的视角下，贫困是在人们缺乏满足其基本需要的手段时产生的。⑤20世纪50、60年代的国际发展援助过多地关注收入贫困，通常用满足一定"基本需要"的货币量来划分贫困与非贫困。到了70年代，新古典主义认为发展中国家贫困的原因在于其对人力资本（教育和营养）的投入不足，并且对涓滴效应产生怀疑。因此，实现公平分配、满足人类基本需要开始引起国际社会的广泛关注。⑥随着人们对贫困和发展内涵认识的变化，国际社会摒弃了60年代"片面强调经济增长来削减贫困""将经济增长等同

---

① 童星：《发展社会学与中国现代化》，社会科学文献出版社，2005，第191页。
② 转引自梁紫迅《社会发展论》，山东人民出版社，1991，第61页。
③ 李小云、唐丽霞、武晋编著《国际发展援助概论》，社会科学文献出版社，2009，第29页。
④ 〔美〕菲利普·库姆斯：《世界教育危机》，赵宝恒、李环等译，人民教育出版社，2001，第8页。
⑤ 王小林：《贫困测量：理论与方法》，社会科学文献出版社，2012，第2页。
⑥ 熊淳：《国际教育援助的趋向转变》，《教育研究》2013年第4期，第147～153页。

于发展"的狭隘观念,将"满足人类基本需要""促进经济与社会均衡发展"作为70年代国际发展援助实现减贫的新战略思想。"人类基本需要"（Basic Human Needs,BHN）的概念早在1954年联合国提出的"关于生活水准的国际定义及其标准"中已经出现,1973年作为国际发展援助的开发战略思想被再次提及,并且促使国际发展援助将社会部门（营养、人口计划、保健、卫生、基础教育等）和农业部门列为援助的优先领域,并把贫困阶层和少数民族作为援助的重点对象。[①]由于基础教育被认为是满足其他基本需要的关键因素,[②]这促使国际教育援助的政策从发展以促进经济增长为主的中、高等教育和职业技术教育转向普及基础教育以及与发展相关的培训。[③]

（二）教育援助政策：转向基础教育

20世纪70年代,基于减贫的目标以及人们对"人类基本需要"的重视,在经济、政治形势急剧变化的同时,国际教育援助的政策发生了变化,主要表现为：（1）援助重点从中、高等教育转向贫困地区的初等教育；（2）更加重视针对成年人和校外青年的非正式教育；（3）致力于减少教育中存在的严重差异和不平等现象,关切弱势群体的"基本需要"；（4）提升各级正规教育的相关性、质量和内部效率。[④]世界银行在其《1971年教育部门政策文本》中表示,未来世行将更加重视技术援助,并为新的教育援助领域,包括非正式教育和培训、教育广播和电视、课程开发、受援国教育部门的行政管理,提供援助资金。同时为了提升其成员国的教育质量,满足其对劳动力的需求,世行的援助不仅包括"硬"援助,还涉及硬件和软件项目结合的综合援助。[⑤]在此之后,世行于1974年末发布了第二份教育部门政策文本,指出发展中国家过度强调现代经济部门的发展,导致

---

① 袁本涛：《发展教育论》,江苏教育出版社,2005,第115页。

② 世行在《1980年教育部门政策文本》中指出,在所有基本需要中,基础教育发挥着满足其他核心基本需要的作用,既提供改变现状的知识,也提供改善服务的技术,是整个发展的可持续性和加速的保证。

③ 赵玉池：《国际教育援助研究》,博士学位论文,西南大学,2010。

④ 〔美〕菲利普·库姆斯：《世界教育危机》,赵宝恒、李环等译,人民教育出版社,2001,第314页。

⑤ 参见 World Bank, *Education Sector Policy Paper*, Washington, D.C.: World Bank, 1980, p.78.

中、高等教育领域占有过多的资源，从而忽略了农村地区对初等教育和技术培训的需要。有鉴于此，世行调整了这一时期的教育援助政策，明确了教育援助的四项原则：（1）在资源允许的情况下，应向所有人提供最基本的初等教育；（2）应提供基础教育以外的继续教育和培训，以满足发展中国家对人力的迫切需求；（3）提升教育系统的效率，协调正规教育和非正规教育；（4）在提高生产力和促进社会公平的同时，实现机会均等。① 根据新的政策文本，1963～1978年，世行用于初等教育以及非正规教育的援助不断增加，而对中等教育的援助急剧减少。此外，在课程方面，用于技术与商业课程的援助逐渐增多，对普通与多元化课程的援助逐渐减少（见表2-5）。

表2-5　1963～1983年世行对教育部门的贷款分配

单位：%

分配情况		1963～1969年	1970～1974年	1975～1978年	1979～1983年
各级教育	初等教育	a	5	14	24
	中等教育	84	50	43	34
	高等教育	12	40	26	18
	非正规教育	4	5	17	24
	总　计	100	100	100	100
课程	普通与多元化课程	44	42	34	35
	技术与商业课程	25	30	41	33
	农业课程	19	15	11	11
	教师培训	12	12	12	9
	管理课程	a	a	1	8
	卫生与人口课程	a	1	1	4
	总　计	100	100	100	100
支出	建　设	69	49	48	44
	设施、设备	28	43	39	35
	技术援助	3	8	13	21
	总　计	100	100	100	100

① 参见 World Bank, *Education Sector Policy Paper*, Washington, D.C.: World Bank, 1980, p.79。

	分配情况	1963～1969年	1970～1974年	1975～1978年	1979～1983年
范围 （总的教育机构的发展）	学习材料与媒介	b	2	2	12
	课程设置与研究	b	1	2	3
	规划与管理	b	1	3	6
	具体学校与培训机构	b	96	93	79
	合　计	b	100	100	100

注：a为0或微乎足道，b为缺乏数据。

资料来源：World Bank, *Education Sector Policy Paper*, Washington, D.C.: World Bank, 1980, p. 80。

（三）教育援助效果及影响

发展教育被视为减贫的重要手段之一，教育援助占比增至11%。[1]
1963～1978年，世行为教育部门提供的援助已超过26亿美元，并且显露出增长的趋势。在1978财年，世行的教育援助金额达5.16亿美元，其中包括与项目有关的培训以及包含教育在内的促进城市、农村发展的援助项目。[2]
尽管国际发展援助规模不断扩大，但援助目标的落空使得援助方和受援方都对国际教育援助表现出不满，国际教育援助出现一定的问题，如援助方的重复投资、受援方对援助的依赖惯性。此外，尽管人们进一步拓宽了发展的内涵，对贫困的认识也从经济层面转向了社会层面，但在援助实践中，发展中国家过于重视对与经济增长相关的教育部门的投资，同时援助方的商业动机和政治动机仍然处于支配地位。总体来看，这段时期仍偏重中等教育、职业技术教育和硬件投入，OECD 国家将50%的双边援助都投入中等教育领域，将1/3投入第三级教育和职业技术教育领域。[3]这也反映了世行在一项教育政策中所强调的观点："在制定教育政策时，应事先考察不同发展中国家的情况，包括政治传统和现状、经济发展水平、社会分

---

[1] Miguel Niño-Zarazúa, "Aid, Education Policy, and Development," *International Journal of Education Development*, Vol. 48（2016）, pp. 1 - 8.

[2] World Bank, *Education Sector Policy Paper*, Washington, D.C.: World Bank, 1980, p.81.

[3] J.G. Tilak, "Foreign Aid for Education," *International Review of Education*, Vol. 34（1988）, pp.313-335.

层、文化传统以及自然资源等方面。"①

针对20世纪70年代国际社会对贫困和发展问题的理解以及由此实行的一系列援助政策和措施，从总体看，一方面，这一时期的国际教育援助在提升基础教育的地位、强调教育质量和提升教育内容的相关性、整合正规教育和非正规教育、加强教育管理等方面发挥了作用。②另一方面，尽管70年代教育援助的目标是减贫，用于减贫的援助比例也从70年代的5%增长至80年代初的50%，但受援国的贫困有增无减。③世界银行在其《1982年年度报告》中坦言："不管是援助方还是受援方都不擅长向处境不利的那些人，如农村无业人口、城市失业人群、大多数文盲等提供益处。"④因此，如何提升教育援助的有效性，从而增强他们的生产能力和增加他们的就业机会，以实现发展目标成为80年代国际社会关注的重点。

三 20世纪80~90年代——以结构调整为目标

（一）教育援助的理论基础：新自由主义理论

20世纪70年代的两次石油危机对世界经济的持续影响以及1982年"墨西哥债务危机"的爆发，使发展中国家陷入很深的经济和社会危机，这为20世纪80~90年代的国际发展援助蒙上了一层阴影。这一时期，新自由主义理论得到发展，该理论强调不平等是一种积极的价值，国家应当减少对经济活动的干预，允许市场机制主宰人们的命运，削减公共福利支出，实施紧缩政策以及贸易自由化和国有企业私有化。而新兴亚洲工业化国家似乎通过自由市场和外向型政策取得了前所未有的减贫成果，出现了所谓的"东亚奇迹"。⑤基于新自由主义理论和这一国际政治经济背景，经济增长与减贫的目标暂时被搁置，国际发展援助机构开始将目光转向结构

---

① World Bank, *Education Sector Policy Paper*, Washington, D.C.: World Bank, 1980, p.86.

② 〔美〕菲利普·库姆斯：《世界教育危机》，赵宝恒、李环等译，人民教育出版社，2001，第26页。

③ 〔赞比亚〕莫约：《援助的死亡》，王涛等译，世界知识出版社，2010，第75页。

④ 〔美〕菲利普·库姆斯：《世界教育危机》，赵宝恒、李环等译，人民教育出版社，2001，第318页。

⑤ 〔赞比亚〕莫约：《援助的死亡》，王涛等译，世界知识出版社，2010，第46页。

调整以促进发展中国家的贸易自由化，并缓解债务给国民经济带来的沉重负担，主要措施是对发展中国家进行以私有化、自由化和市场化为核心的经济改革，即所谓的"华盛顿共识"。①它在国际发展援助领域的最主要表现形式就是世行推出的"结构调整计划"，在这样的背景下，西方发达国家出现了所谓的"援助疲劳"现象，国际发展援助金额日益减少，教育援助也遭受了沉重的打击。与此同时，西方学者对发展的内涵进行了更加深入的探讨，形成了涵盖经济、政治、文化、生态和人的多方面、多因素、多目标的综合发展观，个体发展的价值被再次提及。②受其影响，国际教育援助也开始重新思考教育与发展之间的关系，从而使这一时期的教育援助理念、政策发生了重大转变。另外，长期以来，尽管国际教育援助规模不断扩大，且主要集中在中、高等教育和职业技术教育领域，但是援助取得的实际效果不尽如人意。而1985年西方学者萨卡罗普洛斯（G. Psacharopoulos）指出，相比于职业技术教育和高等教育，基础教育的投资回报率是最高的，这一结论在国际教育援助领域产生了广泛的影响。③基于上述背景，80年代国际教育援助将援助重点转向满足人类基本需要，对基础教育、农村教育、女性教育、非正规教育的援助逐渐增多，④但是在实际援助过程中，初等教育所占的援助份额仍低于高等教育和职业技术教育，以初等教育为援助重点的思想直到1990年"世界全民教育大会"召开后才真正成为国际教育援助领域的广泛共识。

（二）教育援助政策：提升基础教育的重要性

世行等国际组织对教育投入进行成本与回报分析后得出结论：高等教育的人均支出是基础教育的几十倍，并且收效甚微，造成发展中国家的基础教育存在着严重投入不足、教学设备和教材等物资短缺、学生辍学率和复读率以及社会文盲率居高不下的问题。⑤这一现状遭到了国际组织的严厉

---

① 李小云、唐丽霞、武晋编著《国际发展援助概论》，社会科学文献出版社，2009，第35页。
② 李小云主编《普通发展学》，社会科学文献出版社，2005，第7页。
③ G. Psacharopoulos, "Returns to Education: A Further International Update and Implications," *Journal of Human Resources*, Vol. 20, No. 4 (1985), pp.583–604.
④ 袁本涛：《发展教育论》，江苏教育出版社，2005，第536页。
⑤ 袁本涛：《发展教育论》，江苏教育出版社，2005，第536页。

批判，国际组织纷纷要求提高援助的有效性，加上结构调整政策要求把政府开支的重点转向经济效益高的领域和有利于改善分配的领域，因此，国际教育援助开始转变其教育开发战略。

世界银行在其1980年教育政策报告中提出，教育是人的一种基本需要，是帮助满足其他基本需要的基础，是维持和促进人和社会全面发展的重要组成部分。基于这一理念，世行在80年代对基础教育的援助进一步增加，其主要目的在于协助其成员国开发人力资源、推动教育变革，通过促进其成员国掌握与技术相关的能力和经验从而使之成为能够自主管理教育发展的国家。由于不同国家在文化和历史背景、经济发展水平、教育条件等方面存在差异，每个国家都制定了不同的教育发展目标和优先事项。因此，世界银行的教育政策表现出多样性的特征，具体包括：（1）针对低收入国家，其重点为初等教育，以满足学龄儿童和未受教育的成年人（特别是妇女）的最低学习需求，并根据农村发展计划为目标群体提供与农业相关的培训；（2）针对中等收入国家，其侧重点为提高初等教育的质量、促进受教育机会公平、发展中等和高等教育、为城乡贫困人口提供接受基础教育的机会；（3）加强发展中国家对教育部门的设计、规划、管理、分析、评估的能力建设，提高教育援助的有效性。[①]尽管援助政策倾向于与人类基本需要密切相关的基础教育，但在援助过程中的相关实践十分有限。

（三）教育援助效果及影响

在结构调整时期，尽管基础教育、非正规教育日益受到国际援助的重视，但是80年代对教育的援助资金中，有95%用于中等、高等和职业技术教育，初等教育普遍不受到重视（见表2-6）。虽然世行重视低收入或中等偏下收入国家初等教育的发展，但其援助的重点只限于基础设施建设。在1981~1986年，世行对低收入国家初等教育的援助中，有66.5%的资金用于建筑、教学设备、教材和教具、食物/奖学金等支出，而中等偏下收入国家在这些方面的支出比例则占援助总额的46.6%（见表2-7）。而与提升

---

① World Bank, *Education Sector Policy Paper*, Washington, D.C.: World Bank, 1980, p.86.

学生学习效果、提升教育内部效率相关的援助，如对教师培训、课程开发的投资，被置之一旁。

表2-6　1979～1990财年世行对教育部门的贷款分配

单位：百万美元

财年	远程教育	早教	正规教育	非正规教育	其他教育	初等教育	中等教育	高等教育	职业技术教育	总计
1979					40.0	98.0	83.0	71.0	204.0	496.0
1980						93.1	69.0	138.0	140.0	440.1
1981			12.4		40.0	186.0	70.2	245.0	193.2	746.8
1982					104.0	87.0	125.0	52.6	157.8	526.4
1983			11.0		10.0	196.0	15.8	219.9	119.2	571.9
1984			3.0		19.9	77.8	132.3	229.9	239.0	701.9
1985			67.0		82.4	198.1	83.0	292.0	213.6	936.1
1986	0	0	10.0	0	95.6	142.6	31.0	285.8	274.5	839.5
1987	0	0	76.3	0	72.3	188.4	0		102.8	439.8
1988	0	0	4.2	0	121.8	152.4	0	312.5	273.1	864.0
1989	0	0	228.0	0	117.8	271.8	34.4	3.5	336.2	991.7
1990	0	0	210.3	0	208.3	132.9	154.2	255.2	376.6	1337.5

资料来源：George Psacharopoulos，"World Bank Policy on Education: A Personal Account，" *International Journal of Educational Development*，Vol. 26, No. 3（2006），pp.329-338。

表2-7　1981～1986年世行对初等教育援助金额的分配

单位：%

援助类型	所有国家	低收入国家	中等偏下收入国家	中等偏上收入国家
教材和教具	4.8	7.5	3.9	0.8
教学设备	6.3	16.2	2.6	1.0
技术援助	14.0	17.6	13.1	0.9
食物/奖学金	15.3	20.7	14.3	0.7
建　筑	23.4	22.1	25.8	3.3
预算援助	29.9	5.7	34.8	90.3
其　他	6.3	10.2	5.6	3.0

资料来源：World Bank，"Primary Education：A World Bank Policy Paper，" 1990, p. 65, https://files.eric.ed.gov/fulltext/ED325244.pdf。

非洲和拉美等地区在实施结构调整计划后，经济危机进一步加深，同时遭遇失业、社会服务水平下降、教育与培训质量下滑、贫困与收入差距拉大等一系列的社会问题，进入"失去发展的十年"。[①]此外，由于人们一味地追求经济增长，对自然资源肆意掠夺和开发，忽略了社会系统与自然系统相互协调的必要性，造成了生态环境不可逆转的消极影响。为了改变这一现状，1992年"联合国环境与发展大会"提出了"可持续发展"的新概念，使环境问题成为国际发展援助的重要领域之一。[②]而通过发展基础教育培养世界公民以应对环境恶化、人口增长、可持续发展挑战的观念逐渐引起国际社会的重视。

四 21世纪教育援助——以促进人的可持续发展为目标

（一）教育援助的理论基础：可持续发展理论

冷战结束后，援助的地缘政治因素逐渐变弱，发达国家的援助动力显著下降，援助国集团出现"援助疲劳"现象，援助悲观主义思想盛行。尽管结构调整政策的基本原则没有被完全放弃，但因其所造成的消极影响而备受批评。减贫再次成为援助的核心目标。1997年，联合国开发计划署提出"人文贫困"（human poverty）概念，国际社会对贫困原因的分析从经济扩展到政治、文化制度、教育等方面。治理失灵与援助效果不彰促使国际社会重新审视与界定发展概念及发展理论，开始摒弃单纯从经济角度考虑发展问题，发展的理念变得更加宽泛和多元，以整合经济、社会、环境的可持续发展为前提的全球发展框架成为新的发展目标。这段时期，国际发展议程的导向作用增强，《世界全民教育宣言》及联合国千年发展目标持续倡导普及初等教育的目标，初等教育在援助中仍居主导地位，高等教育大概只占援助额的1/5。[③]

---

① 李小云、唐丽霞、武晋编著《国际发展援助概论》，社会科学文献出版社，2009，第35页。
② 李小云、唐丽霞、武晋编著《国际发展援助概论》，社会科学文献出版社，2009，第37页。
③ A. Riddell and M. Niño-Zarazúa, "The Effectiveness of Foreign Aid to Education: What Can Be Learned?" *International Journal of Educational Development*, Vol. 48（2016），pp. 23–26.

可持续发展模式试图从多元视角来审视教育问题，注重那些对教育产生影响的结构性要素。在发展模式内存在相互重叠的两个框架。第一个框架由联合国机构主导，以人权宣言为原则，提出"人人具有接受免费初等教育的权利"。自维也纳宣言（Vienna Declaration）和1993年国家人权行动计划以来，人权框架占据主要话语权，进入联合国和双边组织的工作范畴之中，其依此来推动和提供教育服务。既然接受免费初等教育是基本人权，那么政府就有责任向所有人提供教育，无论其种族、民族及社会经济背景如何。只有当政府资金有限、行政能力不足，无法履行其职责时，外部机构才向其提供教育援助。这个框架默认了平等主义的原则，主张通过全世界的努力减少性别差异、消除歧视性法律法规，以贫困问题解决为核心。第二个框架以罗尔斯社会正义为基础。按照罗尔斯正义论，如果额外补充的援助资金被用在最贫穷者身上，会产生最大的福利效果。该理论支持者还强调，应该优先帮助最贫困者，因为由于受惠于政策，这些群体的生活获得改善，正体现了共享正义的社会理念。社会正义原则得到经验性观察的证实，在预算紧缩、信贷与保险市场碎片化的情形下，穷人投资教育的能力极其有限，致使其生产力低下、收入水平低。在极端的情况下，如果公共政策缺位，其就很难打破"贫困陷阱"。在这个框架下，国家就需要考虑与个人行为相关的需求因素以及阻碍教育服务有效利用的歧视规范。因此，希望对外援助机构采用目标导向机制、激励政策、更新的知识和信息，将援助投向最贫困和最脆弱群体。

（二）教育援助政策：重视教育质量的提升

进入21世纪后，国际发展援助总体上处于回归阶段，尤其是把缓解全球贫困放在最重要的地位。2000年，联合国教科文组织、儿童基金会、开发计划署、人口基金会以及世行共同在达喀尔召开了世界教育论坛，在12项战略中提出"把教育与消除贫困和开发战略明确地结合在一起，在充分整合的可持续发展框架中推进全民教育政策的发展"[①]。同年，联合国组织召开首脑会议，提出了联合国千年发展目标，重点关注贫困和发

---

① 袁本涛：《发展教育论》，江苏教育出版社，2005，第546页。

展的公平问题，在教育领域则提出了普及初等教育并到2015年消除各级教育中的性别差异。[1]千年发展目标强调了普及初等教育的重要性，而提升教育质量和改善学生学习环境的观念也开始引起人们的广泛关注。有鉴于此，2001年，世行在其以"反贫困"为主题的年度报告中提出，"教育被列为反贫困和提高贫困人口自身发展能力的最重要手段之一，并且将对贫困国家、贫困人口实施优质基础教育作为未来世行国家教育援助的重点课题"[2]。世界银行在有关基础教育的政策文本中指出，针对一些发展中国家未能有效利用教育资源以及对初等教育投入不足的现实情况，世行将通过增加及更公平地分配援助资金、资源的方式协助发展中国家实现扩大初等教育入学机会、改善初等教育管理和学生学习环境、培养合格师资的目标。

（三）教育援助效果及影响

进入21世纪后，国际教育援助总量持续增长，1971年为18亿美元，到2015年已达134亿美元，[3]并逐渐向中学后教育阶段倾斜，从优先援助初等教育转向促进各级教育均衡发展的策略。中国等新兴大国纷纷加入援助国行列，在国际发展合作中越来越发挥积极作用，其所倡导的伙伴关系、共同发展、平等互利的发展合作范式对传统援助国长期主导的国际援助模式带来挑战。

在全球发展援助体系的支持下，初等教育的普及率取得极大提升。1990年以来，全球所有地区初等教育入学率都有所提高，尤其是发展中国家的初等教育入学率从1990年的80%上升到2012年的90%，其中，就是在全球初等教育入学率最低的撒哈拉以南非洲，在同一时段入学率也从52%上升到78%。[4]女童在此过程中受益，初等教育入学方面

---

[1] 赵玉池：《国际教育援助研究》，博士学位论文，西南大学，2010。

[2] 参见袁本涛《发展教育论》，江苏教育出版社，2005，第591页。

[3] UNESCO, "Education for People and Planet: Creating Sustainable Future for All," September 6, 2016, https://en.unesco.org/gem-report/report/2016/education-people-and-planet-creating-sustainable-futures-all.

[4] A. Riddell and M. Niño-Zarazúa, "The Effectiveness of Foreign Aid to Education: What Can Be Learned?" *International Journal of Educational Development*, Vol. 48（2016），pp. 23-26.

的性别差异几乎不存在。尽管初等教育的普及和性别平等方面有了显著发展，但是成人读写能力、素质教育、满足青年和成人学习需要、提高教育质量方面停滞不前。为此，21世纪国际教育援助在实践中越来越重视软件投入以提升教育质量。世界银行用于校舍建设和设备提供的资金额度从60年代的100%降至1995~1998年的45%，而用于培训和技术援助的费用则大幅提升。同时，世行为了提高教育质量，其"软"援助涵盖教育系统的多个方面，主要包括课程改革、教学语言改变、技术创新、教师劳动改革、管理权力下放，并且还关注改善学生的学习环境（涉及学生、教师、管理者和其他服务提供者）、促进儿童早期发展以及健康和营养的问题、推动其成员国发展参与性的教育过程和个性化的学习模式、强调基础技能（如识字、计算）和社会技能（如共同解决问题的能力）的培养、利用印刷品和广播以及电视和互联网进行远程教育、高级技能的培养（主要通过中等教育和高等教育与职业技术教育）。[1]此外，在援助实践中，为了更符合可持续发展的理念和千年发展目标，同时提高援助的有效性，国际教育援助的方式也从单一、缺乏可持续性的项目援助逐渐转向更具关联性的部门援助和预算援助。

21世纪以来，尽管国际教育援助在普及基础教育方面取得了显著成果，但是如何平衡基础教育的"量"和"质"之间的关系、提升教育援助的有效性日益成为国际教育援助的重要议题。此外，虽然基础教育成为国际教育援助的重点，但是这不代表国际组织会忽略其他层级教育的发展。例如，世界银行在2003年发表了《创新的东亚：未来的增长》，肯定了教育对于东亚经济增长的作用，并且提出应该更多投资高等教育以促进发展中国家从追赶型经济向创新型经济的转变。[2]

---

[1] World Bank, "Education Sector Strategy," 1999，https://eric.ed.gov/?id=ED432533.

[2] Shahid Yusuf, "Innovative East Asia: The Future of Growth," World Bank，March 2003，http://hdl.handle.net/10986/15158.

第二节　国际教育援助的变革

一　教育援助有效性问题的提出

20世纪90年代后，非洲等发展中国家和地区的减贫问题依旧严峻，减贫效果并不明显，教育普及率低下，教育不公问题仍然十分严重，援助的不断增加似乎并没有给受援国的政治体制和国家治理带来良好的效果，国际社会开始反思援助的效果。一系列国际会议不断将有效援助提上议事日程，2002年的"蒙特雷共识"与世界银行《全民教育快车道计划》(The Education for All-Fast Track Initiative，EFA-FTI)、2005年的《援助有效性巴黎宣言》(Paris Declaration on Aid Effectiveness，以下简称"《巴黎宣言》") 以及2008年的《阿克拉行动议程》(Accra Agenda for Action) 等一系列相关文件均聚焦援助有效性。

2005年的《巴黎宣言》无疑是国际社会对援助有效性的最深刻思考，这种思考实质上是对半个世纪以来的国际援助理念的重新审视，其最大的亮点是国际社会认识到受援国在援助中的重要地位，而改变以往单一的援助国利益影响援助理念的局面。《巴黎宣言》的核心在于对援助有效性的反思，设定了有效性援助的实现目标，总结为五大"巴黎原则"：所有权 (Ownership)、一致性 (Alignment)、协调性 (Harmonization)、结果管理 (Managing for Results)、相互问责 (Mutual Accountability)。在一定程度上，《巴黎宣言》指出了受援国在发展援助中所应处的重要地位，指出受援国应自主决定其政策，强调了援助双方的平等合作关系；让援助所有的利益相关者参与进来，提升援助过程的透明度，提高对援助效果的控制和管理；要求援助涵盖全部门，援助双方共同承担以结果为导向的援助的责任和风险。[①] 简言之，《巴黎宣言》中对教育有重要影响的有四个方面：援助的可预测性、国家公共财政管理体系的使用、援助者协调及注重绩效的援助。但是值得注意的是，《巴黎宣言》以及由

---

① 曹黎:《从千年发展目标到釜山合作宣言——国际援助理论的变迁》,《经济研究导刊》2013年第9期，第203页。

此产生的关于有效性援助的"巴黎原则"更多地把目光放在了援助的技术性层面之上,关注的是如何更有效地实现援助资金转移,如何对援助效果进行评估,如何使用援助资金并尽可能减少交易成本以及对援助资金的监管等[1]。随后对《巴黎宣言》执行情况进行审视的《阿克拉行动议程》于2008年诞生,该议程进一步强调了受援国的主体地位,要求减少附加政策,增加援助的整体性,深化援助结果的管理,以期进一步提升援助的有效性。

2011年,经合组织发展援助委员会在韩国召开第四次高级会议,围绕有效性援助进一步反思,形成将"援助有效性"向"发展有效性"转变的《为促进有效发展合作的釜山宣言》(Busan Partnership for Effective Development Co-operation,简称"《釜山宣言》"),或称"首尔共识"。长期以来,在西方国家主导下的国际援助均是基于传统的经济实用主义的过程驱动型援助,这种短视的效益观使得受援国实施本国发展计划的自主空间受到限制,经济发展与减贫处于治标不治本的状态,受援国没有找到适合自己的自主发展道路,反而对外部援助"上瘾"。"首尔共识"的实质是将援助与发展的内部联系进行调整,将援助看成为发展而服务的,从根本上说,受援国要想实现发展,必须从内部出发提高国家治理水平和发展规划能力,"发展有效性"是对"援助有效性"以及前60年的国际援助理论的一种反思,让国际援助成为辅助受援国发展能力提升的外在推手,从而促使国际援助能够更好地支持受援地区本土的发展战略和发展努力。

二 国际教育援助的有效性评估

很多研究证实,国际教育援助与初等教育净入学率正相关,[2]以接受教育援助最多的撒哈拉以南非洲国家为例,这些国家的入学率从20世纪90

---

[1] Jonathan Glennie, *The Trouble with Aid: Why Less Could Mean More for Africa*, London: Zed Books Ltd., 2008, p. 94.

[2] K. Birchler and K. Michaelowa, "Making Aid Work for Education in Developing Countries: An Analysis of Aid Effectiveness for Primary Education Coverage and Quality," *International Journal of Educational Development*, Vol. 48 (2016), pp.37–52.

年代的59%上升到2012年的79%。① 与外部援助相比，政府的教育投入对入学率增长没有显著影响，就此有两方面的解释：第一，至少75%的政府拨款消耗在支付教师工资等经常性开支上，而援助经费主要用于建造校舍、教学管理、课程改革、教师培训等方面，以此改善学校环境，刺激了入学率的增长；第二，援助方关注弱势边缘群体的入学机会，尤其注重女童教育。②

（一）教育援助效果

20世纪初，很多西方发达国家运用随机对照试验（randomized control trial）的方法检验政府教育政策的实际效果，随机对照试验被看作政策分析的"黄金标准"，学者们也将其运用到教育援助效果的评估中。在援助方的资金支持下，这些研究通过对照研究某项治理措施的成效。在对在发展中国家实施的女童奖学金、免费午餐、提供校服、小学生驱虫等项目的随机对照试验中发现，这些干预措施提高了学生的出勤率，然而对学生学业成绩提高的效果不显著。③ 在援助机构的赞助下，在拉美和非洲一些国家实施有条件现金转移项目（conditional cash transfers），这类项目是援助机构对贫困群体提供带有一定附加条件的现金补贴，接受补贴的家庭必须将扶助资金用于子女。世界银行的研究证实，这一项目对学生的入学和出勤起到明显促进作用，而对学业成绩的影响并不显著。④

使用随机对照试验评估援助效果存在一定的局限，这种方法采用的样本比较小，研究成果缺乏普遍性意义和价值，因为其主要是针对某个援助项目的成效进行评估，对援助与教育系统整体发展的关系缺乏解释和说明。因此，近年来一些学者在宏观层面运用长时段面板数据评估援助与入学率之间

---

① UNESCO, "Regional Overview: Sub-Saharan Africa," 2015, http://www.unesco.org/new/ fileadmin/MULTIMEDIA/FIELD/Dakar/pdf/SynthesisReportofEFA reviews AFR. pdf.

② A. Dreher, P. Nunnenkamp, R. Thiele, "Does Aid for Education Educate Children? Evidence from Panel Data," *The World Bank Economic Review*, Vol. 22, No. 2（2008）, pp.291–314.

③ Stephen P. Heyneman, Bommi Lee, "International Organizations and the Future of Education Assistance," *International Journal of Educational Development*, Vol. 48（2016）, pp.9–22.

④ A. Fiszbein et al., "Conditional Cash Transfers Reducing Present and Future Poverty," World Bank, 2009, http:// hdl.handle.net/10986/2597.

的关系，结果发现援助对初等教育入学率有着积极影响，每增加相当于受援国GDP1%的援助经费，这便能将该国的初等教育入学率提高2.5个百分点，若加之良好的治理会提高援助的效果。[①]迈克尔洛瓦和韦伯（Michaelowa and Weber）的一项研究也证实，援助对初等、中等和高等教育入学率提升均有积极作用。[②]然而，这一结论并未得到完全认同，克里斯滕森（Christensen）等人的一项研究涵盖了100个中低收入国家1995~2008年的数据，其采用多元线性模型发现多边援助与初等教育入学率之间并不存在显著性相关。[③]

在这类研究中，不同研究使用了不同的指标界定教育产出，如入学率、完成率、受教育年限等，但其本质上是一致的，均指的是教育覆盖率，即量化的标准。然而学生在学并不意味着其掌握了知识和技能，援助与教育质量提升之间的关联性并不清晰。国际上通常将学生学业成就测评作为监测教育质量的一种手段，一些援助机构运用学生学业成就测评来评价援助的进展和成效，例如，世界银行在南苏丹教育援助项目中，通过国际数学与科学教育成就趋势调查（Trends in International Mathematics and Science Study，TIMSS）及国际阅读能力调查（Progress in International Reading Literacy Study，PIRLS）对南苏丹六年级学生开展测评并将之与国际学生进行比较。援助方也采用"学业成就决定因素"指标评估援助经费是否给教育系统带来显著贡献。在受援国所做的研究表明，在发展中国家，与家庭相比，学校对学业成就的积极影响更显著，这恰好有力地证明了对学校系统进行援助是有效利用援助资源的方式。

总体来看，援助促进了初等教育入学率的提高；单个援助项目发挥了作用，但教育发展的整体效果不尽如人意。援助与教育质量提升之间的关

① K. Michaelowa and A. Weber, "Aid Effectiveness in the Education Sector: A Dynamic Panel Analysis," in S. Lahiri, ed., *Theory and Practice of Foreign Aid*, Amsterdam: Elsevier, 2007, p.378.

② K. Michaelowa and A. Weber, "Aid Effectiveness in Primary, Secondary, and Tertiary Education," Background Paper Prepared for the Education for All Global Monitoring Report 2008, 2007, p.12.

③ Z. Christensen, D. Homer, D.L. Nielson, "When Does Education Aid Boost Enrolment Rates?" Brief 5, January 2012, http://docs.aiddata.org/ad4/files/educationaidallocation.pdf.

联性并不清晰，很难在外部援助和学业成就之间建立直接因果关系。从教育援助评估可见，无论采取哪种方式评估援助对教育发展的贡献都是困难的，教育成果受多种因素的影响，既有教育内部的因素，也有学校外部因素。援助与其他各种因素共同发生作用，这些影响很难被区别和量化。教育的社会、政治、经济背景与来自其他领域的投入交织在一起，这使判断援助到底如何使教育获得可持续的改进就变得更为不易。此外，教育投入是一个长期过程，需要政策调整和改革，援助效果和影响需要多年才会显现出来，具有长期性和滞后性，这也为教育援助评估增加了难度。在教育援助评估中，从作为受援国的发展中国家收集的数据往往不完整，缺乏可靠性，这也影响了评估效果。

（二）教育援助治理失效的深层原因

关于援助对教育发展产生影响的证据是模棱两可的，援助成效研究并未形成一致而清晰的结论，很多因素会影响援助的有效性。事实上，到2015年，大多数发展中国家未能如期实现《达喀尔行动纲领》设定的全民教育目标以及教育千年发展目标。儿童失学、成年文盲比例高、教育质量低下和教育不平等等普遍性全球教育问题仍旧突出。2014年底，全球有6100万名儿童在初等教育阶段的失学，中等教育阶段的失学人数更是高达2.02亿人。[1]小学辍学的比例仅下降了2个百分点，从1995年的58%下降到2010年的56%。[2]教育边缘化在弱势群体中最为严重，即使在教育成果取得显著进步的国家，那些来自最贫困家庭的学生、少数族裔、残疾者和难民儿童也被远远甩在后面。非洲地区的教育质量尤其令人担忧，马里80%的小学三年级毕业生尚未掌握基本读写能力；南非76%的初中毕业生没有达到国际数学测试的最低标准。[3]影响教育援助效果的因素有以下几个方面。

---

① UNESCO, "Education for People and Planet: Creating Sustainable Future for All," September 6, 2016, https://en.unesco.org/gem-report/report/2016/education-people-and-planet-creating-sustainable-futures-all.

② UNESCO, "Teaching and Learning: Achieving Quality for All," April 2014, https://en.unesco.org/gem-report/report/2014/teaching-and-learning-achieving-quality-all.

③ UNESCO, "Teaching and Learning: Achieving Quality for All," April 2014, https://en.unesco.org/gem-report/report/2014/teaching-and-learning-achieving-quality-all.

首先，援助方主导援助决策。对外援助在国家战略竞争和国家安全体系中具有重要地位，外交政策决定援助的原则、内容和方式。如美国国际开发署（U.S. Agency for International Development，USAID）明确指出，美国政府对外援助的主要目标是通过加强发展中国家的经济和政治稳定以及自主发展来促进美国的安全与繁荣，赋予教育援助外交功能，提出"教育外交"概念，希望借此谋求地缘政治利益与回报，提升国家软实力。援助方多从自身政治、安全和经济利益出发，使资金流向具有战略价值的国家。殖民联系是决定援助分布的一个主要因素，法国对非洲法语国家的教育援助是其对非文化殖民的延续；英国78%的援助流向前殖民地国家。[1] 而那些长期饱受内乱之苦的国家并没有成为援助方的首选援助对象，[2] 对这些国家的很多援助都是出于人道主义考虑，而非致力于冲突后教育重建的长期目标。受国内政治影响，援助方主要考虑入学率、失学人数、教育性别平等这些能够量化的援助指标，却忽视提升教育质量的需求。[3] 回应国内选民和纳税人对绩效的诉求，援助方政府倾向于支持那些能够有效使用经费并取得预期成果的国家。2002年启动的多边援助模式《全民教育快车道计划》就将良治作为提供援助的重要指标。

其次，一些国家对外部资金有着明显的依赖性。2008年，在撒哈拉以南非洲，有21个国家获得的外部援助超过其GDP的10%。在冈比亚，外部援助占国内教育预算的70%，莫桑比克占66%，肯尼亚占60%，赞比亚占55%，卢旺达占51%。[4] 受援国对外部援助的依赖不仅表现在资金上，也表现在制度和政策方面。在某种意义上，援助非但未能增强受援国的能力，反而将之削弱。一些受援国将本国教育政策决策权交给外部机构，这样，即使

---

[1] A. Alesina, D.Dollar, "Who Gives Foreign Aid to Whom and Why?" *Journal of Economic Growth*, Vol. 5, No.1 (2000), pp. 33–63.

[2] UNESCO, "Education for All 2000–2015: Achievement and Challenges," 2015, https://en.unesco.org/gem-report/report/2015/education-all-2000- 2015- achieve-ments -and-challenges.

[3] Sugata Sumida, "Donor's Motivation of the Educational Aid," *International Journal of Educational Development*, Vol.55（2017）, pp. 17–29.

[4] B. Fredriksen, "Aid Dependency Risks in the Education Sector: A Review of Issues," in N.V. Varghese & L. Buchert, eds., *Financing Education: Redesigning National Strategies and the Global Aid Architecture*, Paris：International Institute of Education Planning, 2011, p.191.

出现政策失误也可将责任归于后者。20世纪60年代，非洲国家刚刚独立时，的确缺乏治理能力，这种情况尚可理解。然而，目前这种情况并未发生实质的改变，往往是由双边援助机构、多边开发机构和独立咨询专家就受援国的问题开出"药方"，并制定相应援助方案。近年来，虽然西方一直在强调提高受援国的自主性，但实际上受援国难以加入这一决策机制当中，它们的意见并不能得到重视，受援国依赖那些对本土缺乏认识和了解的外部机构和专家的情况依然存在。"援助依赖的最后结果是，援助取代了非洲人的自我管理，造成了外来者试图控制非洲命运并在非洲发号施令的局面。"①

再次，援助之间缺乏协调。援助分散化和治理碎片化产生"意大利面碗效应"，由不同机构援助目的不一致导致的负的外溢效应是援助失效的深层原因之一。②各援助机构之间缺乏协调，导致援助工作重复，有时甚至相互冲突。亚洲开发银行和世界银行在吉尔吉斯斯坦启动了教科书项目，导致该国一部分地区使用亚行资助的教科书，而另一部分地区使用世行资助的教科书。援助过程中出现的权力失衡、角色交叉以及缺乏执行力的问题都削弱了援助的有效性。不同援助机构从各自经验与援助动机出发开展的由外部倡导的缺乏连贯性的援助项目，往往不适合当地的实际情况。

最后，援助分配不合理。从国际发展援助资金分配来看，对教育、卫生、饮用水等社会民生部门的援助额占比从20世纪60年代的5%上升到2011年的40%，社会民生部门中教育为重点，40%～60%的援助额被投向该领域。③但援助方对教育的投入不均衡，西方国家投向教育领域的援助份额相对较小，美国和挪威的教育援助占其援助总额的3%，瑞典教育援助占其援助总额的4%。相比而言，亚太国家很多双边援助机构将教育作为援助重点，日本国际协力机构将14%的援助经费投向教育；澳大利亚为17%；韩国为25%。④对不同层级教育的援助更是表现出迥异的特点。基础

①　〔赞比亚〕莫约：《援助的死亡》，王涛等译，世界知识出版社，2010，第46页。

②　郑宇：《援助有效性与新型发展合作模式构想》，《世界经济与政治》2017年第8期。

③　T. Addison, M. Niño-Zarazúa, F. Trap, "Aid, Society Policy and Development," *Journal of International Development*, Vol. 27, No. 8 (2015), pp.1351–1365.

④　European Commission, *Commission Staff Working Document: More and Better Education in Developing Countries*, Brussels: European Commission, 2010, p.20.

教育发展仍是援助的主要目标，2000年《达喀尔行动纲领》通过以来，约有1/4的援助被直接投向基础教育，然而，对基础教育的援助承诺的兑现过程停滞不前，各援助机构根据自身的偏好和比较优势，将资金投向教育的不同领域，包括中等教育、教师培训、成人教育和扫盲、科学教育、职业技能培训及高等教育。从几个最大的双边援助国来看，美国和荷兰将60%以上的援助投向基础教育；法国、德国和日本将55%以上的援助投到基础教育之外的领域，德国和法国将70%以上的援助投向中学后教育。韩国将职业技术教育作为对外教育援助的重点，因为韩国缺乏了解发展中国家教育的政策专家，职业技术教育不存在文化敏感性，受到的质疑较少，相对安全；韩国也具有利用职业技术教育刺激经济增长的经验，可以与其他国家分享。[①] 私人基金会和非政府组织一般都有其专注的领域，例如，福特和卡内基基金会致力于发展高等教育，挽救儿童基金会专注儿童教育。很多组织赞助的教育领域与其自身的使命相关，如联合国粮农组织支持农村教育发展；世界卫生组织投资与健康相关的教育活动，如在中小学开展驱虫活动。许多援助方忽略了职业技术教育和培训，只有少数国家例外。例如，德国根据自身在职业技术教育领域的广泛经验，资助埃及、埃塞俄比亚、莫桑比克和乌干达等国职业技术教育的改革与发展。学前教育项目几乎没有得到任何关注。援助过于分散的问题明显，援助国将其援助分散到太多的国家，增加了交易成本；受援国要与多个援助国打交道，每个援助机构都有自己的运作程序和机制，这样也加重了受援国政府的管理负担。

三　国际教育发展援助变革

在教育援助领域，20世纪90年代中后期，单个援助项目发挥了作用，如女童教育项目提高了女童入学率，改善了女童入学条件，但教育发展的整体效果不尽如人意。援助项目在微观和宏观效果上的巨大反差，造成了一个令人费解的"微观—宏观悖论"，项目援助没能为国家教育问题提供

[①] B.G. Chung, "The Korean Model of ODA: A Critical Review of Its Concept and Practices Reflected in Educational ODA," *Asian Education and Development Studies*, Vol. 3, No. 1 (2013), pp. 46–57.

可持续性的解决思路。2005 年的《巴黎宣言》提出援助有效性原则后，为扭转援助治理低效的局面，一些新的援助模式应运而生，包括全部门方法（Sector Wide Approaches，SWAps）、一般预算支持（Gross Budgetary Support，GBS）和"快车道计划"[Fast Track Initiative，FTI，后改组为"全球教育伙伴关系"（Global Partnership for Education，GPE）]等。新的援助模式并未取代传统援助模式，不同援助模式并存，相互补充。新的援助模式为看待教育援助的作用提供了更全面的视角，受援国的计划与目标被置于优先地位，受援国可从整个教育系统的发展出发做出更平衡的政策选择，立足教育整体发展，利用多边援助治理框架加强融资。相互问责机制得以建立，这意味着受援国政府做出更强有力的承诺，取得更大的自主权，并加强援助机构之间的协调及提升援助的连贯性。

（一）教育援助理念变革

第一，强调教育整体发展。与项目援助相比，新的援助模式从更全面的视角看待教育援助的作用，将受援国教育规划目标置于优先地位。欧盟分析了其在发展中国家实施教育援助的经验，其中一个经验强调全部门方法的重要性，因为全部门方法不仅将教育看作从儿童早期教育到终身学习的连续过程，还强调了教育与工作场所的联系。以往援助方将学校的经常性支出看作政府责任，不愿将资金用于支付教师或行政人员的工资，而全部门援助在强调能力建设的同时，将经常性支出涵盖在内，这种做法是增益的。[①]此外，在快车道计划实施时，受援国需提交一份减贫战略文件和一份教育部门规划，这样就将援助与国家发展愿景、教育整体规划及对弱势群体的支持统一起来。

第二，突出受援国自主权。新的援助模式下，发展中国家基于本国现实需求与实际，制定教育部门的整体规划，确定优先领域，并负责具体实施，外部援助在此过程中主要提供财政和技术支持，充分发挥受援国自主权，提高受援国政府和民间社会改善教育的积极性。直接运用国家公共财

---

① European Commission, *Commission Staff Working Document: More and Better Education in Developing Countries*, Brussels: European Commission, 2010, p.20.

政管理体系避免了在受援国内部形成一套"平行政府"的公共服务系统，这种安排降低了交易成本和运行管理成本，有利于受援国政府的能力建设和长远发展。[①]与附加条件援助不同，新的援助模式不针对具体政策设立援助条件，而是建立一种相互问责机制，以成果为导向，只有在没有达到预期目标时，援助拨款才会减少或停止。

第三，整合协调各方援助活动。一方面，援助改革强调援助活动的协调，援助协调是国际发展领域广受关注的目标，它代表着一种有序的、有计划的供应和将外部资源用于发展并将重复性的援助竞争及冲突最小化的方式。援助协调包括受援国国内协调、援助方之间的协调、受援国政府和援助方之间的协调、国际层面的整体协调。另一方面，援助改革强调建立援助方与受援国之间在相互尊重和问责的基础之上的合作伙伴关系，合作伙伴关系逐渐取代原有援助理念。合作建立在相互信任和平等的基础上，其主旨是双方均能获益，促进能力建设。新的援助模式越来越重视对受援方的问责，其良好的治理和规划能力、健全的财务系统成为发达国家提供或持续提供援助的重要前提。目前在援助管理中，绩效导向和结果管理被普遍用来衡量和监测政策的有效性。

第四，重视多边援助治理框架。为协调不同的援助方，国际社会积极构建多边援助治理框架和融资平台，"全球教育伙伴关系"为教育多利益相关方提供了平等高效的合作对话平台，开发了新型高效的融资和基金利用模式。[②]类似的多边教育援助治理框架还包括"教育不能等待基金"（Education Cannot Wait），这一新的全球基金主要为受冲突、自然灾害和流行疾病影响的儿童提供受教育机会。在全球伙伴有效发展合作的背景下，国际社会构建了一个全球监督框架，包含10个方面的指标体系，强调援助组织间相互监督，监督内容包括援助方的责任、援助的透明度、援助的可预测性等。

---

① 滕珺、鲁春秀、〔加拿大〕卡伦·芒迪：《中国与世界银行"全球教育合作基金"合作途径与挑战》，《比较教育研究》2018年第12期，第19～25页。

② 滕珺、鲁春秀、〔加拿大〕卡伦·芒迪：《中国与世界银行"全球教育合作基金"合作途径与挑战》，《比较教育研究》2018年第12期，第19～25页。

（二）新的教育援助模式

1. 全部门方法

随着20世纪70年代农村综合发展项目的推广，大部分项目援助都跨越了部门，这为全部门援助的兴起奠定了基础。与针对具体问题、目标明确、成果清晰的项目援助方式不同，全部门方法旨在将援助方、受援国政府及其他利益相关者都统合到部门内部，促使受援国政府与援助方建立平等的伙伴关系，通过协商与对话制定部门发展政策与规划，减少援助过程的交易成本，避免受援国政府自主权缺失问题。[①]实施全部门方法，并不意味完全放弃项目援助，全部门援助中也包含项目援助，不过，这种项目援助要与受援国教育发展目标一致，并要促进教育目标的实现和本土能力建设。与全部门方法相关的一个术语是方案援助（programme-based approach），方案援助指援助国或多边机构根据一定的方案，而不是按照某个具体的项目向受援国提供援助。一个援助方案大多包含很多个细分的援助项目，力求在节约资源的条件下达到最优的发展效果。当代的西方官方发展援助主要通过提供技术援助来提升受援国某方面的能力水平，一般不再将援助资金投入基础设施建设，因此方案援助是一种较为适宜的方式。方案援助是一个比较笼统的概念，与全部门方法一样，均强调将援助纳入受援国教育发展规划。2009年全民教育监测报告指出，全部门方法的教育援助从1999~2000年的31%增长到2005~2006年的54%。[②]

2. 一般预算支持

一般预算支持指把援助国的援助资金直接投入受援国的国家财政体系，从而形成一个援助国和受援国联合的财政体系，这是一次重大的调整。这种方法的可利用资金比例尚小，2010年对整个教育部门的预算支持占教育援助总额的5%左右，但是，在埃塞俄比亚、坦桑尼亚、乌干达和

---

① UNDP, "The Sector Wide Approach: A Country Assessment," 2012, http://www.undp.org/content/dam/ swaziland/docs/thematics/UNDP_SZ_Poverty_SectorWideApproachReport2012.pdf.

② UNESCO, "Overcoming Inequality: Why Governance Matters," 2009, https://en.unesco.org/gem-report/report/2009/overcoming-inequality-why-governance-matters.

布基纳法索等非洲国家，其占比达到发展援助总额的20%~30%。[①]

3. 多边援助治理框架

《全民教育快车道计划》启动于2002年，在该教育援助模式下，援助方与发展中国家相互承诺建立新型伙伴关系，共同加速实现2015年普及初等教育的目标。发展中国家承诺加强减贫战略、制定合理的教育部门规划；援助方承诺动员更多资金，优先资助初等教育，提升决策的透明度和受援国的自主权。快车道计划将全球近40家双边援助机构、开发银行及多边援助组织的资源统合起来，构成多边框架，援助组织间相互监督，监督内容包括援助方的责任、援助的透明度、援助的可预测性等。这种新的援助模式旨在围绕共同的援助目标，协调不同援助方的援助活动，改善援助治理，建立一个多方面协调的全球治理体系，[②]运用统一的治理框架为发展中国家提供教育援助，以此促进教育的快速发展。快车道计划主要针对三个关键领域的规划缺口：政策制定、数据分析和能力建设。为此设立了两个信托基金：催化基金（Catalytic Fund）和教育计划发展基金（Education Program Development Fund）。快车道计划收效甚微，未能动员新的资金，其自身有限的财务捐赠却产生了高额的交易成本。援助分配决定和支出的长期拖延阻碍了许多发展中国家的教育规划的实施，受冲突影响国家获得快车道计划的援助困难。然而，世界需要一种面向教育的多边援助机制。由于快车道计划无法达到这一目的，其需要进行根本改革，以解决削弱其援助发放能力的筹资和治理问题。由于快车道计划实施过程中出现的这些问题，如融资不足、援助方主导及对脆弱国家和地区教育的支持力度不够等，其于2011年进行了重大的结构重组，更名为"全球教育伙伴关系"。[③]改组后的全球教育伙伴关系融资能力增强，计划到2020年达

---

① B. Fredriksen, "Aid Dependency Risks in the Education Sector: A Review of Issues," in N. V. Varghese & L. Buchert, eds., *Financing Education: Redesigning National Strategies and the Global Aid Architecture*, Paris: International Institute of Education Planning, 2011, p. 191.

② 滕珺、鲁春秀、〔加拿大〕卡伦·芒迪：《中国与世界银行"全球教育合作基金"合作途径与挑战》，《比较教育研究》2018年第12期，第19~25页。

③ 王建梁、单丽敏：《全球教育治理中的"全球教育伙伴关系组织"：治理方式及成效》，《外国教育研究》2017年第8期，第63~75页。

到每年筹资20亿美元的规模。

（三）新援助模式的实施挑战

援助实践中，项目援助仍占较大的比例。尽管项目援助受到持续批评，而新的援助模式表现出很多优点，但在2016年OECD-DAC对发展中国家的教育援助中，项目援助在各类型援助中所占比例仍然最大，超过30%（见表2-8）。这些继续开展项目援助的机构或是对提升教育援助有效性做出口头承诺，或是搬出项目援助的合理性依据。当然，有些项目援助是为试点新模式而实施的。然而，考虑到教育改革的复杂性以及教育领域不同利益相关者协调及合作的问题，项目援助对可持续教育进步的贡献还很有限。援助者试图用合作的术语来取代援助，并声称其所实施的援助是全部门援助的一部分，而事实上，援助者继续开展项目援助，只不过是形式略有不同罢了，这种做法使得对不同援助模式的严格区分变得愈加困难。

表2-8　2016年OECD-DAC对发展中国家教育领域各类官方发展援助的比例

单位：百万美元，%

援助类别	援助额度	占教育援助（总计12197.868百万美元）的比例
部门预算支持	133.845	1.09
方案援助	1344.056	11.0
对非政府组织、私立机构、公私伙伴项目及研究机构的支持	255.659	2.09
由国际组织（包括多边国际组织和国际非政府组织）管理的具有特定目标的方案和基金	1006.716	8.37
预计学生费用（imputed student costs）*	1826.841	14.9
一揽子资金/资金池（basket funds/pooled funding）	81.681	0.67
项目援助	3762.615	30.85
派遣专家及其他技术援助	1074.896	8.81
援助国派往受援国的人员费用	365.458	2.99
援助国提供的奖学金及学生费用	2346.101	19.23

*预计学生费用指来自发展中国家的学生在受援国学习预计所产生的费用。

注：原始数据如此，个别数据存在出入。

资料来源：OECD-DAC。

对全部门方法教育援助案例评估所得的研究结论略显复杂，远不如援助国文献中通常所描述的那么乐观。全部门援助在理论上优于项目援助，但同样存在很多问题和挑战。例如，很多援助国事实上并未真正改变它们早期提供援助的做法。全部门援助所提倡的和谐与协调并未被真正实现，在政府与市民社会之间有意义的互动方面的进展有限。同时，受援国机构管理能力有限、能力发展不足以及政治障碍都使全部门援助不能发挥更大的作用和影响力。在那些缺乏良治的国家，援助方失去对经费使用的控制，无法知晓经费使用的效果。

2000年的一项研究对一般预算支持进行了一次较为全面、综合和深入的评估，选取了7个国家的案例，该研究进一步证实通过一般预算支持方式扩大受援国政府对公共服务的支出是重要而且切实有效的。①遗憾的是，一般预算支持提升教育质量的效果甚微。研究指出，围绕教育部门预算支持的政策对话减弱，原因是多方面的，部分是援助方人员缺乏教育相关的专业知识，并且人员流动频繁。此外，还存在政策和规划部门主导政策对话的倾向，而政策和规划部门基本被那些具有财经背景的人员所占据，他们极少与基层学校开展互动。政策对话的减弱不仅影响各部门间的沟通，而且影响政策研究成果在教育部门的应用。

四 结语

实现2030教育可持续发展目标任重道远，援助是弥补资金缺口的重要途径，国际社会要求各国尽可能地提供更多的公共产品，履行援助承诺。在全球教育议程的引导下，国际教育援助正在发生变革。在理念上，从"援助"走向"合作"和"伙伴关系"；在结果上，从关注教育量增长转向重视教育质量的提升及各层级教育均衡发展；在主体上，教育援助的主体更加多元，除双边援助机构外，非政府组织、私营部门、跨政府组织在教育援助中的作用加强。在全球治理框架下，国家政府依然发挥自主权，履

---

① A. Riddell and M. Niño-Zarazúa, "The Effectiveness of Foreign Aid to Education: What Can Be Learned?" *International Journal of Educational Development*, Vol. 48（2016），pp. 23-26.

行对教育的政治领导责任，指导本土化进程和教育目标的实施，国际社会各教育行动体需要在"共同治理"机制中建立多元合作伙伴关系，坚持绩效为先的原则，提高全球教育治理的有效性，实现全球共同利益，促进人类社会的可持续发展。

基于此，如何合理有效地利用有限的教育援助资源显得更为紧迫。要提升国际教育援助的有效性，不仅要在技术层面加强援助的整合与协调，合理分配援助资源，并突出受援国的自主权和责任感，而且要在以下四个方面有所发展。第一，与教育千年发展目标相比，2030教育可持续发展目标的关注点从入学率提高转向教育质量提升，那么，有效的教育援助不仅要增加在校儿童、教科书、教室和教师的数量，而且要以质量为核心持续改善学习环境。面对这样复杂而困难的任务，没有普遍适用的既定蓝本，援助方不能对各国采取一致且强迫的援助策略，必须结合受援国的资源禀赋、实际需求、教育现状做出调整。第二，应将能力建设贯穿于教育援助的全过程。这种能力建设一方面包括增加援助方所具备的适应当地情况的专业知识与技能，另一方面指提升受援国的自主发展能力。能力建设需要有长远目标，不拘泥短期效果的评估，要从"填补差距""个体培训"转向机构建设、制度建设、政策激励和治理能力建设。第三，提倡跨部门综合援助方案。在可持续发展目标时代，针对具体部门的方法不足以应对可持续发展的跨领域、相互依存的挑战，教育援助规划应采取跨部门的整合。全部门方法可以防止对稀缺资源的竞争，有助于更高效地利用援助资源。综合性援助可以惠及最弱势群体，解决他们的多重需求，降低重复服务成本，如将健康、教育、营养、性别平等、环境因素结合起来制定综合援助治理方案。第四，强化伙伴关系，加强融资。融资机构的作用对实现教育可持续发展目标至关重要，"全球教育伙伴关系"作为教育领域最大的多边融资机构，必须增强融资能力。除各国政府、多边银行外，还应该充分利用民间组织和私营部门筹集资金，促进利益相关方的合作，催生新的投资。

第三节　美国对非洲的教育援助

美国是世界上最大的双边援助国，2017年其民生援助[①]和人道主义援助达350亿美元，其中教育援助达近8亿美元。[②]过去近70年，伴随世界格局和美国外交战略的变化，美国国际援助也进行不断调整与改革。1961年成立的国际开发署是美国最有影响力的援助机构，主要负责以可持续发展、良治、满足人民基本需要为目标的长期发展援助项目，教育是其中的重要领域。非洲是美国维护与扩展其全球战略、彰显全球领导力的重点区域，也是美国援助资金投入最多的地区之一。美国在非洲大规模实施低年级阅读能力提升项目，自2011年起，埃及有500万名学生受益，在两年时间内学生的阅读流利度提高了2倍；在埃塞俄比亚，有超过1.6万名农村青年接受美国提供的技能培训和创业指导。[③]特朗普执政时期，国际开发署根据美国外交政策的调整和自身改革的需要，从战略高度制定了新的教育援助政策，包括援助目标、理念与原则。

一　美国教育援助的战略目标

近年来，美国国际开发署备受诟病，被批评机构臃肿、效率低下，其对外援助项目设计糟糕，既没能促进受援国经济发展，也没能有效地帮助美国实现其外交政策目标。特朗普执政后，推行现实主义政策，指责援助效果不佳，美国援助负担过重，屡次建议大肆削减发展援助经费。面对这些质疑和挑战，为重拾美国政府和民众对其的信任，提高援助效果，国际开发署在进行机构改组的同时，于2018年发布新的对外援助框架，提出美国对外援助战略目标，即"让援助走向终结"。所谓"让援助走向终结"就是受援国实现"自力更生"（journey to self-reliance）。"自力更生"的实

---

① 民生援助的主要领域包括教育、健康、人口、清洁水、市民社会等部门。

② USAID, "USAID Policy Framework: Ending the Need for Foreign Assistance," 2018, https://www.usaid.gov/ sites/default/files/documents/1870/Web_PF-MINI_BOOKLET_10APRIL2019.pdf.

③ USAID, "USAID Education Strategy Progress Report," 2018, https://www.usaid.gov/sites/default/files/ documents/1865/USAID_2018_Progress_Report_Web.pdf.

现包含两个维度：一是能力维度，指受援国制定规划、筹措资金、实施方案来解决本土发展问题的能力；二是承诺维度，指受援国政府及社会各部门都做出相应的承诺，承担应有责任，有效、包容地执行本土解决方案。教育领域的自力更生指可持续的教育财政投入、公平的教育供给以及可测量的各阶段学习成果改进与技能提升。

尽管21世纪以来对于援助是否有效以及如何提高援助有效性的问题，国际社会颇有争议。然而，美国国际开发署认为，发展带来的收益证实终结援助并非遥不可及。世界上很多国家在对抗贫困、疾病、饥饿和不平等方面都取得了显著成就，援助可以促进经济增长、维护国家稳定、减少贫困，援助的平均回报率超过了10%。自1990年以来，美国国际开发署援助的80多个国家的贫困人口减少了4亿多，5岁以下儿童的死亡率及产妇的死亡率都下降了一半，小学阶段失学儿童人数降到全球适龄人口的10%。新一代农民离开土地到城市寻找新的就业机会，同时，由于采用更为先进的技术，发展中国家的农业产值增长了1倍，全球中产阶级人口达到32亿。① 基于这样的现实，美国国际开发署对援助持有积极乐观的态度，强调美国的对外援助从来不是"施舍"（hand-out），而是"帮一把"（a hand up），伙伴国最终要摆脱援助依赖，实现本土财政支持下的自我决策与自主发展。而教育是助推国家发展和自力更生的基础动力，使其民众平等获得高质量教育是通向更快经济增长、更好健康状况、持续良治、更和平社会的途径。②

二　美国对非教育援助理念

（一）维护美国利益，扩大美国影响力

美国对非教育援助有推动非洲减贫和社会发展的人道关怀。同时，对

---

① USAID, "USAID Education Policy," November 2018, https://www.usaid.gov/education/policy.
② USAID, "U. S. Government Strategy on International Basic Education (Fiscal Years 2019-2023)," September 14, 2018, https://www.usaid. gov/sites/default/files/documents/1865/USG-Education-Strategy_FY2019-2023_Final_Web.pdf.

外援助又是为美国国家利益服务的，反映美国的外交政策取向、战略意图和价值观念。美国对外援助在利他的同时，始终贯彻美国国家利益优先的原则。在"9·11"事件之后，美国开始深深体会到维护国家自身社会安全的重要性与紧迫性。美国国际开发署在其发布的《利益共享：美国国际开发署如何推动美国经济增长》（Shared Interest：How USAID Enhances U.S. Economic Growth）一文中指出，美国政府对外援助的主要目标是通过加强发展中国家的经济和政治稳定以及自主发展来促进美国的安全与繁荣。[①] 美国希望利用对外援助从源头遏制恐怖主义，进而保护美国国家安全，并有助于推进实现美国经济利益，扩大对外出口和经贸合作。对外援助能为美国企业创造更多的海外投资机会，并促进就业增长。

美国将教育援助提到外交高度，提出"教育外交"（education diplomacy）概念，认为国际教育合作是一种柔性外交，对美国国家安全、美国在世界上的领导地位及国家繁荣发挥重要作用。早在20世纪60年代，美国国务卿腊斯克（Rusk）就曾表示，教育和文化交换是"我们在今天革命和转变的世界中指导外交关系的重要的和有力的工具之一"[②]。由此可见，教育早已成为美国维护自身外交利益与增强其国际影响力的一把"利器"。美国政府努力促进非洲受教育群体获得优质教育，提升其学习效果并积极推动人才就业，这已然成为一项具有高度战略性和有效性的高收益投资。美国教育和人道主义援助旨在展现美国的慷慨与善意，推行美国的价值观，分享美国的发展经验，增强美国的影响力。基于此，美国在选择受援国时，重点考察其地缘政治的重要性、国家安全性、与美国的贸易关系、经济体量、在美国的留学生等因素，以此维护美国的国家利益与安全。

（二）重视边缘弱势群体，推进教育公平

美国将边缘弱势群体界定为贫困人群、女童、失学者、残障人士、受冲

---

① USAID, "Shared Interest: How USAID Enhances U.S. Economic Growth," May 15, 2018, https://www.usaid.gov/ documents/1870/shared-interest-how-usaid-enhances-us-economic-growth.

② 转引自陈尧光《美国对亚、非、拉丁美洲的教育渗透》，《世界知识》1964年第13期，第12~14页。

突影响地区的儿童和青年等，这些边缘弱势群体由于缺乏基本的技能培训，没有经济来源，处于被极端暴力组织利用的高风险之中。为他们提供必要的培训和教育，有助于形成稳定的社会环境，推进社会进步。首先，精准定位边缘弱势群体，提供"二次机会教育"（Second Chance Education）或"替代教育"（Alternative Education），帮助边缘弱势群体重新获得受教育机会与基本技能训练，从而保障其正常的受教育权，推进教育公平；其次，美国国际开发署将教育作为打破恶性循环的重要工具，通过创设安全学习环境、派遣教师以及帮助重建教育体系等方式在全球 35 个政局未稳的国家和地区，开展人道主义援助，弥补危机状态下的教育缺口；再次，反对歧视与排斥，为特殊儿童提供全纳教育；最后，通过树立女性榜样、设置奖学金、开展教师培训等策略，提高女性入学率，推动性别平等。

据官方统计，全世界有 1.3 亿名女童失学，此外还有数百万名女童面临巨大的入学障碍。但只要女性增加一年的中学学习，这可使其未来收入增长20%，因此为失学女性提供良好的教育是帮助女性群体以及国家自主发展的重要渠道。美国国际开发署在利比里亚邦县（Bong County）实施专门针对怀孕失学女性的"学习联结"项目，设计了一整套干预措施，包括培训指导教师、开发特殊课程、开展心理辅导等，提高这些学生的基本读写技能，让2500名怀孕女性重返校园。[1]

（三）重回减贫轨道，偏重基础教育

美国国际开发署重点在4个领域开展教育援助：针对边缘性群体的救助型教育、全民性扫盲教育、技能培养型职业教育、高等教育，前三个领域都涉及基础教育层次，基础教育是国际开发署的援助重点，约占教育援助经费的80%以上。这里的基础教育包括儿童早期发展、初中教育以及正规和非正规的职业培训。提高学生阅读能力和基本技能，保障受冲突影响国家儿童的受教育权是美国对非教育援助的核心内容。[2]美国国会2017年9

[1] USAID, "USAID Education：Girls' Education," August 21, 2019, https://www.usaid.gov/sites/default/files/ documents/1865/FactSheet_GirlsEd_7.31.19_FINAL.pdf.

[2] Curt Tarnoff, "U.S. Agency for International Development(USAID): Background, Operations and Issues," July 21, 2015, https://www.usaid.gov/.

月颁布《加强教育发展绩效法案》（Reinforcing Education Accountability in Development Act，READ Act）。2018年，美国发布《美国政府国际基础教育战略》（U.S. Government Strategy on International Basic Education）。这两份纲领性文件为美国在全球范围内实施基础教育援助提供了制度和法律保障。借此，美国政府敦促包括国际开发署在内的美国各涉外援助机构共同履行美国政府的承诺，帮助伙伴国的每一个个体获得所需的教育与技能，成为有价值的社会成员。这一理念的提出是对全球教育危机的回应，全球约有3.8亿名儿童阅读与数学成绩不达标，受冲突影响国家有整整一代人失去受教育机会。[1]教育所发挥的连锁性效应为摆脱贫困、解决冲突、促进和平提供驱动力，这也符合美国促进和平、民主和贸易的国家利益。美国国际基础教育战略聚焦两大核心目标：一是提高学习效果，让贫困地区的青年掌握读、写、算的基本技能，打下牢固基础，从而走上积极的学术和人生之路；二是让所有人接受有质量的基础教育，尤其是边缘弱势群体。[2]

（四）整合各方资源，强调教育综合治理

美国多个政府部门和机构参与支持国际教育援助，每个部门和机构都带来解决教育问题的独特资源、能力和经验，从而产生广泛而深远的影响，不仅进一步促进学习效果提升和经济增长，还通过改善健康状况、减少暴力和提升对民主治理的参与度来更广泛地提升受援国民众的生活质量。具体内容包括：资助受援国学生营养和健康项目；为学生提供安全学习场所；解救童工；帮助受援国制定教育政策，开发课程，培训教师，建立数据统计系统；支持失学者重返校园；提供适切教育以促进就业等。

美国国际开发署与其他政府部门利用各自的比较优势和专业知识，从不同方面来应对教育援助所面临的挑战，实施教育综合治理。例如，美国

---

① USAID，"U.S. Government Strategy on International Basic Education(Fiscal Years 2019– 2023)，" September 14，2018，https://www.usaid.gov/sites/default/files/documents/1865/ USG–Education–Strategy_FY2019–2023 _ Final_ Web.pdf.

② USAID，"U.S. Government Strategy on International Basic Education(Fiscal Years 2019– 2023)，" September 14，2018，https://www.usaid.gov/sites/default/files/documents/1865/ USG–Education–Strategy_FY2019–2023 _ Final_Web.pdf.

劳工部聚焦拯救童工，为他们提供教育；国际开发署致力于为儿童提供早期阅读训练；千年挑战公司（Millennium Challenge Corporation，MCC）侧重学校基础设施的建造和修复；和平队志愿者对学生教授英语、数学、科学课程及进行扫盲培训。

三　美国教育援助的基本原则

（一）尊重受援国的自主权

对接伙伴国教育发展规划，尊重其自主权是美国教育援助的基本原则，这一原则与《巴黎宣言》及《阿克拉行动议程》中所提出的援助有效性原则一致，即强调"发展中国家对其发展政策有决定权和实施权"。美国国际开发署认为，了解受援国教育现状及优先目标是开展援助的基础。很多发展中国家都制定了国家发展战略和教育规划，这些规划中包含可以理解该国教育发展水平的一些关键性指标，美国善于利用这些指标进行战略性投资。美国在开展援助前，一般通过与教育部门各利益相关方的对话，了解受援国教育需求、机遇及可利用资源，设计符合当地政治、经济条件的教育干预举措。当然，美国也意识到将基于证据的干预措施转化为本土化的解决方案具有很大的挑战，加强受援国的能力建设是解决路径之一。在尊重受援国的自主权方面，美国强调当地教育群体的多元参与，包括与当地政府、社会组织、家长、教师团体、私营部门、学生、青年展开政策对话，共同制定援助计划，共享成果以实现"共同愿景"（common vision）。

（二）注重援助的可持续性

对于援助领域的选择，美国明确表示要将援助资金投入"当地机构和资源可持续推进、长期承诺并助力受援国走上自力更生之路"的领域。毫无疑问，这需要艰难权衡要追求的效果、优先惠及的群体、短期成效与长期持续变革之间的关系。广大发展中国家的教育发展面临诸多挑战，教师缺勤、班额大、学生基础薄弱、学习资料紧缺、课程设置不合理等问题阻碍了跨不同层面的多元改革。对于伙伴国的诸多需求，美国国际开发署无法一一回应。基于美国教育的比较优势，其审慎决策，有序介入，优先在最关键的基础技能领域进行持续投资，其首要目标是促进学生学习成果得到"可

测量和可持续"的改进，例如，美国大量投入低年级阅读能力提升项目。自
2011年起，埃及有500万名学生受益，在两年时间内学生的阅读流利度提高
了2倍。[①]除非能够带来国家主导（country-led）的重大政策改革，美国很少
进行小额教育投资。美国国际开发署援助项目的可持续性表现为：一是将援
助项目上升到伙伴国的国家政策层面，实现全国范围内的推广；二是确保在
受援国资源和能力允许的范围内，项目得到有效实施；三是通过"本土化方
案"（local solutions），推进当地教育系统为项目付出努力，维持成果。

（三）重视援助的协调与整合

教育援助是美国外交战略的组成部分，一贯以合作方式展开，注重援
助的整合性。[②]从援助有效性的视角看，援助的协调与整合有助于减少重
复投资、交易成本和碎片化，美国教育援助的整合是多层的。首先，美国
国际开发署与国际组织合作，通过自身的领导力、专门知识和财力影响国
际教育援助资源分配和援助决策，确保多边投资的互补性及可持续性。其
次，美国非常重视私营部门在促进知识生产、技术创新和教育公平等方面
的作用，专门出台《美国国际开发署私营部门参与政策》（USAID Private
Sector Engagement Policy），积极利用私营部门来推动援助产出的最大化，
尤其帮助那些边缘弱势群体获得受教育机会与培训。再次，作为综合性对
外援助机构，美国国际开发署重视跨部门的协调与合作，将教育与卫生、
农业、经济、女性赋权、健康等部门的援助整合，塑造"一个美国政府"
外援形象，例如，国际开发署与美国和平队一直保持密切合作，2011年双
方签署了全球教育框架协议。2015年，美国国际开发署与第一夫人办公
室、和平队、外交部、劳工部、农业部、千年挑战公司及总统艾滋病防治
紧急救援计划（President's Emergency Plan for AIDS Relief，PEPFAR）共
同实施发展中国家"让女孩学习"计划。最后，国际开发署的每个援助项

---

① USAID, "USAID Education Strategy Progress Report," 2018, https://www.usaid.gov/sites/
default/files/ documents/1865/USAID_2018_Progress_Report_Web.pdf.

② Justin Sandefur, "What the US Congress Can (and Can't) Do to Improve Global
Education," 2016, http:// www. cgdev.org/blog/what-us-congress-can-and-cant-do-
improve-global-education.

目通常包含多样的干预手段，如基础教育项目包括编写和分发教材、教师培训、专家指导及课程设计等内容。

（四）推动建设基于证据与数据的援助机制

受援国的收集、管理与使用数据的能力对教育发展极为关键。完善的教育信息管理系统对提高教育服务供给、提高教育透明度、健全问责制有着重要意义。在每一个项目周期内，从国别或区域战略规划设计、制定、实施、监管到评估的整个过程中，美国国际开发署都充分利用来自各方的证据和数据进行决策和分析。[①]国际开发署利用国家层面、部门层面、跨部门层面和人口统计等方面的数据与分析，进行系统性诊断和基础调查，确定伙伴国教育基准（baseline）和重要参数，制定援助计划。在项目实施阶段，国际开发署采用"工作表现计划与报告"（Performance Plan and Report，PPR）工具收集信息，确保项目在受益面、产出和成本等指标方面精准实施。同时，国际开发署也非常重视最后阶段的评估，开发了多维度评估方法，包括即时评估、常规评估、影响评估等。对于一些长期实施的项目，国际开发署也开展长时段评估，如对1990~2005年实施的15年基础教育援助项目进行评估。[②]所有这些评估都建立在大量的问卷数据和实地调研基础之上，因此，国际开发署积累了丰富的发展援助经验和良好案例。

（五）吸纳私营部门参与教育援助

吸纳私营部门参与对外援助，建立成熟的参与合作机制是国际开发署开展教育援助的一个重要原则。美国《对外援助法》对私营部门参与对外援助给予专门的法律保障。国际开发署认为，私营部门利用其专业能力、技能和经验可帮助受援国走向自力更生，在对外援助体系中扮演不可或缺的角色。国际开发署制定了完善的私营部门参与（private-sector

---

① USAID, "USAID Education Policy: Program Cycle Implementation and Operational Guidance," May 18, 2020, https://www.usaid.gov/documents/1865/education-policy-program-cycle-implementation-and-operational-guidance.

② David W. Chapman & Jessica Jester Quijada, "An Analysis of USAID Assistance to Basic Education in the Developing World, 1900-2005," *International Journal of Education Development*, Vol. 29, No. 3(2009).

engagement）发展援助的制度和鼓励政策，称之为"企业驱动的发展"（Enterprise-driven Development），即企业参与发展援助，与国际开发署共同开发以市场为导向的援助方案，共同承担风险和共享回报，在国际开发署资金撤出后，促进项目延续，并形成面向美国企业的开放市场。私营部门参与国际开发署的援助项目主要有援助外包和采办两大方式。援助外包主要指国际开发署将援助资金转移到私营部门中，支持其在海外开展活动，主要运用的政策工具是赠款和合作协议。[①]采办主要指国际开发署根据双方签订的合同，通过市场机制让私营部门参与整个项目援助过程，在帮助受援方获得及时有效援助的同时，私营部门也能实现盈利。例如，非洲的"全球图书联盟"（Global Book Alliance）项目提出"到2030年为每个孩子提供丰富全面的图书以满足当地学生的阅读需求，进而提高非洲地区的识字率"。该项目联合数家私营机构，利用市场的自发性形成特殊的图书供应链，大大增加了图书的供应量，提高了图书收集效率且大幅度降低了图书生产成本，直接弥补了超过20亿美元的资金缺口。

四 新时期美国对非教育援助的重点领域

2018年美国国际开发署发布的教育政策报告指出："教育是社会的均衡器与社会进步的引擎。美国国际开发署的愿景就是通过援助让受援国拥有一个完整、高效的教育系统，使所有儿童和青年都能获得所需要的教育和技能。当儿童和青年通过学习获得生活和工作所需的技能后，他们能够为自己、家庭以及社会与国家创造更具希望及更为繁荣的未来。"[②]为此，美国国际开发署将援助重点放在以下四个教育领域：针对边缘性群体的救助型教育、全民性扫盲教育、高等教育以及技能培养型职业教育。其主要目的在于确保最边缘化和最弱势的受教育群体获得更多的优质教育资源，以增进社会福祉；儿童和青少年获得识字、计算与社会情感技能等，以促

---

① 蔡礼强、刘力达：《发达国家社会组织参与对外援助的制度吸纳与政策支持——基于美英德日法五国的比较分析》，《国外社会科学》2019年第5期，第31~47页。

② USAID, "USAID Education Policy," November 2018, https://www.usaid.gov/education/policy.

进个人发展；青年获得就业技能，为社会发展做积极贡献；加强高等教育机构能力建设，将其研究成果应用于实际生活以促进社会进步。[1]

（一）针对边缘性群体的救助型教育

边缘性群体主要包括受武装冲突影响的受教育群体、女性失学群体以及残障儿童，对该类群体实施救助型教育，能够帮助受援国形成稳定的社会环境，并奠定人才基础，助推其国家的自主发展。有报告指出，约20%的小学适龄儿童生活在最脆弱的环境中，占失学儿童的50%。[2] 2015年，3~18岁的青少年中约有7500万人直接受到冲突或危机的影响。[3]然而，更令人忧虑的是，这类群体在冲突或危机结束后，缺乏快速回归课堂的机会，这意味着该群体这一代人的受教育权直接被剥夺，他们将陷入贫穷、暴力与不公平的恶性循环中。而美国国际开发署将教育作为打破恶性循环的重要工具，通过创设安全学习环境、派遣教师以及帮助重建教育体系等方式在全球35个政局未稳的国家和地区，开展了重要的救助型教育，弥补了危机状态下的教育缺口。以南苏丹为例，南苏丹是世界上儿童失学率最高的国家，将近72%的小学适龄儿童失学。自2013年内战爆发以来，超过800所学校被迫关闭，估计有90万名儿童被迫中断学业。美国国际开发署在当地实施了基本紧急教育服务计划，招收了51.4万名儿童与青少年，其中包括刚复员的儿童兵。自战争爆发以来，截至2019年，该计划已在南苏丹950多个临时学习点提供识字、计算和社会心理等教学服务，并培训了包含2272名女性在内的7347名志愿者教师，以帮助受战乱影响的受教育群体。[4]

美国国际开发署在马拉维实行的"让女孩有机会学习"项目，为1504名中学奖学金获得者提供援助，其中75%为女性；指导1691名父亲更加积极地支持青春期孩子的生活，并利用项目培养2.1万多名中小学学生的生活技能。在利比里亚，美国国际开发署通过培训训练有素的教师、开设特

---

[1] USAID, "Education," August 22, 2019, https://www.usaid. gov/ education.

[2] USAID, "Education," August 22, 2019, https://www.usaid.gov/ education.

[3] Overseas Development Institute, "Education Cannot Wait: Proposing a Fund for Education in Emergencies," May 2016, https://www.odi.org/sites/odi.org.uk/files/resource–documents/10497.pdf.

[4] USAID, "USAID Education: Education in Crisis and Conflict," August 21, 2019, https://www.usaid.gov/ documents/1865/usaid–education–education–crisis–and–conflict–pdf.

殊课程以及科学评估等方式为怀孕失学女孩提供了优质的识字和计算学习资源，培养其基本的学习能力。该活动第一年就为300名女孩和大约100名教师提供了支持，并帮助2500名女孩返回学校。[①] 此外，美国国际开发署还在奥巴马政府的领导下出台了著名的"让女孩学习"项目，通过为当地女孩设置特别的安全上学通道、教授其读写技能、培养女性领导力等方式帮助非洲失学女孩重获受教育机会，促其发展。[②]

全球失学占比最高的一类群体为残障儿童与青年。迄今为止，全球1.5亿名残障儿童中约有50%失学，失学者中从未上过学的残障个体的比例更是高达90%。即使加入了教育计划，残障儿童和青年在接受教育的权益方面仍面临不公。美国国际开发署及其合作伙伴正在努力为这些人提供受教育机会，并消除所有儿童和青年获得平等与包容的障碍。美国国际开发署支持灵活的学习方式，通过政策制定、资源分配、教师培训、提供学习材料、完善基础设施等方式来帮助残障个体适应学习差异以提高其学习成果。[③]

（二）全民性扫盲教育

扫盲教育一般是指对不识字或识字少的群体进行识字教育，使其具备初步的读、写、算能力。全民性扫盲教育往往将识字、计算以及社会情感技能的培养，视作儿童与青少年未来成功的基础，扫盲教育是助其发展的重中之重。识字是获得其他学术进步所必需的基础技能，计算能力是在更高水平的教育和劳动力市场中取得成功必不可少的技能，而社会情感学习对于提高其学习能力、适应能力以及对社会发展的贡献具有重要作用。[④] 以识字率为例，2018年世界银行对撒哈拉以南非洲的调查统计

---

① USAID, "USAID Education: Girls' Education," August 21, 2019, p.2, https://www.usaid.gov/documents/ 1865/usaid−education−girl%E2%80%99s−education.

② Congressional Research Service, "Foreign Assistance and the Education Sector: Programs and Priorities," July 1, 2021, https://sgp.fas.org/crs/row/R44676.pdf.

③ USAID, "USAID Education: Access to Quality Education for Children and Youth with Disabilities," 2019, pp.1−2, https://www.usaid.gov/sites/default/files/documents/1865/FactSheet _Disability_7.31.19_FINAL.pdf.

④ USAID, "USAID Education Policy," November 2018, p.32, https://www.usaid.gov/education/policy.

显示，其15～24岁的年轻人的识字率为76.6%，[①]而同期成年人的识字率仅为65.6%，[②]与世界平均水平具有较大的差距。因此，在非洲地区开展全民性的扫盲运动极具建设性意义，而美国国际开发署也将全民性扫盲教育作为其援非的重点领域之一。

其中最为成功的是美国国际开发署在非洲地区开展的阅读项目。2018年，美国国际开发署在肯尼亚开展"让我们读"（Tusome）计划，旨在采用科学的学习材料、行之有效的教学方法以及基于平板电脑的尖端反馈和监控系统，提高肯尼亚所有公立小学以及1500所低成本私立学校的740万名学生的识字率。此外，该计划已对24136所学校的小学教师就如何引导肯尼亚儿童阅读学习进行了培训，并向学校提供了超过2400万本新教科书以满足当地孩子的阅读需求。[③]美国国际开发署的阅读计划不光在肯尼亚效果突出，在撒哈拉以南非洲的其他受援国家同样卓有成效。2016年，美国国际开发署在加纳培训了6000名教育工作者，大大提高了小学生的阅读成绩；[④]而其在莫桑比克的阅读计划更是将当地小学三年级学生的阅读速度直接提高了7倍。[⑤]有效阅读能力的提高是培养个体"自力更生"能力以及帮助国家走上"自力更生"之路的重要推动力。

（三）高等教育

美国国际开发署在非洲地区的高等教育援助项目主要通过联合美国的几大基金会，以集体方式在非洲地区开展，其中影响力较大的是

① World Bank, "Literacy Rate, Youth Total (% of People Ages 15–24) — Sub–Saharan Africa," September 2021, https://data.worldbank.org/indicator/SE.ADT.1524.LT.ZS?locations= ZG&view=chart.

② World Bank, "Literacy Rate, Youth Total (% of People Ages 15–24) — Sub–Saharan Africa," September 2021, https://data.worldbank.org/indicator/SE.ADT.1524.LT.ZS?locations= ZG&view=chart.

③ USAID, "Education is Transformational," August 22, 2019, p.2, https://www.usaid.gov/ documents/1865/education –transformational.

④ USAID, "What USAID is Doing in Ghana," https://stories.usaid.gov/usaidmap/?location= what–usaid–is–doing–in–ghana–3.

⑤ USAID, "Engaging Communities to Improve Early Grade Reading Overview," September 10, 2020, https://www.usuid.gov/mozambigue/documents/engaging–communities–improve–early–grade–reading.

一个名为"非洲高等教育合作伙伴"（Partnership for Higher Education in Africa）组织，该组织由美国纽约卡内基公司（Carnegie Corporation of New York，即卡内基基金会）、福特基金会（Ford Foundation）、洛克菲勒基金会（Rockefeller Foundation）和麦克阿瑟基金会（John D. and Catherine T. MacAuthur Foundation）等四大私人基金会在2000年发起，安德鲁·W.梅隆基金会（Andrew W. Mellon Foundation）、威廉和弗洛拉·休利特基金会（William and Flora Hewlett Foundation）以及克雷斯吉基金会（Kresge Foundation）等先后加入。该组织先后选择埃及、肯尼亚、尼日利亚、南非等非洲9国的高校开展4个领域的能力建设行动，即信息与通信技术、高等教育研究分析、区域科研与研究生培养网络、大学领导者先锋论坛，其核心项目——"下一代学术人才"（Next Generation of Academics），更是试图解决非洲高等教育体系面临的学术人才严重短缺的问题，以期帮助各非洲国家创建更加完善的高等教育人才培养体系，弥补高等教育发展空缺。此外，基金会与美国顶尖高校合作培养美式非洲精英。基金会通过资助非洲各国遴选出来的高素质人才前往美国顶尖高校留学，如哈佛大学、斯坦福大学、哥伦比亚大学等，帮助培养高质量精英，以促进非洲国家的"自力更生"能力建设。

（四）技能培养型职业教育

在非洲大陆，由于经济相对落后与受教育机会稀缺，很大一部分人选择接受职业教育。这对当地的职业教育提出了新的要求。若要将职业教育与劳动力市场需求紧密挂钩，这就要求教育者将社会情感等相关软技能整合到课程中，提供职业指导和实操培训，或采用学徒制与实习制，帮助当地青年发展劳动技能。[①]

人员培训与能力建设是美国国际开发署在非项目建设的核心内容之一。美国国际开发署每年都对许多国家与个人提供培训支持，这些培训计划是以技术培训、访学等为主的短期培训，兼有相对长期的培训，如攻读学位、开展研究或领导力培训等。[②]美国国际开发署在埃塞俄比亚开展的

---

① USAID, "USAID Education Policy," November 2018，pp. 36–37，https://www.usaid.gov/education/policy.

② 宋懿琛：《美国对外教育援助的战略与实践》，《世界教育信息》2009年第10期，第23页。

埃塞俄比亚青年项目［Ethiopian Youth Project（2014–2018），E4Y（2014–2018）］是一个较为成功的案例。约80%的埃塞俄比亚青年在15岁之后辍学，作为童工进入劳动力市场。针对这一现状，E4Y（2014–2018）致力于为该群体提供职业和技能培训，让青年以学徒身份学习，并为其提供合适的工作机会。[①]项目目标是让1.2万名14～17岁的埃塞俄比亚青年获得技能，助其"自力更生"以及推动国家"自力更生"能力的建设。除了实施个人技术培训项目，美国国际开发署也与其他机构以协议的方式开展合作项目，以达到人员培训与能力建设的目的，如教育发展研究院（Academy for Educational Development，AED）项目和世界学习（World Learning）项目，真正实现以沟通促合作，以培训促发展。

五 结语

美国教育援助带有强烈的政治色彩，重视教育的外交属性，核心在于追求自身国家利益与安全及极力扩大其国际影响力。新时期美国提出帮助受援国走上"自力更生"道路的援助目标的内在动机是纠偏之前所造成的援助依赖。同时，美国对于如何帮助受援国实现"自力更生"，并未给出清晰可行的路线图与方案，更多是一种自我标榜，基本延续之前的援助政策与内容。实际上，这一援助目标的提出蕴含着国际格局的复杂变化。一方面，非洲国家等广大发展中国家的自主意识逐渐增强。摆脱殖民遗留影响、重视本土知识与文化的价值、摒弃对西方国家的长期依赖成为普遍诉求，各国开始积极探索适合自身国情的独立自主发展道路。另一方面，基于大国竞争的驱动力，美国迫切需要改革其对外援助体系、机制工具及合作关系来遏制其他国家在国际合作事务中的话语权和影响力，其行动具有明显的排他性。

诚然，教育援助有其公益性和利他性的一面，具有人道主义、培养人力资源及提供全球公共产品的善意，受到各国的普遍推崇。为实施教育援

[①] C. Tarnoff, "Foreign Aid and the Education Sector: Programs and Priorities," November 2, 2016, p.18, https://crsreports.congress.gov/product/pdf/R/R44676/3.

助政策，美国极为重视本土能力建设。为实现让所有美国学生享有世界一流教育及服务国家外交战略的双重目标，美国教育部配合国际开发署，对人才培养规格提出新的要求，强调培养全美学生的全球胜任力与文化能力，制定贯穿从学前教育、初等教育、中等教育到高等教育的全球文化能力框架，包括跨文化语境下的合作与沟通能力、社会情感技能和领导技能以及在专业领域熟练运用至少两种外语的能力等。[1]国际开发署每年也对其派往世界各地的教育援助官员进行战略决策力和外交能力培训，使其能够在多元与变化的环境中，与当地教育部门、合作伙伴及其他援助方建立富有成效的合作关系，解决和平衡好当地需求、美国援助重点、最佳技术选择与资金限制等各种复杂援助事务。[2]

美国在教育援助领域积累了丰富的经验，依靠其教育专门知识、全球影响力和各类丰富的资源在西方主导的国际教育援助体系中拥有强大的话语权，发挥着引领作用。新冠疫情发生后，除在全球范围内更大规模推行早期阅读项目外，国际开发署对新冠疫情带来的学习挑战做出快速反应，协助越南培训医学院学生、帮助塞内加尔开发广播电视教学。我国与共建"一带一路"国家，包括非洲国家的教育合作正步入不断深化阶段，亟须从战略高度制定创新性、包容性的教育对外开放的整体综合战略，提升教育合作的效益，美国教育援助的一些经验与做法值得我国参考借鉴。

第四节　日本对非洲的教育援助

日本教育援助分为双边援助和多边援助两大类，双边援助包括技术合作、日元贷款、无偿援助和海外志愿者计划。技术合作主要是通过派遣专家团队、接收研修人员、提供设备的方式支持发展中国家的人力资源开

① U. S. Department of Education, "Succeeding Globally Through International Education and Engagement," 2018, https://sites.ed.gov/international/files/2018/11/Succeeding–Globally–Through–International–Education–and –Engagement–Update–2018.pdf.

② USAID, "USAID Education Progress Report 2018–2021," 2021, https://www.usaid.gov/sites/default/files/documents/2018–2021–Progress–Report–121721–508.pdf.

发、研发、技术扩散及政策规划。日本往往将"派遣专家团队""接收研修人员""提供设备"整合为系统综合的技术合作方案，与私人企业、大学、非政府组织及其他机构合作，借助不同领域的经验、知识和技术，解决受援方所面临的复杂问题。日本专家团队利用项目实施过程中积累的现场知识和经验，积极提供教育政策咨询和改革建议，并帮助发展中国家将政策转化为具体措施，这也是日本技术合作的一种方式。日元贷款是一种长期优惠低息贷款，用于道路、发电站等基础设施建设和中小企业发展，也支持部门援助。无偿援助是日本政府向低收入发展中国家无偿提供资金，支持学校基础设施建设及教学设备和材料的采购，还有一部分资金用于赴日奖学金。为回应提升援助有效性的诉求，除传统的项目援助外，日本还通过预算支持（budget support）方式在一些非洲国家试点实施"无偿援助减贫战略"（Grant Aid for Poverty Reduction Strategy），教育包含在减贫战略中。海外志愿者计划指日本政府向发展中国家派遣具有一定技术、技能的志愿者，这些志愿者的活动范围非常广泛，涉及农业、林渔业、维护、工程、卫生、教育和文化、体育、规划与管理八大领域，教育是其中的重点领域。在多边援助方面，日本与欧美国家、国际组织、区域发展银行等都建立了强有力的伙伴关系，共同融资、开展技术合作、举办国际会议等。例如，日本与联合国教科文组织设立人力资源能力建设信托基金（Japanese Funds-in-Trust for the Capacity-building of Human Resources），参与联合国女童教育倡议（United Nations Girls' Education Initiative）等。

日本对非洲的教育援助已取得显著效果，一些长期培育和推广的项目已形成品牌，据统计，"大家的学校"（School for All）运营管理项目已遍布非洲4.5万所学校；数学和科学教师培训以肯尼亚为中心从职后扩展到职前，延伸到非洲27个国家，受益教师达37万人；日本建造的1.8万间教室为学生营造了安全的学习环境；[①]日本创办的约莫·肯雅塔农业技术大学（Jomo Kenyatta University of Agriculture and Technology，JKUAT）和

---

① JICA, "JICA Basic Education Cooperation in Africa," August 1, 2019, http://www.jica.go.jp/english/publications/brochures/c8h0vm000avs7w2-att/education-EN.pdf.

埃及—日本科技大学（Egypt-Japan University of Science and Technology, E-JUST）在日本多所顶尖高校的长期扶持下，在当地声誉颇佳，富有特色，已实现在全非洲范围内招生。在西方主导的国际援助体系内，日本在吸取西方传统援助理念的同时，结合自身发展历史与文化，提出"自助努力""伙伴关系""请求主义"等援助哲学，制定符合其国家利益的援助政策，其对非教育援助有着鲜明的特征。

一　日本对非洲教育援助的历史进程

二战后，为重返国际社会，打开外交局面，建立与其他亚洲国家的友好关系，日本于1954年10月加入科伦坡计划，开始向南亚和东南亚国家支付战争赔款并提供技术援助，设立境外奖学金以资助这两个地区的人员赴日研修并向其派遣专家。为扩大国际教育交流，日本还积极参与联合国教科文组织的国际理解教育项目。1957年，日本制定针对中东和非洲地区的《中东和非洲技术援助计划》（Middle East and Africa Technical Assistance Program），[①]向尼日利亚、肯尼亚等国提供日元贷款，在约翰内斯堡开办日语学校，与南非的经济和文化交流密切。日本借助战争赔偿，追求自身经济利益，追求"经济互利"与扩大贸易，并确定了"请求主义"的援助原则，亚洲是其重点援助区域。教育援助占比较低，但在亚洲五国实施的"科学教育合作项目"（Science Education Cooperation Project）培训物理、化学和农业学科的中学在职教师，为日本在教育援助领域积累了经验。1964年加入经合组织发展援助委员会表示日本被纳入西方主导的援助阵营，也为日本提供了提升国际地位的机会。受美国和平队启发，日本于1965年开始向海外派遣志愿者，并改变偏重亚洲的援助倾向，大批志愿者被派往非洲国家的中小学讲授数学、物理、音乐和日语，15%的志愿者活跃在教育领域。[②]

---

① 熊淳：《日本对非洲外援政策的历史演变探析》，《日本研究》2011年第4期，第85～89页。

② Takao Kamlibeppu, *History of Japanese Policies in Education Aid to Developing Countries, 1950s-1990s: The Role of the Subgovernmental Processes*, New York & London: Routledge, 2002, p.42.

进入20世纪70年代，日本与其他亚非国家积累的巨大贸易逆差使之受到猛烈抨击，美国及其他经合组织发展援助委员会成员国不断向日本施压，要求其改进援助工作。在不断攀升的国际压力下，为缓解贸易摩擦，日本政府认识到加强技术合作的重要性，认为技术合作具有柔性和非贸易性，可提升日本的国家形象，是一种有效的外交工具。在这种背景下，日本文部省成立亚洲教育合作研究委员会（Research Council on Education Cooperation for Asia），该研究委员会对受援国的援助需求加以详细考察，并分析日本作为援助国的优势与劣势。1974年日本国际协力机构（Japan International Cooperation Agency，JICA）的成立是日本对外援助史上的重要事件，JICA将分散在各部门的援助资源集中管理，在国家层面制定援助战略与方针。在JICA的统筹下，直到80年代末，日本的教育援助集中在援建校舍、提供教学设备、职业培训和高等教育等与促进经济增长直接相关的领域。1978年，应肯尼亚政府要求，日本投资48亿日元为其援建约莫·肯雅塔农业技术大学，京都大学（Kyoto University）工程学院和冈山大学（Okayama University）农学院参与了相关院系的建设过程。

20世纪80年代，为寻求更稳定的资源供给、扩大日非战略伙伴关系，日本一改只注重亚洲而漠视非洲的传统作风，对非援助规模呈扩大趋势，日本对非官方发展援助较70年代增幅高达9%～13%。[①]这一时期，日本为非洲国家援建职业培训中心，在塞内加尔建成当地第一所培养电子、机械和自动化领域技术人员的中等职业技术学校。冷战结束后，在美欧对非洲出现"援助疲劳"之际，日本成为当时世界上最大的援助国，为实现自身从经济大国向政治大国的转变，1993年由日本政府提倡，JICA、联合国开发计划署和世界银行等共同举办首届东京非洲发展国际会议（Tokyo International Conference on African Development，TICAD）。该会议的召开重新使非洲的发展问题获得国际社会的关注，标志着日本机制化、常态化的全面援非战略的实施。此后，JICA发起系列倡议，加大对非援助力度，并将重心从高

① MOFA of Japan, "BEGIN: Basic Education for Growth Initiative," March 20, 2013, http://www.mofa. go.jp/ region/africa/education3.html.

等教育和职业教育转向基础教育。1996年，时任日本外务大臣池田行彦在南非举行的联合国贸发会议第九届大会上发布《非洲人力发展援助倡议》（Human Development Aid Initiative for Africa），承诺日本将在非洲初等教育普及和改善方面发挥积极作用。此外，日本教育援助发生的一个显著变化是，教育基础设施等方面的"硬"援助缩减，教师培训、教育管理、课程开发等方面的"软"援助比例增加，从过去偏重资金援助逐渐向技术合作转变，日本在非洲的政策影响力得到进一步发挥。东京非洲发展国际会议已经成为一个促进实施非洲发展计划的全球性重要机制，尽管历届东京非洲发展国际会议的主题不同，但教育合作在日本对非援助体系中一直占有重要地位（见表2-9）。2003年，TICAD十周年之际，时任日本首相小泉纯一郎提出"以人为本的发展"的教育合作是日本对非洲援助的三大关键领域之一。2019年，以"通过人力、技术和创新推动非洲发展"为主题的第七届东京非洲发展国际会议在横滨举办，会议再次强调人力资源开发，将投资和改善教育视为释放非洲潜力的关键。

表2-9　历届东京非洲发展国际会议的教育合作内容

届次	教育合作内容
第一届（1993）	人力资源开发；非洲青年邀请项目
第二届（1998）	继续支持约莫·肯雅塔农业技术大学、塞内加尔职业培训中心、加纳野口医学研究所（Noguchi Memorial Institute for Medical Research）的发展；提高小学入学率，重点是女童教育
第三届（2003）	未来五年提供900亿日元无偿援助，为200万名儿童改进教学设施、150万人改善生活条件；在第三国为非洲提供1000人次的培训；与约莫·肯雅塔农业技术大学合作建立非洲能力建设基地（Bases for African Human Capacity Building）
第四届（2008）	援建带有5500间教室的1000所学校，可容纳40万名儿童；为非洲培训10万名科学和数学教师；在1万所学校开展社区参与式学校管理
第五届（2013）	为3万人次提供商业和工业领域能力建设培训；启动非洲青年商业教育倡议（African Business Education Initiative for Youth）；在25个国家建立TICAD人力资源开发中心；支持泛非大学（Pan African University，PAU）和埃及—日本科技大学的建设；继续实施"大家的学校"运营管理项目；扩大数学和科学教师培训；启动日本—非洲商界妇女交流项目，邀请非洲女企业家和负责女性事务的官员赴日培训

届次	教育合作内容
第六届（2016）	推进科学、技术和工业领域人力资源开发；培育女性创业者和科研人员；为青年、妇女、残疾人提供优质教育
第七届（2019）	实施 ABE 3.0；在3年内培训1000名海事安全、海洋资源管理方面的人员；通过科学和数学教育、改善学习环境等措施，为300万名儿童提供优质教育；在埃及—日本科技大学和约莫·肯雅塔农业技术大学培养5000名科技信息（包括人工智能）方面的高技能人才；使埃及—日本科技大学招收150名非洲学生；通过支持小卫星开发、运营和利用，培养通信技术人才；提供打击性别暴力的能力建设项目；促进青年和学生交流

资料来源：根据相关资料整理。

二 日本对非洲教育援助的战略举措

在尊重受援国自主权和自主努力的援助思想指导下，根据自身的教育发展经验和比较优势，以及非洲国家的现实需求，日本把基础教育、职业技术教育、高等教育作为教育援助的重点领域，将教育规模扩大、教育质量提升、教育公平发展、教育管理改善及促进教育与社会联结等作为援助的优先事项。[①]

（一）基础教育援助

基础教育不仅是个人发展、国家建设的关键，而且对于接受和理解其他民族及其文化、加强国际合作至关重要。考虑到基础教育的重要性，日本在1994年发布的《教育援助政策报告》（Education Aid Policy Paper）中将重视基础教育援助作为援助的基本方针，主要通过建造校舍、提供设备、协助制定课程和编写教科书、开展教师培训、改善学校管理和派遣志愿者等方式加强发展中国家的基础教育。[②]2002年，日本再次发布指导基础教育援助的政策《基础教育促进增长倡议》（BEGIN：Basic Education for Growth Initiative）。概括起来，日本主要从三个方面对非洲的基础教育开展援助。

[①] MOFA of Japan, "BEGIN: Basic Education for Growth Initiative," March 20, 2013, http://www.mofa.go.jp/region/africa/education3.html.

[②] JICA, "The History of Japan's Educational Development: What Implications Can be Drawn for Developing Countries Today," March 1, 2004, https://openjicareport.jica.go.jp/242/242/242_000_11778784.html.

第一，扩大受教育机会。在非洲失学率居高不下的问题上，除贫困、社会不稳定、学校数量绝对不足以外，家长和社区的参与意识淡薄、儿童成为家庭劳动力也是影响基础教育就学率的重要因素。[①]因此，日本采用"软硬结合"的方式提供援助。在"硬"援助方面，日本重视学校设施建设。自1985年以来，截至2019年，日本在非洲27个国家建造了1.8万间教室，受益学生达120万人；在非洲22个国家建造了超过2610所学校，受益人数达497万人；还为一些学校打井，建造厕所、洗手池等卫生设施。[②]截至2019年，在埃及总统阿卜杜勒·法塔赫·塞西（Abdel Fattah El-Sisi）的提议下，JICA在埃及建造35所日式小学，这些学校引进日本学校的课堂讨论方式，实行值日生制度及课前10分钟自学，还像日本学校一样配备实操教室。[③]JICA还利用无偿援助方式为非洲国家提供教材、教学设施及实验器具等。在"软"援助方面，日本积极促进当地民众与教育行政部门之间的合作，提高学校管理委员会的管理水平和区域教育管理官员的能力，增强地方民众的参与意识。[④]针对非洲交通不便的现状，日本充分开发和利用信息与通信技术，利用远程教育来扩大受教育机会。[⑤]此外，日本通过制定课程和编写教材、改进教学方法来消除性别差异，根据需求建立女子学校和培训专门教师，以应对教育中的性别不平等，提高女性入学率。

第二，提高教育质量。20世纪70年代教育界的一些学者就指出，撒哈拉以南非洲过分关注基础教育数量增加，这将会导致教育质量严重下

① JICA, "The History of Japan's Educational Development: What Implications Can Be Drawn for Developing Countries Today," March 1, 2004, https://openjicareport.jica. go.jp/242/242/242_000_11778784.html.

② JICA, "JICA Basic Education Cooperation in Africa," August 1, 2019, http://www.jica. go.jp/english/publications/brochures/c8h0vm000avs7w2-att/education-EN.pdf.

③ Government of Japan, "Japan and Africa: Strengthening Bonds," July 1, 2019, http://dwl. Gov-online.go.jp/video/cao/dl/public_html/gov/book/hlj/20190701/html5.html#page=5.

④ MOFA of Japan, "Japan's ODA White Paper 2006," September 1, 2006, https://www. mofa.go.jp/policy/oda/white/2006/ODA2006/html/honpen/hp202020101.htm.

⑤ 熊淳：《人文贫困与基础教育援助：日本的非洲策略研究》，上海三联书店，2013，第114、156页。

滑。①基于此，日本在努力增加教育的"量"的同时，积极推进教育质量的提升。首先，提高课堂教学水平。日本的援助不是高高在上的，而是进入教室，以"手把手"方式提供示范教学。在马拉维师范学校，很多日本青年志愿者在教育一线担任教学指导。其次，促进教师能力建设。仅2016～2018年，日本为非洲培训了2万多名科学和数学教师，帮助非洲国家提高科学和数学教师的教学能力。②为保证教师培训体系的可持续性，日本还在编写教师手册、推动教师培训制度化、改进课程和教科书等方面向非洲国家提供支持。最后，推行教研活动。JICA推动赞比亚从试点开始，逐渐在全国实行"课研"（lesson study）项目。通过从集体备课、上课、课堂观摩到研讨的全过程参与式教研组活动，教师们建立起学习共同体，改变了"粉笔＋教师主讲"的传统教学方式，实施以学生为中心的教学。

第三，改善教育管理。JICA从2004年开始在非洲推进"大家的学校"运营管理项目，推动家长、当地社区和学校协作办学，通过民主推选方式组建的学校管理委员会全面介入学校管理，改善学校运营。这个项目已经从西非的尼日尔扩展到塞内加尔、布基纳法索和科特迪瓦，更延伸到了南部的马达加斯加。日本还支持非洲国家实施教育分权，自主制定教育政策和教育发展计划，缩小学校之间的管理水平差距，提升校长管理能力和完善教务管理制度。

（二）职业技术教育援助

日本持续支持非洲国家的技能发展，这集中在以下几个重点领域：一是帮助非洲国家设立TICAD商业和工业人力资源开发中心，学习日本商业模式及道德规范；二是建设一流的TVET制度；三是为冲突后情境中的弱势群体提供基本生存技能训练；四是为非洲国家收集和分析工业大数据以及制定工业人力资源开发战略提供技术援助。在职业技术教育援助中，日本积极寻求南南合作和三方合作。JICA总结其他国家，特别是东盟国家工业人力资源开发的经验，并将经验汇编成册或制成可视化培训材料供非洲

---

① 李建忠：《战后非洲教育研究》，江西教育出版社，1996，第52页。

② MOFA of Japan, "Japan's ODA White Paper 2017," February 1, 2018, https://www.mofa. go.jp/policy/oda/ white/2017/html/honbun/b3/s2_1_1_1-2_03.html.

国家借鉴参考。例如，JICA派遣马来西亚前行政官员前往赞比亚，为赞比亚政府提供咨询意见。

非洲仍有很大一部分群体从未接受过从事生产活动所必需的职业技术教育或培训，乌干达总统穆塞韦尼将这些人称为"被遗忘的大多数"。基于"人类安全保障"政策，JICA通过"改善生计的技能发展"项目保护"被遗忘的大多数"，使其在生存、生计和尊严方面免受威胁。"改善生计的技能发展"项目主要面向非洲低收入国家和冲突后国家的穷人和社会弱势群体，通过帮助他们掌握职业技能来获得工作和收入，从而直接促进减贫。此外，JICA还致力于帮助卢旺达和厄立特里亚等冲突后国家的退伍军人重返社会。

JICA为非洲领先的技术学院提供技能培训、课程开发、教材修订和师资培养方面的援助，以应对不断变化的产业需求。其中一个案例是卢旺达通巴技术学院（Tumba College of Technology）能力提升项目。[1]这所学院的前身是卢旺达内战前由日本援建的技术高中，2007年在JICA的帮助下改造升格为技术学院，主要在IT、替代能源、电子和电信领域培养高级技师。另一个案例是，JICA与加纳职业技术教育与培训委员会（Council for Technical and Vocational Education and Training, COTVET）合作，在加纳3所试点院校开展能力建设培训（Capacity-based Training），开发焊接、电子、设备工程相关的专业课程、教材和证书，做培训者培训，并协助加纳政府建设国家职业技术教育资格框架和资格认证体系。[2]

（三）高等教育援助

进入21世纪后，日本重新强调对非洲高等教育的援助，2001年JICA对高等教育的投入占比达到教育援助总额的19%。[3]援助措施包括更新发展中国家的高等教育设施、促进高校提高研究和管理能力、增进产业—大

---

① JICA，"JICA's Operation in Education Sector: Present and Future," September 2010, https://openjicareport.jica.go.jp/240/240/240_000_1000043055.html.

② JICA，"Technical and Vocational Education and Training Support (TVETS) Project in Ghana," December 2011, https://openjicareport.jica.go.jp/pdf/12047833.pdf.

③ JICA，"Approaches for Systematic Planning of Development Projects," March 1, 2004, https://www.jica.go.jp/jica-ri/IFIC_and_JBICI-Studies/english/publications/reports/study/topical/approaches/pdf/higher-01.pdf.

学—社区合作、建设跨国高等教育机构间的区域互动网络。例如，JICA 从 20 世纪 80 年代开始一直致力于通过派遣专家、招收留学生、提供研究设备、举办第三方培训等方式向约莫·肯雅塔农业技术大学提供援助，支持泛非大学构想。从 1988 年到 1995 年，日本对该校的援助达 43 亿日元，从日本各大学派出近 500 名援教教授和专家，接收 190 多名赴日本培训和进修的该校教学人员。该大学还招收非洲其他国家的生源 180 多名，为 200 多名当地女性农民组织公开课。①

2013 年召开的第五届 TICAD 会议着重强调"贸易与投资"及"私营部门引领的发展"，为加强日本企业投资非洲提供了合理论证。为此，时任日本首相安倍晋三发起"ABE 倡议"，这成为企业与高校合作推动非洲发展的典型案例。"ABE 倡议"计划在 5 年内接纳 1000 名赴日留学的非洲青年，除提供硕士课程外，还提供日本企业实习的机会，其目的是让非洲青年不仅学习最先进的技术和技能，还学习日本的企业文化和职业道德，同时，这可以使接收实习生的企业加深对非洲的了解，为今后在非洲开展业务构筑牢固的人脉网络。从 2014 年第一批开始，日本共接收了 5 批共计 1219 名非洲留学生，接收非洲学生的企业已增至 584 家。②2019 年第七届 TICAD 会议提倡实施的"ABE 3.0"是更具战略性的版本，对非洲留学生的遴选方式做了优化，增加了对归国学生的跟踪机制。其中一个亮点是，参加"ABE 倡议"的第一批留学生完成在日本音羽电机工业株式会社半年的实习后回国创立了卢旺达 DATA-EKI 公司，两家公司在会议期间签署了合作备忘录。③总之，"ABE 倡议"搭建起日本企业与非洲之间的桥梁，也让非洲年轻领袖更深入了解日本，并促进了日本大学的国际化。

在高等教育方面，JICA 启动发展学研究项目（JICA Development

---

① MOFA of Japan, "Illustrative List of Ongoing and Pipeline Projects/Programs for African Development as a Reference Document for TICAD Ⅱ," October 21, 1998, http://www. mofa.go.jp/region/Africa/ticad2/index.html.

② MOFA of Japan, "The ABE Initiative-Pilots of African Business," October 7, 2019, https://www. mofa. go. jp/files/000469595.pdf.

③〔日〕土居健市：《"日本特色"的对非教育合作及其对中国的借鉴——东京非洲发展国际会议回顾与展望》，《清华大学教育研究》2021 年第 3 期，第 104～117 页。

Studies Program，JICA-DSP），邀请有望成为肩负国家未来发展责任的领军人物的青年到日本，学习日本近代以来的发展经验和二战后作为援助国的知识。JICA与日本国内大学联合开设2年制英文硕士课程，集中在政法、经济、社会发展、科学技术与创新四个专业领域。为了增进留学生对日本发展经验的理解，JICA还把日本的政治、经济和社会等内容作为基础讲座，纳入课程规划，对留学生进行短期集中培训。此外，JICA还与开放大学共同制作了"日本现代化系列"线上课程，以便让尽可能多的发展中国家的人才学习和了解日本现代化的历史。

基于日本在工程教育领域的优势，JICA对受援国工程部门的合作需求做出积极回应。在埃及，由于青年人口急速增长及学费减免，每所大学都超负荷运行，无法提供高质量工程教育。为解决这一问题，埃及政府与JICA创立了埃及—日本科技大学，为中东和非洲提供一流的科学和工程教育。在这所"小规模、以实用和应用技术研究为主的研究生院"的建设过程中，早稻田大学、京都大学、九州大学等12所日本大学先后派遣学者和行政人员给予扶持。①

三　日本对非教育援助的战略特征

1992年日本颁布的《日本官方发展援助宪章》（Japan's Official Development Assistance Charter），确立了日本对外援助的原则、目标、基本政策，成为指导日本对外援助的纲领性文件。到2015年，日本官方发展援助60周年之际，以"为所有人的和平、繁荣及更好未来"为主题的《发展合作宪章》由日本内阁签署，提出2015年后日本对外援助战略思想。在日本国际援助和外交战略框架下，在教育援助领域，日本先后颁布了《JICA在教育领域的举措：现在和未来》（JICA's Operation in Education Sector: Present and Future，2010）、《为了和平与增长的学习战略》（Learning Strategy for Peace and Growth，2015）、《JICA教育合作的立场文件》（JICA

---

① JICA, "JICA's Operation in Education Sector: Present and Future," September 2010, p.7, https://openjicareport.jica.go.jp/240/240/240_000_1000043055.html.

Position Paper in Education Cooperation，2015）等政策，这些政策为日本开展对外教育援助提供了基本指导思路。基于上述政策文本，结合历届TICAD会议、JICA年度发展合作白皮书以及对非教育援助长期实践，本部分梳理出日本政府教育援助的主要特征，分析了日本教育援助思想的延续性、延展性及其特色。

（一）服务日本外交战略，谋求国家利益

对日本而言，尽管教育援助是一项国际公益性事业，但其在根本上是服务日本外交战略的，带有明显的政治倾向和经济附带利益。一方面，日本旨在通过教育援助促进非洲国家"自力更生"，实现减贫目标，这是人道主义精神的体现；另一方面，日本始终把实现国家利益作为对非援助的出发点和落脚点，将教育援助视为争取非洲国家支持的最合适政策。从日本实施的对非教育援助政策中可以看出日本隐藏的诸项利益诉求。其一，非洲国家在国际社会拥有近1/3的话语权，使之成为不可忽视的政治力量，从而受到日本的重视。早在1991年联合国大会第46届会议上，日本便声称要成为联合国安理会常任理事国，而要实现"争常"/"入常"的目标，非洲国家的选票至关重要。①其二，追求经济利益是日本开展对非援助不可忽视的重要因素。继两次石油危机后，日本政府就认识到由资源引发的经济问题会成为影响国家安全的战略和政治问题。因此，为了确保能源和资源的稳定供应，与资源丰富的非洲国家建立良好关系被纳入日本的援助议程。此外，非洲的人口增长率居世界首位，拥有潜在的巨大市场，可以说通过教育影响非洲年轻人的消费意识和行为，从而扩大出口和抢占市场是完全可行的。其三，提高国家软实力。日本利用教育援助所具备的天然优势，在对非教育援助的过程中，毫无顾忌地向非洲宣传其经济发展的成功经验和模式，输出其价值观念和文化，从而通过非军事化的手段赢得非洲国家的支持。②其四，日本渴望成为"援助领域的思想领袖"。作为亚洲最发达国家，日本在较短的时间内完成了从"受援国"到"援助国"的身份转变，并一

---

① 李安山：《东京非洲发展国际会议与日本援助非洲政策》，《西亚非洲》2008年第5期，第5~13页。

② 张光：《冷战后的日本对外援助政策走向》，《日本学刊》1993年第4期，第35~54页。

度超过美国成为第一大援助国；加上日本援助的亚洲国家已经走上经济快速发展的道路，日本自认为在援助和发展领域最有发言权。①除参加国际组织的联合行动以外，日本自20世纪90年代就开始探寻独立实施对非教育援助的道路，试图与西方集团争夺援助领域的主导权。

（二）尊重受援国自助努力，推进自主发展

在第一届TICAD会议文件《东京非洲发展宣言》（Tokyo Declaration on African Development）中，日本政府进一步重申"自助努力"（self-help efforts）及"伙伴关系"（partnership）的概念，这些概念对西方传统援助理念产生冲击，并得到包括非洲国家在内的国际社会的认可，②这不仅延续了1992年《日本官方发展援助宪章》中所提出的"支持发展中国家通过自助努力实现经济发展""承认国家之间相互依存"的援助理念，还体现出日本"重视培养自我生存力"的教育理念。③

日本极力倡导"非洲经济与社会发展的重点应由非洲决定"的援助思想，尽管这是日本为与西方集团争夺援非领域话语权提出的一种颇具匠心的策略，但在援非的政策和实践中也处处体现出日本尊重非洲国家自主权的援助立场。正如《发展合作宪章》所述，"日本具有支持发展中国家自助努力并指向未来自主发展的良好传统"，"援助重点放在人力资源、社会经济基础设施、规章制度及机构能力等这些有助于自助努力和自力更生的基础领域"。④在援助实践中，日本会对受援国教育发展现状、面临困难与诉求全面详细考察，再就援助项目的可行性、实施方式和计划等与受援国协商，体现尊重受援国自主权的原则。在项目实际执行过程中，一般由日方和受援国政府组织成立共同运营委员会，项目的领导权由受援国政府掌

---

① MOFA of Japan, "TICAD Tenth Anniversary Declaration," October 1, 2003, http://www.mofa.go.jp/region/ africa/ticad3/declaration.html.

② MOFA of Japan, "TICAD Tenth Anniversary Declaration," October 1, 2003, http://www.mofa.go.jp/region/ africa/ticad3/declaration.html.

③ 楼世洲、刘秉栋：《日本对非洲教育援助框架"图景"分析——历届"东京非洲发展国际会议"透视》，《比较教育研究》2017年第5期，第61~66页。

④ MOFA of Japan, "Development Cooperation Charter," November 2, 2015, https://www.mofa.go.jp/policy/oda/ page_000138.html.

握，日本方面只负责提供技术和专业支持。由于日方从立项开始便一直强
调"自助努力"的独立性原则，将项目运营管理、财政、实施三个基本要素
紧密联系，援助项目往往被纳入受援国教育规划，得到受援国的财政投入，
这使得项目能延续和推广，减少了受援国的援助依赖。正如《拉各斯行动计
划》（The Lagos Plan of Action）所强调的非洲对其发展进程拥有自主权的政
治愿望，日本的这种援助立场不仅对非洲国家依靠自身能力摆脱贫困意义重
大，也符合日本促进非洲实现"自力更生"的战略目标[①]。

（三）借由经验分享的援助路径，扩大品牌效应

日本在教育援助中，始终坚持利用自身发展经验，避其所不擅长领
域，发挥其比较优势，将自身擅长领域做强做大的原则。作为亚洲最发达
国家，日本一向重视教育在国家建设中的作用。自明治初年引进现代教育
制度后，日本就在较短的时间内普及了基础教育，在此过程中，日本积累
了丰富的教育发展经验。为了向非洲国家提供借鉴和帮助，同时也希望通
过经验分享的方式在教育领域潜移默化地渗透日本的价值观念，扩大在非
洲的影响，JICA 在《日本教育发展史：对今日发展中国家的启示》（The
History of Japan's Educational Development：What Implications Can be Drawn
for Developing Countries Today）中对这些经验进行了总结。日本认为，与
今日发展中国家类似，日本当年也曾面临如何"扩大入学"、"质量提升"
和"管理改进"的教育难题。在建立了这些教育发展经验适合非洲国家需
要，并且可以利用这些经验推进国际教育合作的基本假设后，日本有针对
性地总结了其在教育行政集权、财政分权、家校合作、扩大入学、女童教
育、解决学生留级和辍学问题、课程改革、教师教育等方面的经验。此
外，为了使非洲国家更科学合理地运用经验，JICA 秉持"对症下药"的原
则，评估经验运用的可行性并提出合作路径。[②]

---

① MOFA of Japan，"African Development Towards the 21st Century: The Tokyo Agenda for
Action，"October 21，1998，https://www.mofa.go.jp/region/africa/ticad2/agenda21.html.

② JICA，"The History of Japan's Educational Development: What Implications Can Be
Drawn for Developing Countries Today，"March 1, 2004, https://openjicareport.jica.
go.jp/242/242/242_000_11778784.html.

日本的经验分享还表现在一个方面：日本将其在一个国家或地区的教育援助成功案例推广到其他国家或地区，实现跨国或跨地区学习。例如，日本在肯尼亚实施的"中学数学和科学强化计划"（Strengthening of Mathematics and Science in Secondary Education，SMASSE）取得显著成效，随后，日本以2001年成立的以肯尼亚为中心的区域性合作组织——西部、东部、中部和南部非洲加强数学和科学教育委员会（SMASE-WECSA）为平台向肯尼亚周边国家分享其数学和科学教育经验。肯尼亚政府于2004年在日本的协助下开展第三国培训，为其他非洲国家提供指导，到2010年，该培训体系成员国已达34个国家，①并且，SMASE-WECSA成员国教师可前往菲律宾、马来西亚参加理科教师的在职培训，极大地推动了非洲大陆数学和科学教育的发展。目前，通过第三国培训、技术研讨班和国际会议等方式，日本与非洲教育发展协会、东南亚教育部长组织马来西亚科学和数学教育区域中心、印尼教育大学等机构一道在亚洲和非洲构建了跨区域的数学和科学教育学习网络。JICA还支持萨尔瓦多、危地马拉、洪都拉斯等拉美国家编写中学数学教科书，进一步推广其成功经验，扩大品牌效应，提升其在国际教育援助领域的话语权与影响力。

（四）构建多方参与的援助合作网络，推动南南合作

在对非援助的过程中，日本清晰地认识到只有与来自不同群体的发展伙伴建立紧密的合作关系，才能最大化地发挥各方优势，提高援助的有效性。日本所强调的"伙伴关系"包含四层含义。一是与国际组织和其他援助方建立伙伴关系。在教育多边援助中，JICA与联合国教科文组织、联合国儿童基金会等都有密切合作，也加入世界银行的快车道计划及后来的全球教育伙伴关系，并且注重与其他援助方之间的协调。二是与非洲国家政府、私营部门、市民社会建立伙伴关系。日本在援助非洲教育的过程中，既与非洲各国政府建立紧密合作关系，又广泛吸纳非洲各国私营部门、非政府组织和当地社区参与援助项目，特别是促成当地公司（包括日

---

① JICA, "Philosophy and Significance of JICA's Assistance in Mathematics and Science Education," March 1, 2007, https://www.jica.go.jp/jica-ri/IFIC_and_JBICI-Studies/english/publications/reports/study/topical/philosophy/ pdf/philosophy_00.pdf.

本公司）与职业技术教育机构的联系及产学研合作。三是以日本为纽带推动亚非合作。日本在《横滨行动计划》（Yokohama Plan of Actions）中明确指出，TICAD会议自成立以来一直推动南南合作，特别是亚非合作，并以"非洲新稻谷"为日本这一努力的象征，其目的在于促进亚洲与非洲分享发展经验、加强亚非之间的人员交流和经贸合作。四是促进教育部门与其他发展部门的协同。日本在协助非洲教育发展的过程中注重跨部门的协调、合作。教育作为社会经济发展的基础，与减贫、供水、卫生保健（包括传染病防治措施）等发展部门有着密切联系。为此，日本将教育援助纳入"人类安全保障"的基本政策，强调教育部门与卫生保健、减灾、环境保护、科技、就业等部门之间的协同作用，跨部门合作的援助模式备受重视。

（五）采取成果导向的援助评估机制，确保援助成效

教育援助最具挑战的部分是如何定义和评估援助的成果与影响。在长期教育援助实践中，日本建立了一套完整的援助评估体系，将评估贯穿于从项目规划、实施到反馈的全过程，包括前期可行性调查、执行中的监督与审查、后期评估和反馈的流程。例如，日本就在肯尼亚开展的"中学数学和科学强化计划"进行了两年的立项调研，在第一期项目成果评估的基础上，日本将肯尼亚数学和科学教师培训模式向周边国家推广，第三期进一步将项目扩展到小学阶段（主要集中在六至八年级）。[①]这种阶段性评估逐层推进机制，有利于巩固项目实施的成果，提高援助的有效性。关于后期评估，一般在项目完成后的第3年，日本按照经合组织发展援助委员会制定的评估标准，围绕项目实施的目标，结合受援国国情特点，从援助项目的适切性（relevance）、一致性（coherence）、有效性（effectiveness）、影响（impact）、效率（efficiency）和可持续性（sustainability）6个维度来判断分析项目成果，并按照A（非常满意）、B（满意）、C（部分满意）和D（不满意）4个等级评分。JICA教育援助评估既包括对单个具体项目的评估，也包括综合的对部门援助方案的评估，如对基础教育援助效果的评

---

① 徐晶晶：《日本对非洲数学和科学教育援助研究》，硕士学位论文，浙江师范大学，
　2015，第40页。

估。同时，日本也在努力完善成果导向方法，不断改进教育援助评估机制，注重第三方评估，确保评估的客观性和透明度。①在实施职业技术教育项目时，日本特别重视外部效率和长期影响评估，如衡量有多少名毕业生找到工作、发表了多少篇研究论文等。为改进评估方法，日本在项目评估中增加了基准调查和后测调查，将定量和定性方法相结合。这样，日本将援助政策决策、成果分享和项目推广均建立在系统循证的基础之上，在国际教育援助话语体系中借助国际会议等持续发声，扩大影响。

四 结语

日本在援助非洲中的不俗表现为其在提高国际政治影响力、维护本国利益方面营造了有利的外交环境，这在很大程度上得益于日本国家战略实施的一致性以及对国际发展与援助政策变化的敏感性。在承接千年发展目标的基础上，联合国于2015年提出了可持续发展目标。为积极响应国际援助趋势，同时实施新的《发展合作宪章》，日本制定了以"和平与增长"为主题的教育援助政策，确立了未来的教育援助重点：实现包容和公平的优质教育、促进工业和科技领域的人力资源开发、建立区域和全球教育合作网络。同时，JICA基于"人类安全保障"理念，提出了教育援助的新愿景——确保每个人学习的连续性（Learning Continuity），将个人发展放在教育援助的首要位置；援助范围涵盖学前教育、初等教育、中等教育、高等教育、职业技术教育、扫盲教育和非正规教育。为了有效实施新的教育合作战略，JICA明确提出信任、知识共创、公平和包容这三项基本操作原则，这些原则也构成了21世纪日本开展对外教育援助的主要依据。

---

① JICA，"2010 JICA Annual Evaluation Report," March 1, 2011, https://www.jica.go.jp/english/our_work/Evaluation/reports/2010/index.html.

第三章
中非教育合作的历史进程与现状

20世纪50年代至今，中非教育交流与合作已走过近70年的历史，中非教育合作是中非关系的重要组成部分，其发展变化与中国对非战略的调整与演变密切相关。不同学者对中非教育合作历史阶段划分不同，贺文萍将之划分为三个阶段，20世纪50年代至80年代末为第一阶段，20世纪90年代为第二阶段，2000年以后为第三阶段。[①]这一阶段划分与《中非教育合作与交流》编写组编著的《中国与非洲国家教育合作与交流》一书的划分阶段基本一致。本书将中非教育合作置于中非合作关系的宏观背景下，根据中非教育合作的规模与形式变化，将之划分为3个不同发展阶段，即20世纪50年代到1977年为中非教育合作探索期，1978～1999年为中非教育合作发展期，进入21世纪后为中非教育合作提升期，分别论述不同历史阶段中非教育合作的背景及主要成就，并提出中非教育合作面临的问题与挑战。

第一节　20世纪50年代到1977年：中非教育合作探索期

1949年新中国成立至1955年万隆会议期间，中非间的交往极为有限。[②]同时，这一时期正值国际上以美国为主导的西方资本主义阵营与以苏联为主导的社会主义阵营激烈对抗之时。一方面，美国对华采取遏制孤立政策；另一方面，由于中苏双方战略需求及斗争需求的不同，两个

---

① 贺文萍：《中非教育交流与合作概述——发展阶段及未来挑战》，《西亚非洲》2007年第3期，第13～18、79页。

② 赵长峰：《国际视角下的中非合作研究》，华中师范大学出版社，2016，第8页。

国家之间的关系恶化。[①]为了维护国家主权和领土完整，为了创造有利于国家发展的国际环境，中国政府开始把建立和发展同非洲国家的友好关系当作中国外交工作的重要内容之一。1955年万隆会议召开，中国代表团提出了"求同存异"的方针，旨在促进民族独立运动，扩大世界和平统一战线，这次会议增进了广大亚非国家对中国的了解，打开了中非合作的新局面。万隆会议后，埃及于1956年5月30日同中国正式建立外交关系，埃及由此成为首个同中国建交的非洲国家。紧接着，阿尔及利亚、摩洛哥、苏丹三国分别于1958年8月、1958年11月、1959年2月与中国建交。1959年10月4日，中国与几内亚建交，这是第一个与中国建交的撒哈拉以南非洲国家。在1960年，加纳、马里和索马里三个新独立的非洲国家同中国建交，[②]中国与非洲国家建交的战略优势日益凸显。1963~1964年，周恩来总理率领代表团出访非洲十国，提出了中国处理同阿拉伯国家和非洲国家关系的五项原则和中国对外经济技术援助的八项原则。

五项原则包括：支持阿拉伯和非洲各国人民反对帝国主义和新老殖民主义、争取和维护民族独立斗争；支持阿拉伯和非洲各国政府奉行和平中立的不结盟政策；支持阿拉伯和非洲各国人民用自己的方式实现统一和团结的愿望；支持阿拉伯和非洲国家通过和平协商解决彼此间的争端；主张阿拉伯和非洲国家的主权应当得到一切其他国家的尊重，反对来自任何方面的侵犯和干涉。

中国对外经济技术援助的八项原则包括：中国政府一贯根据平等互利的原则对外提供援助，从来不把这种援助看作单方面的赐予，而认为援助是相互的；中国政府在对外提供援助的时候，严格尊重受援国的主权，绝不附带任何条件，绝不要求任何特权；中国政府以无息或低息贷款的方式提供经济援助，在需要的时候延长还款期限，以尽量减少受援国的负担；中国政府对外提供援助的目的，不是造成受援国对中国的依赖，而是帮助受援国逐步走上自力更生、经济上独立发展的道路；中国

---

① 曲星、钟龙彪：《当代中国外交》，中国人民大学出版社，2012，第101页。

② 刘鸿武、林晨：《中非关系70年与中国外交的成长》，《西亚非洲》2019年第4期，第55页。

政府帮助受援国建设的项目，力求投资少、收效快，使受援国政府能够增加收入，积累资金；中国政府提供自己所能生产的、质量最好的设备和物资，并且根据国际市场的价格议价，如果中国政府所提供的设备和物资不合乎商定的规格和质量，中国政府保证退换；中国政府对外提供任何一种技术援助的时候，保证做到使受援国的人员充分掌握这种技术；中国政府派到受援国帮助进行建设的专家，同受援国自己的专家享受同样的物质待遇，不容许有任何特殊要求和享受。

到1970年底，已有44个非洲国家与中国建交。这一时期中国的对非援助主要有军事援助、经济援助和人道主义援助，主要形式包括粮食援助、现汇援助、成套项目援助和技术援助。[1]中非合作项目取得了良好的效果，其中最具有代表性的事件如下。第一，1971年10月25日，联大第26届会议就"恢复中华人民共和国在联合国的合法权利"进行表决，大会以76票赞成，35票反对，17票弃权，通过22国的提案。在76张赞成票中，非洲国家有26张，[2]非洲国家为中国重返联合国给予了重大支持。第二，中国致力于推动非洲的基础设施建设，中国即使是在自己经济困难的情况下仍然不放弃对非援助，1976年完工的坦赞铁路为沿线国家的人民带去了巨大的便利。中方在向非洲提供援助时强调尊重国家主权和不附加任何政治条件，得到了非洲国家的普遍认可。

1949年至20世纪70年代末，中国对外政策主要受制于国际形势，也受到意识形态的影响。新中国成立初期，在"一边倒"的外交方针下，中国实行全面学习苏联的教育对外交流政策，大量派遣学生留苏、聘请苏联专家，照搬苏联教育理论开展教育社会主义改造。1960年，伴随中苏关系的破裂，中国对外教育交流方向也开始发生转变，教育交流的重心转向亚、非、拉等民族独立国家。为贯彻1955年万隆会议精神，发展与埃及的文化关系与合作，从而促进中埃的相互了解、友好团结和文化生活的繁荣，1956年4月，中国与埃及在开罗签订《中华人民共和国政府埃及共

---

① 白云真等：《中国对外援助的支柱与战略》，时事出版社，2016，第165页。
② 刘鸿武、林晨：《中非关系70年与中国外交的成长》，《西亚非洲》2019年第4期，第56页。

和国政府文化合作协定》，其中规定：第一条，缔结双方鼓励两国间相应的科学机构进行联系，鼓励双方科学家和医药卫生工作者赴对方访问、讲学；第二条，缔结双方相互聘请一方的语言教师到另一方国家的高等学校中任教，缔结双方相互交换留学生，缔结双方承认双方具有同等地位的学校和机构的文凭和学位，缔结双方鼓励彼此交换教授和科学家，缔结双方互派教育工作者代表团进行友好的访问；第三条，缔结双方互派文化代表团和艺术代表团至对方国家访问或演出，缔结双方政府将鼓励和赞助双方公认的科学和艺术组织间的联系，缔结双方相互在对方国家举办一切种类的图片、艺术展览会并互换唱片和艺术复制品；第四条，缔结双方将在相互同意的条件下给予彼此的电影演出和影片的交换以便利。

1956年1月，我国派出7名留学生赴埃及学习语言、文化和历史等，4名埃及留学生来到中国学习美术、哲学和农业。在之后的20世纪50年代，又有来自埃及、喀麦隆、肯尼亚、乌干达和马拉维的共24名非洲学生在中国学习，3名中国教师在非洲任教。[①]自1960年9月开始，经由中国亚非团结委员会、中非友协、中华全国总工会等单位联系，喀麦隆民族联盟、桑给巴尔民族主义党、索马里民族联盟、加纳工会等党派和群众团体开始向中国成批派遣留学生。1960年，中国一共接收非洲国家留学生100多人，其中来自索马里的留学生41人、来自喀麦隆的留学生34人。[②]同年9月，北京外国语学院设立非洲留学生办公室，其负责非洲留学生的中文培训工作。1961年，中央在对《关于今后一个时期的留学工作的意见》的批复中指出："留学生工作，在加速我国社会主义建设、赶上世界先进科学技术水平的历史任务中，是一项重要工作。同时这也是外事工作的一个组成部分，对加强同兄弟国家的友好团结和其他国家的文化交流有着重要意义。"[③]中非互派留学生的数量增加。据统计，1959~1965年，先后有来自

---

① 贺文萍：《中非教育交流与合作概述——发展阶段及未来挑战》，《西亚非洲》2007年第3期，第14页。

② 《中非教育合作与交流》编写组编著《中国与非洲国家教育合作与交流》，北京大学出版社，2005，第327页。

③ 李滔主编《中华留学教育史录（1949年以后）》，高等教育出版社，2000，第169页。

非洲 14 个国家的 190 余名留学生在中国高等院校学习，这些留学生多由非洲国家的党派和群众团体派遣，没有经过严格挑选，大多只有初中或小学文化水平，其中很多人没有完成学业。[①]1976 年底，中国从 21 个非洲国家招收了 355 名留学生，中国政府提供的奖学金相应增加，[②]到了 20 世纪 70 年代末，共有 648 名非洲学生在中国学习。这一时期的非洲留学生都是按照政府间协议对等交换的，由中国政府提供奖学金、免收学费、住宿费和医疗费，中国政府还专门增设多项学习和生活补贴，在生活上给予特殊照顾。根据 1962 年中国颁布的《外国留学生工作试行条例（草案）》，接收和培养外国留学生是我国应尽的"国际主义义务"，来华留学生享有超国民待遇。

这一时期，中国与非洲国家在教育领域的其他方面的交流活动也开始增加。非洲国家独立以后，在发展自身的教育事业中遇到了困难：第一，原宗主国居民身份的教师大量撤回；第二，教育发展对教师的需求量增加；第三，殖民统治下的非洲人很少有机会能够接受教育，导致非洲整体的教育水平十分落后。为了解决这些问题，非洲国家要求中国派遣数学、物理、化学等学科教师去其学校任教。[③]早在 1954 年，中国就向埃及开罗大学派遣了教师，其工作就是在开罗大学中讲授中文的课程。1970 年，中国第一次向刚果（布）派出 3 名能用法语授课的中学数理化老师。[④]随着中非友好关系的不断发展，中国派遣非洲的教师不仅数量增加了，到 70 年代末一共派遣了 115 名教师，执教范围也扩大为中文、数学、物理、化学、生物等专业。[⑤]1971 年，中国在联合国的合法席位得到恢复以后，便开始致力于支持并帮助独立后的非洲国家发展独立的教育体系，不仅与相关国家的双向教育团（组）互访增多，也加大了接收非洲留学生与派遣语言和数理化教师的力度。这一时期被派去非洲的教师大多来自高等院校，

---

① 田正平主编《中外教育交流史》，广东教育出版社，2004，第 992 页。
② 李安山、沈晓雷：《非洲留学生在中国：历史、现实与思考》，《西亚非洲》2018 年第 5 期，第 68 页。
③ 于富增等：《教育国际交流与合作史》，海南出版社，2001，第 108 页。
④ 胡美：《中国对非援助编年研究（1956—2015）》，中央编译出版社，2017，第 92 页。
⑤ 《中非教育合作与交流》编写组编著《中国与非洲国家教育合作与交流》，北京大学出版社，2005，第 22 页。

由中国政府派遣。国家把培养到非洲国家任教的教师作为一项政治任务，1961 年教育部发布《关于选拔中文系在校学生培养出国讲学教师的通知》，以制定专门培养出国任教教师的计划。据统计，1961～1966年，我国共培训此类教师223名。[①]

20世纪70年代坦赞铁路建设期间，中国为非洲国家培训了很多铁路技术人员。1971年，中国在坦桑尼亚的曼谷拉建立了一所培训学校，仅仅三年时间就为坦桑尼亚培训了354名交通控制、基础设施建设、信号和电信相关的操作人员，这些人都成为当地的第一批铁路技术骨干。[②] 1973～1975年，为适应坦赞铁路建设和运营管理的需要，根据中坦两国政府协议，中国北方交通大学接收了200名左右的坦桑尼亚和赞比亚来华留学生，这些留学生两年学成回国后，都成为坦赞铁路局的技术骨干。[③]

教育领域的高层互访有力推动了双边人员交流。20 世纪 50 年代，中非教育代表团互访已经开始；进入60年代后，非洲独立国家的数量迅速增多，与中国的教育代表团的互访活动也在增加。1955 年，埃及宗教事务部长巴库尔率领代表团访问中国，进行关于两国文化合作的会谈，拉开了中非教育合作的序幕。[④]1957 年至 1965 年，中国与埃及、阿尔及利亚、摩洛哥、加纳、几内亚、刚果（金）、坦桑尼亚、马里等非洲国家进行了教育代表团交往。[⑤] 在这期间，1963 年 12 月至 1964 年 2 月，周恩来总理应邀访问非洲十国，有力地推动了中非教育合作与交流发展。1964 年，高等教育部长杨秀峰率团访问了埃及、阿尔及利亚、马里和几内亚等非洲国家，这是中国开展的与非洲国家教育交流的重要行动。1966 年"文化大革命"爆发，中非交往一度中断，到 1970 年逐步恢复派代表团互访和开展交流。1971 年，中国恢复了在联合国的合法席位，中国与非洲国家的教育合作与

① 田正平主编《中外教育交流史》，广东教育出版社，2004，第992页。

② 胡美：《中国对非援助编年研究（1956—2015）》，中央编译出版社，2017，第105页。

③ Haifang Liu & Jamie Monson, "Railway Time: Technology Transfer and the Role of Chinese Experts in the History of TAZARA," in *China and Africa in a Global Context*(Volume Ⅰ), Leiden：Brill，2013.

④ 李安山主编《中国非洲研究评论（2011）》，北京大学出版社，2012，第169页。

⑤ 于富增等：《教育国际交流与合作史》，海南出版社，2001，第76页。

交流随之加强。到了 70 年代末，中国出访非洲的各类教育代表团 12 个，来访的非洲国家教育代表团有 19 个。[①] 非洲国家将中国视为第三世界国家的榜样，纷纷要求与中国开展交流与合作，双边互访团（组）急剧增加。

第二节 1978年到1999年：中非教育合作发展期

以1978年的党的十一届三中全会为标志，中国将战略重点转向经济发展和社会主义现代化建设，伴随中国和非洲形势的变化，中国援助非洲政策出现调整。[②] 从非洲看，随着两极格局崩溃，经济全球化、区域化的进程加速，非洲进入一个求和平、求发展的历史新时期。[③]1982年，中国提出了新形势下同发展中国家开展经济合作的四项原则：平等互利、讲求实效、形式多样、共同发展。中国纠正了过去"以苏划线"和"以美划线"的做法，同莫桑比克、肯尼亚、塞内加尔、埃塞俄比亚等国改善了关系，并与津巴布韦、安哥拉、科特迪瓦、纳米比亚等国建立外交关系。[④]中国也开始反思大规模援助所带来的沉重负担，减少援外资金与缩小援外规模是大势所趋。中国对非援助从原来的无偿援助形式转向平等互利的经济技术合作，中非关系逐渐走向成熟和务实。在这一时期，中国还特别加强了与非洲在文化教育方面的交流与合作，1992年中国提出了同非洲国家关系的"六项原则"，1996年提出了全面发展中非关系的"五点建议"，在中非教育合作方面强调了高层互访、互派留学生、中国派遣援非教师、开展人才培训、在非洲国家建立各种实验室等形式。[⑤]

20世纪80年代以来，中国的社会主义市场经济方式取得了极大成功，中国有义务帮助同属发展中国家的非洲国家打开经济发展的新局面；而非洲大部分国家都受到80年代西方资本主义经济危机和本地区恶劣气候的影

① 《中非教育合作与交流》编写组编著《中国与非洲国家教育合作与交流》，北京大学出版社，2005，第11页。

② 徐国庆：《中国对非援助再析》，《晋阳学刊》2020年第1期，第72页。

③ 汪勤梅：《中非关系巨大发展的20年》，《世界经济与政治》1998年第10期，第56页。

④ 张忠祥：《中非合作论坛研究》，世界知识出版社，2012，第57页。

⑤ 张永宏、安春英主编《中非发展合作的多维视阈》，云南大学出版社，2012，第90页。

响，经济损失惨重，粮食匮乏，不利于教育发展。这个时期，中国与非洲国家的领导人互访日益频繁，中非友好关系在原有的基础上得到进一步巩固和发展。

随着中非友好关系的进一步发展，中国与非洲国家的教育合作与交流也得到了深入而广泛的发展。高校间的交流与科研合作成为这个阶段中非教育合作与交流的一个重要形式，中国高校还开始为非洲国家举办各类专业研修班，合作主要围绕计算机应用技术、农产品加工、纺织、生物技术等领域展开，中国为非洲民众提供短期实用技能培训，将技术转让给他们，使之获得就业机会和生存技能。[①]中非教育合作朝着多层次、多领域的方向发展。

自1978年实行改革开放政策以来，中国与非洲各国的教育交流与合作与日俱增，教育互访活动频繁。从1978年至1989年底，中国向20多个非洲国家派出教育团（组）近40个。20世纪90年代，中国出访非洲的各类教育代表团（组）50余个，来访的非洲国家教育代表团近40个，其中部级代表团有16个。[②]根据教育部相关资料，1990年5月至6月，国家教委副主任朱开轩率教育代表团访问坦桑尼亚、赞比亚、津巴布韦、布隆迪等非洲四国；1991年7月，国家教委副主任滕藤会见应邀来访的赞比亚、苏丹、津巴布韦、埃塞俄比亚、塞拉利昂和肯尼亚等六国教育部门负责派遣留学生事务的高级官员，介绍了中国接收留学生的工作情况，并希望在培养高级人才方面进一步加强同非洲国家的合作；1995年9月，国家教委主任朱开轩分别会见了来北京参加联合国第四次世界妇女大会的四国教育部长，包括塞内加尔专业培训和技术教学部长阿米纳塔·托尔和津巴布韦教育部长T. V. 莱沙贝。70～80年代，应非洲国家的要求，以接收留学生的方式，中国为坦赞铁路、毛里塔尼亚友谊港、坦桑尼亚煤矿等部分援建成套项目，专门培养中高级技术和管理人才。

---

① 牛长松：《教育援助与国际社会责任——中日在非援建学校项目的案例比较》，《比较教育研究》2014年第5期，第7页。

② 《中非教育合作与交流》编写组编著《中国与非洲国家教育合作与交流》，北京大学出版社，2005，第23页。

1973年，中国政府逐渐恢复接收国际学生，自1974年毛泽东接见赞比亚总统卡翁达时提出"三个世界"理论后，中国政府奖学金名额明显向非洲国家倾斜。为了保证质量，招生政策做了调整，确立"坚持标准、择优录取、创造条件、逐步增加"的政策，后进一步细化为：理工农医等学科留学生必须经过考试后根据标准录取，文史哲中医等专业本科留学生必须经过两年中文学习后方可进入专业学习。[①]坦赞铁路建设期间，约200名坦桑尼亚和赞比亚的学生获得中国政府奖学金，来华学习；20世纪80年代末，已有43个非洲国家向中国派遣了留学生，在中国学习的非洲留学生已达2245人；在20世纪90年代的10年间，在中国学习的非洲留学生增至5569人，包括1580名自费留学生。[②]这一时期的奖学金留学生在数量和国别上不断增多，从单一的社会主义国家扩展到日美发达国家；留学生教育层次提高，博士研究生和硕士研究生的招生比例增加了，本科生的招收人数相对缩减了。1986年，国家教委修订留学生教学语言规定，允许使用除中文以外的语言教学，并制定和完善了新的奖学金标准。1992年，财政部制定新的来华留学生政府奖学金标准，除提供每月的生活费外，还包括免交学杂费、住宿费及公费医疗费三项待遇。1996年国家留学基金委成立，隶属于教育部，负责管理政府奖学金项目，以及对获得政府奖学金的人数进行年度统计等。

中非高等教育与科研项目是20世纪80年代后期开始实施的新合作形式（见表3-1）。由中国政府出资，帮助非洲国家有关高校建立急需的专业实验室，并派遣教师和专家前往执教和开展合作研究，[③]以应对经济全球化带来的挑战，帮助解决非洲国家师资、教学设备、图书资料严重短缺的困境，调整非洲人才培养模式，为非洲培养高层次的人才以适应非洲教育发展现状。中国政府加大了对非洲国家的教育物资援助力度，并开始积极鼓

---

① 刘海方：《中国对非留学生奖学金政策沿革与绩效研究》，载李安山主编《中国非洲研究评论（2015）》，社会科学文献出版社，2017，第141～192页。

② 贺文萍：《中非教育交流与合作概述——发展阶段及未来挑战》，《西亚非洲》2007年第3期，第13～18、79页。

③ 《中非教育合作与交流》编写组编著《中国与非洲国家教育合作与交流》，北京大学出版社，2005，第27～28页。

励中国的高等院校与非洲国家的高等院校开展合作[①]，截至2003年底，中国相继在非洲21个国家开展了43期高等教育与科研项目，为生物及微生物、计算机、物理、分析化学、食品保鲜加工、材料、园艺、土木工程与测量、中文教学等专业的发展建立了23个较为先进的实验室。[②]中非高等教育与科研项目将实验室建设、人才培养、课程开发、专业建设、联合研究等相结合，形成了综合性援助方案，有力加强了非洲高校的能力建设。例如，西安公路学院在坦桑尼亚达累斯萨拉姆技术学院材料实验室建设过程中，为该校捐赠了实验器材和设备，派遣4名教师赴坦任教，中方教师还编写了"实验指导用书"，并为坦方教师开办"建筑材料实验室研修班"和"公路材料实验研修班"。浙江农业大学与雅温得第一大学利用喀麦隆当地原材料，联合开展多项科研项目，如从木薯中提炼酒精、芋艿根腐病防治、沼气发酵、热带植物病毒分析等，均取得可喜成果。

南京农业大学与肯尼亚埃格顿大学（Egerton University）于1994年启动"中肯高教合作计划"，该计划共实施三期，延续到2002年，形成了产、学、研一体化合作模式，是我国智力援非的一个成功案例。首先，中方为埃格顿大学援助600万肯尼亚先令，建设现代化的生物技术实验室。该实验室的建立促进了埃格顿大学微生物学、园艺学、生物化学、植物学等学科的发展，改善了科研条件。其次，南京农业大学利用抗旱节水和高效栽培技术，建立了中肯园艺技术合作中心。该中心将中方的栽培和灌溉技术引入肯尼亚，为肯方及周边的乌干达和坦桑尼亚等国培训农技人员，中心生产的蔬菜与水果为埃格顿大学创收，软管滴灌系统和地膜覆盖技术还在肯尼亚被广泛推广。最后，派往肯尼亚的中方教师编写了《温室管理》《温室番茄栽培》等教材，开设"番茄栽培学""植物栽培学""温室建造与管理"等本科生与硕士研究生课程，培养了300多名本科生和12名硕士研究生。[③]

① 姜洋：《中非高等教育合作与交流探究》，《重庆高教研究》2013年第4期，第110页。
② 《中非教育合作与交流》编写组编著《中国与非洲国家教育合作与交流》，北京大学出版社，2005，第29页。
③ 《中非教育合作与交流》编写组编著《中国与非洲国家教育合作与交流》，北京大学出版社，2005，第34页。

表3-1 部分中非高等教育与科研项目

中方	合作国家	开始时间	结束时间	项目
浙江农业大学（现浙江大学）	喀麦隆	1991年10月	2000年9月	雅温得第一大学微生物实验室
浙江师范大学	喀麦隆	1995年12月	至今	雅温得第二大学中文培训中心
西安公路学院（现长安大学）	坦桑尼亚	1991年10月	1996年3月	达累斯萨拉姆技术学院材料实验室、计算机实验室
华东师范大学	马里	1992年11月	—	马里高等师范学院计算机应用实验室、语言实验室
兰州大学	马里	—	—	马里大学生物和数学项目
华东师范大学	塞内加尔	1992年11月	—	塞内加尔大学计算机应用实验室、语言实验室
无锡轻工学院（现江南大学）	布隆迪	1993年4月	—	布隆迪大学农学院食品加工专业
中国纺织大学（现东华大学）	苏丹	1993年7月	—	吉齐拉大学纺织化学实验室
南京大学	苏丹	—	—	喀土穆大学语言实验室
北京语言大学	埃及	1994年5月	—	艾因·夏姆斯大学合作翻译项目
武汉测绘大学（现武汉大学）	津巴布韦	1995年4月	—	哈拉雷技术测量学院测量实验室、计算机实验室
南京农业大学	肯尼亚	1994年6月	2001年	埃格顿大学生物技术实验室及中肯园艺技术合作中心
东南大学	赞比亚	1992年		赞比亚大学工程学院土木实验室
华南师范大学	毛里求斯	1994年3月	—	甘地大学语言实验室
杭州大学（现浙江大学）	刚果（金）	1996年8月	1999年11月	金沙萨大学计算机实验室
中国农业大学	科特迪瓦	1994年10月	1999年5月	博瓦尼大学食品加工与保鲜研究中心
东南大学	纳米比亚	1994年3月	—	纳米比亚大学物理实验室、化学实验室
武汉大学	乍得	1996年11月	1997年	恩贾梅纳大学生物实验室
河海大学	加纳	1993年	1999年8月	加纳科技大学计算机实验室
天津科技大学、天津师范大学	加纳	—		加纳大学计算机实验室
北方交通大学（现北京交通大学）	尼日利亚	1997年3月	1999年9月	亚巴理工学院计算机实验室
南京大学	莱索托	—	—	莱索托国立大学计算机实验室
中国教育部（援赠）	乌干达	—	—	乌干达大学计算机实验室

注："—"表示信息缺失。

资料来源：《中非教育合作与交流》编写组编著《中国与非洲国家教育合作与交流》，北京大学出版社，2005，第29～31页。

第三节　2000年至今：中非教育合作提升期

2000年10月，中非合作论坛第一届部长级会议在北京召开，中非教育合作进入第三个阶段。中非合作论坛从2000年到2021年举办了八届部长级会议，已成为中国同非洲国家开展集体对话、交流治国理政经验、增进相互信任、进行务实合作的重要平台和有效机制。中非合作论坛所发布的政策文件成为推动中非全方位和各领域友好合作的重要指南。在中非合作论坛框架下，中非教育合作呈现出多主体、多层次、多领域、多形式的特征（见表3-2）。中国与非洲国家教育领域的高层互访频繁，并形成了高层磋商机制。中国为非洲国家提供的政府奖学金名额不断增加。中非学者和学生的交流规模迅速扩大，高校间教学和科研合作的开展也加快了。在"非洲人力资源开发基金"的资助下，职业教育培训、中文教学以及其他人力资源培训项目不断出现。

表3-2　中非合作论坛框架下的教育合作内容

年份	地点	发表文件	教育合作内容
2000（第一届）	北京	《中非合作论坛北京宣言》《中非经济和社会发展合作纲领》	增加来华留学奖学金名额；设立"非洲人力资源开发基金"；制定国别培训计划
2003（第二届）	亚的斯亚贝巴	《中非合作论坛——亚的斯亚贝巴行动计划（2004至2006年）》	培训各类人员达到1万人；互派教师；增加奖学金名额；加强非洲高校与技能和职业教育培训学校的学科和专业建设
2006（第三届）	北京	《中非合作论坛北京峰会宣言》《中非合作论坛北京行动计划（2007—2009年）》	援建100所农村学校；中国政府奖学金名额从每年2000个增加到4000个；培训教育行政官员、学校校长和骨干教师；设立孔子学院
2009（第四届）	沙姆沙伊赫	《中非合作论坛沙姆沙伊赫宣言》《中非合作论坛——沙姆沙伊赫行动计划（2010至2012年）》	援建50所中非友好学校；实施"中非高校20+20合作计划"；招收200名公共管理硕士研究生；奖学金名额增至5500个；培训1500名校长和教师；推进孔子学院发展

续表

年份	地点	发表文件	教育合作内容
2012 (第五届)	北京	《中非合作论坛第五届部长级会议——北京行动计划（2013年至2015年）》 《中非合作论坛第五届部长级会议北京宣言》	继续实施"中非高校20+20合作计划"； 推动孔子学院发展； 在联合国教科文组织设立信托基金，每年200万美元，用于非洲教育发展； 提供更多短期、中长期培训； 提供更多奖学金机会
2015 (第六届)	约翰内斯堡	《中非合作论坛——约翰内斯堡行动计划（2016—2018年）》 《中非合作论坛约翰内斯堡峰会宣言》 《中国对非洲政策文件》	提供2000个学历学位教育名额； 提供3万个政府奖学金名额； 为非洲培养国家发展高端政府管理人才； 继续实施"中非高校20+20合作计划"； 支持更多非洲国家建设孔子学院和孔子课堂； 设立职业教育中心； 提供4万个来华培训名额； 延长在联合国教科文组织设立的援非教育信托基金项目（2016~2017）
2018 (第七届)	北京	《中非合作论坛——北京行动计划（2019—2021年）》 《关于构建更加紧密的中非命运共同体的北京宣言》	积极落实"中非人文合作计划"； 继续支持南南合作与发展学院的平台作用； 实施头雁计划，为非洲培训1000名精英人才，为非洲提供5万个中国政府奖学金名额，为非洲提供5万个研修培训名额，为非洲培养更多各领域专业人才，继续实施"中非高校20+20合作计划"，搭建中非高校交流合作平台； 支持孔子学院（课堂）发展； 延长在联合国教科文组织设立的援非教育信托基金项目（2018~2021）； 支持建设津巴布韦哈拉雷非洲能力建设基金总部的非洲能力发展学院； 在非洲设立10所鲁班工坊，向非洲青年提供职业技能培训； 设立中国非洲研究院； 打造"中非联合研究交流计划"增强版
2021 (第八届)	达喀尔	《中非合作论坛——达喀尔行动计划（2022—2024）》 《中非合作2035年愿景》 《中非应对气候变化合作宣言》 《中非合作论坛第八届部长级会议达喀尔宣言》	通过政府奖学金和培训向非方提供优质教育，促进技术转让，加强对青年特别是专业人才的技术培训； 实施"未来非洲—中非职业教育合作计划"，开展"非洲留学生就业直通车"活动； 继续同非洲国家合作设立"鲁班工坊"，鼓励和支持中资企业在非洲国家开展职业培训； 鼓励中国在非企业为当地提供不少于80万个就业岗位；

年份	地点	发表文件	教育合作内容
			实施"后疫情时代中非人才培养计划",为非洲国家援助新建或升级10所学校,邀请1万名非洲高端人才参加研修研讨活动; 继续依托"中国政府奖学金"项目,为非方培养相关领域人才; 在非设立中非公路工程联合研发中心或实验室; 改善培训项目,使培训项目同非洲国家目前发展重点相一致; 在减贫、农村振兴、信息与通信技术、金融科技、数字经济、电子商务、云计算、大数据和网络安全等领域培育新的能力建设项目,以发挥这些领域在非洲的高增长潜力,并对妇女参与度予以特别关注; 继续支持孔子学院和孔子课堂在非洲发展; 进一步在华开展非洲语种教育和培训,培养熟练使用非洲语种人才; 考虑延长在联合国教科文组织设立的援非教育信托基金项目(2023～2026); 在研发合作、软件开发、政策规划、监管和评价等领域同非方开展专家交流项目和联合研究项目

资料来源:根据相关资料整理。

自2000年中非合作论坛建立以来,中非教育合作取得了丰硕成果,近年来开展的主要合作内容包括以下几个方面。

(一)加强对非洲人力资源培训

对非洲人力资源短期培训是中非教育合作的常规项目,20世纪90年代以来,中国政府举办各类专业研修班为非洲培养实用人才,迄今已延续30多年,培训职业技术人才超过30万人。中国对非洲人力资源短期培训分为两类:一类为研修班,主要采取专题讲座、交流、互动、实地考察等形式;另一类为实用技术培训班,侧重为非洲国家培训急需的实用技术人员,强调实用技术的输出,所涉及的主题非常广泛,如小水电技术、干旱地区节水灌溉、菌草技术、农业生物技术、儿童病防治、通信技术等。中国商务部、教育部以及其他参与人力资源培训的部委委托援外基地、项目院校、科研机构以及一些专业协会根据各自的专业优势开展对非人力资源短期培训，涵盖经济、贸易、农业、林业、环保、科技、公共管理、交通运输、医疗卫生等涉及国民经济和社会发展的17个领域。这些培训基于非洲的环境特征、技能现状和资源禀赋来设计教学方案和内容，采取专家讲座、实践操作与实地考察相结合的方式，通过对话、讨论、参观等方法，分享中国经验，传授实用技术，实现技术转移。这种大规模短期培训的受益面广泛，参与者既有政府官员、专业教师、社区工作者，也包括企业员工、自主创业者和非政府组织代表等，培训对提高当地就业、改善民生产生的效果明显。例如，湖南中轻经济技术开发有限公司为科特迪瓦、突尼斯、几内亚、马里、布隆迪、埃塞俄比亚等10多个非洲国家实施刺绣、竹藤草编、首饰、服装、抽纱钩织等培训，培训各类技术骨干3000多人，再经由这些受过训练的骨干人员将培训成果传授给周边的人，产生"外溢效应"，带动女性就业，更多的人受益于从中国学到的知识、技能与经验。

（二）非洲来华留学生数量增长

中非合作论坛框架下，中国向非洲国家提供的奖学金名额逐年增加。2005～2006学年，共有46个非洲国家的1981名学生享受中国政府奖学金，接受学历教育，学习电子、通信、计算机、物理、医学、纺织、农学、法学、中文、管理、艺术和体育等专业。[1]2008年，来自非洲的获得政府奖学金名额的人数达到3700人，占中国政府奖学金名额总数的27.6%。[2]2012年举办的中非合作论坛第五届部长级会议发布的"北京行动计划"中，中国政府实施"非洲人才计划"，承诺未来三年（2013～2015）为非洲提供1.8万个政府奖学金名额。除中国政府奖学金外，北京、上海、重庆、浙江等地先后设立地方政府奖学金，各有关高校也设立了校内奖学金，华为公司等企业也设立了来华留学企业奖学金。为支持孔子学院建设，促进中文国际推广和中国文化传播，培养合格的中文教师和各类中文人才，国家汉办/孔子学院总部设立孔子学院奖学金，资助包括非洲在内的外国学生、学者和中文教师到中国有关高校攻读汉语国际教育专业硕士学位或学习汉语言文学、中国历

① 中华人民共和国教育部中非教育部长论坛文集编辑组：《2005中非教育部长论坛文集》，北京大学出版社，2006，第197页。
② 牛长松：《中国与非洲教育合作的新范式》，《比较教育研究》2010年第4期，第22～27页。

史、中国哲学专业。孔子学院奖学金招生类别主要是汉语国际教育专业硕士研究生、一学年研修生和一学期研修生。

从2000年到2011年，到中国留学的非洲国家学生人数达7.9万人，其中获得政府奖学金的达3.3万人，占41.8%。[1]自2005年始，非洲国家的自费留学生超过了获得政府奖学金的人数，到2011年，自费留学生人数已经达到获得政府奖学金的人数的2.3倍，中国正逐步成为非洲学生的留学目的地之一。近年来，根据非洲学生的实际需求和中国高校的特点，中国和非洲国家逐步调整了来华留学生的学历层次和培养方式，适当增加了研究生招生比例。例如，2005年的2757人次的非洲留学生中，本科生为823人、硕士研究生为697人、博士研究生为314人。2007年获政府奖学金的留学生中，攻读硕士和博士学位的人数已占57.3%。[2]2010年，享受中国政府奖学金的5710名非洲留学生中，硕士研究生为2334人，占40.9%；博士研究生为850人，占14.9%。此外，非洲有42名博士后来华深造，中方为多位完成合作研究任务归国的非洲科研人员捐赠科研设备。[3]

有条件的高校开始推行用英语或法语为留学生授课。2008年，北京大学、清华大学为培养发展中国家硕士人才开设了国际公共管理硕士项目（MPA），该项目是全英文授课的一年制硕士项目，旨在为非洲国家培养高层次精英人才。2011年，中国教育部、商务部决定增加"发展中国家国际关系硕士项目"和"发展中国家国际传播硕士项目"，承办高校由原来的2所逐渐增加[4]，以满足发展中国家在人力资源培训方面的多样需求。

（三）对非中文推广规模不断扩大

自非洲大陆第一所孔子学院——内罗毕大学孔子学院2005年成立以

---

[1] 中国教育部数据。

[2] 牛长松：《中国与非洲教育合作的新范式》，《比较教育研究》2010年第4期，第22～27页。

[3] 中非合作论坛中方后续行动委员会：《中非合作论坛第四届部长级会议后续行动落实情况》，2012年7月18日，http://www.focac.org/chn/ljhy/dwjbzzjh/t1txccl/201207/P0202108306z5095602964.pdf。

[4] 一些新增全英文授课硕士项目：华东师范大学"发展中国家教育硕士项目"、中山大学"发展中国家公共管理硕士项目"、中国传媒大学"发展中国家国际传播硕士项目"、外交学院"发展中国家国际关系硕士项目"、浙江师范大学"发展中国家比较教育硕士项目"等。

来，截至2019年9月，已经在非洲46国建立了61所孔子学院、在18个国家建立了44所孔子课堂，中方派出的中文教师和志愿者达720多位，在孔子学院注册学习中文的人数达9万人。①

非洲孔子学院为其所在院校的师生提供中文课程，开设中文必修或选修课程。部分孔子学院开设了商务汉语、导游汉语等特色课程，满足了非洲不同层次、不同类型的中文学习者的需求。很多孔子学院以所在院校为基地，采取"一院多点"的教学模式，将中文教学辐射到整个社会，包括其他高等院校、中小学校、私营部门及政府机构，中文课程的受众群体覆盖广泛。非洲各孔子学院积极举办各类文化交流活动，中国武术、书法、剪纸、国画、电影鉴赏、地方戏曲等成为各孔子学院的常设课程。孔子学院举办的中国春节、元宵节、端午节、中秋节等传统节日的活动丰富多彩，深受当地市民的欢迎，为非洲各国民众提供了零距离接触中国文化的机会。

以南非为例，南非现有6所孔子学院、3所孔子课堂（见表3-3），是非洲地区孔子学院数量最多的国家。南非的3所顶尖高校，包括开普敦大学、斯坦陵布什大学、罗德斯大学，较早就开展了中文教学；约翰内斯堡大学与南京工业大学筹建的孔子学院于2016年揭牌；德班理工大学孔子学院于2014年挂牌成立。南非的两所中学威斯特福德高级中学、开普数学科技学院（高中）相继开设了孔子课堂。同时，中方也对其他中学开设的中文教学点提供人力支持，派遣中文教师和志愿者讲授中文。

表3-3　南非孔子学院和孔子课堂

孔子学院名称	建立时间	所在地	中方合作机构
罗德斯大学孔子学院	2008年8月	格雷厄姆斯敦	暨南大学
斯坦陵布什大学孔子学院	2009年1月	斯坦陵布什	厦门大学
开普数学科技学院孔子课堂	2009年11月	开普敦	山东淄博实验中学
开普敦大学孔子学院	2010年7月	开普敦	中山大学
威斯特福德中学孔子课堂	2013年11月	开普敦	天津外国语大学附属外国语学校

① 李宝贵、庄瑶瑶：《汉语正走进非洲——为中非世代友好持续培养新生力量》，《光明日报》2019年12月5日，第14版。

孔子学院名称	建立时间	所在地	中方合作机构
德班理工大学孔子学院	2014年2月	德班	福建农林大学
约翰内斯堡大学孔子学院	2014年7月	约翰内斯堡	南京工业大学
南非中国文化和国际教育交流中心孔子课堂	2014年7月	比勒陀利亚（茨瓦内）	江苏省教育厅
西开普大学孔子学院	2019年12月	开普敦	浙江师范大学、浙江中医药大学

资料来源：根据相关资料整理。

（四）中非高校合作日趋密切

2010年6月，在中国教育部第八次对发展中国家教育援外工作会议上正式启动"中非高校20+20合作计划"。中国的20所大学（或职业教育学院）与非洲20所大学（或职业教育学院）作为中非大学间合作的重点伙伴开展长期合作（见表3-4）。中非高校在各自的优势学科、特色学科领域进行实质性的合作与交流，包括联合开展科学研究、进行教师培训、进行学术访问、师生互访、共同开发课程、联合培养研究生等，从而逐渐形成中非"一对一"校际合作新模式。

表3-4 "中非高校20+20合作计划"院校名单

中方院校	非方院校
北京大学	埃及开罗大学
北京语言大学	埃及苏伊士运河大学
湖南大学	南非斯坦陵布什大学
东北师范大学	南非比勒陀尼亚大学
南京农业大学	肯尼亚埃格顿大学
东华大学	肯尼亚莫伊大学
中国农业大学	几内亚法拉那高等农艺兽医学院
上海师范大学	博茨瓦纳大学
天津职业技术师范大学	埃塞—中国职业技术学院
浙江师范大学	喀麦隆雅温得第一大学
华东师范大学	坦桑尼亚达累斯萨拉姆大学
对外经贸大学	突尼斯迦太基大学
东南大学	赞比亚大学

续表

中方院校	非方院校
天津中医药大学	加纳大学
吉林大学	津巴布韦大学
北京第二外国语学院	摩洛哥穆罕默德五世大学
中国地质大学	纳米比亚大学
扬州大学	苏丹喀土穆大学
湘潭大学	乌干达麦克雷雷大学
苏州大学	尼日利亚拉各斯大学

资料来源：根据相关资料整理。

具体合作内容可以划分为以下几类。一是构建可持续交流平台。例如，东华大学与肯尼亚莫伊大学联合举办"中非纺织服装国际论坛"，北京第二外国语学院与摩洛哥穆罕默德五世大学合作创办"中国摩洛哥文化节"，对外经贸大学连续举办四届中突联合学术研讨会。二是联合培养研究生。项目中方院校为非洲伙伴院校培养硕士或博士研究生，例如，2019~2021年纳米比亚大学2名教师到中国地质大学攻读学位，[①]对外经贸大学累计接收突尼斯迦太基大学10余名学生，[②]浙江师范大学每年接收2名雅温得第一大学学生。[③]三是开展合作研究。合作研究是项目院校普遍开展的一类合作内容，在"20+20"框架下，中国农业大学每年确定一个研究主题，由中国农业大学和几内亚法拉那高等农艺兽医学院[④]的研究人员、硕士和博士研究生共同开展研究，同时逐步建设中国—坦桑农业发展研究中心；华东师范大学与达累斯萨拉姆大学联合开展非洲历史研究及东非斯瓦希里文明研究。四是依托孔子学院推进中文教学。东华大学与莫伊大学共建以纺织服装为特色的孔子学院，该孔院设立在莫伊大学所属企业东非Rivatex纺织公司内，颇具特色；湘潭大学与麦克雷雷大学为乌干达中学培养本土中文师资。五是扩展与第三方的合作。中国地质大学与纳米比亚

---

① 中华人民共和国教育部资料。
② 中华人民共和国教育部资料。
③ 中华人民共和国教育部资料。
④ 中国农业大学现合作院校为坦桑尼亚苏科固大学。

大学创新性地提出"1+1+N"合作模式,项目执行主体除合作院校外,吸纳了纳米比亚地调局、纳米比亚华东有色投资公司、中广核斯瓦科蒙德公司、中国核工业集团、中广核铀业发展有限公司、江西省地质矿产勘查开发局等校外力量。

(五)在非援建学校落成招生

2006年中非合作论坛北京峰会上,中国政府承诺为非洲国家援建100所农村学校。截至2009年底,中国在非洲建成107所学校,这些学校基本呈均匀分布,每个非洲国家2~3所,中国还为30所学校提供了教学设备。2009年"沙姆沙伊赫行动计划"中,中国决定为非洲再建50所中非友好学校,这50所中非友好学校,包括小学、中学、职业技术学校等,实际安排60所,包括新建54所学校和为6所学校提供设备。[①]

根据2003年中国与埃塞俄比亚的政府协议,中国商务部在埃塞俄比亚首都援建了埃塞—中国职业技术学院。这是中国政府迄今对外援建最大的教育项目,投资近9000万元,其中设备值700万元。学院坐落在埃塞俄比亚首都亚的斯亚贝巴耶卡区,这是亚的斯亚贝巴高校集中区。学院占地11.4万平方米,建筑面积2.3万平方米,容纳学生数3000人,包括1栋综合办公楼、5栋教学楼、1个多功能厅、2栋学生公寓,共有教室53间、实验室和实训车间53间、机房5间、各类办公室50余间。商务部提供的一期设备主要涉及机械、汽修、电气、电子、纺织、服装和计算机等专业。[②]

学校建成后,应埃塞方要求,中国教育部承担了从聘请校长、管理人员到师资建设的全部办学任务。2008年埃塞俄比亚与中国两国教育部正式签署埃塞—中国职业技术学院合作办学项目协议。天津职业技术师范大学在教育部委派下,承担援建的埃塞—中国职业技术学院的后续办学事宜,全程参与后续援建工作,派出中方校长、主管教学的副校长以及10名教师和管理人员,以中国高等职业教育办学模式启动该校办学工作。该校2009年9月28日

---

① 《中非合作论坛第四届部长级会议经贸成果落实情况》,中国政府网,2011年10月23日,http://www.gov.cn/jrzg/2011–10/23/content_1976199.htm。

② 《天津职业技术师范大学援建埃塞—中国职业技术学院项目情况介绍》,天津职业技术师范大学国际交流处,2015年12月24日,https://gjjlc.tute.edu.cn/jyywjd/as_zgjsxy.htm。

正式开学，首批招生370人，并在学院内成立埃塞俄比亚第一所孔子学院，中文成为学校学生的必修课。学院现设有机械技术、汽车应用技术、电气自动化技术、电子技术、现代纺织技术、服装设计与制作技术、计算机应用技术等7个专业。2011年5月20日，第二批援外教师赴埃塞俄比亚上任，完成援外教师第一次轮换。①

（六）中非职业技术教育合作

中非职业技术教育合作中，双方形成多重互动关系，非洲国家充分发挥积极主动性，根据自身产业发展需求，委托中国高职院校为其培养应用型技术技能人才及派遣留学生来华参加海外实习实训。2013年起，卢旺达政府委托金华职业技术学院为其培养学生，首届选派学生32名，主修汽车检测与维修技术、通信网络与设备、酒店管理专业，现已有四届毕业生。②金华职业技术学院采取"1+3"中文＋技能的培养模式，精心设置了120多门双语专业课程。卢旺达留学生不仅通过汉语水平测试，而且与中国学生一道参加企业实习实训，通过"双基地轮训"迅速提升实践能力。该项目精准对接卢旺达劳动力市场和国家发展规划，为卢旺达及周边国家培养了一大批符合非洲需求的高素质技术技能人才。

2017年，南非高等教育和培训部下属的行业教育与培训局出资选派南非职业技术学院学生赴中国高职院校开展为期1年的学习＋实习项目，到2021年，来华学习实习的南非学生已达1200多名，参与的中方院校达20多所。③南非根据该国技能发展战略，选定三大专业类别，包括信息类、建筑类和机械类，与中方开展合作。在高职院校国际化政策的激励和中国—南非职业教育合作联盟［2019年11月更名为"中非（南）职业教育合作联盟"］的引导下，中方院校充分调动各层面的资源和力量推进项目，在留学生日常管理、课程建设、实习实训等方面做出制度性安排。以黄河水利

---

① 《天津职业技术师范大学援建埃塞—中国职业技术学院项目情况介绍》，天津职业技术师范大学国际交流处，2015年12月24日，https://gjjlc.tute.edu.cn/jyywjd/as_zgjsxy.htm。

② 金华市人民政府外事办公室：《留学生引进来，优资源走出去，为非洲培养急需技能人才的"金职样本"》，2021年10月9日，http://swb.jinhua.gov.cn/art/2021/10/9/art_1229168149_58852034.html。

③ 牛长松：《中非合作夯实非洲职业教育》，《中国社会科学报》2021年8月19日，第9版。

职业技术学院为例，为培养水利工程管理专业的南非学生，该校构建了"一条主线，两种能力"的国际化课程体系，"一条主线"围绕国际化高端技能人才的培养目标展开，"两种能力"涵盖专业技能和职业素养，在半年的理论学习后，这些学生再参加半年的校外实训和企业顶岗实习。

创办海外职业技术学院是中国与非洲教育合作的一大特色。这些院校集合中非双方的优质资源，开设非洲国家紧缺专业，采取共同管理、合作办学的方式，有正规的教学场地和科学的管理机制。除前文提到的埃塞—中国职业技术学院外，宁波职业技术学院在贝宁建立的"中非（贝宁）职业技术教育学院"、黄河水利职业技术学院与南非北联学院合作创办的"南非大禹学院"、金华职业技术学院创立的卢旺达穆桑泽国际学院等均为"走出去"办学的良好实践案例。

2018年中非合作论坛北京峰会提出在非洲设立鲁班工坊，向非洲青年提供职业技能培训。为履行中非合作论坛的承诺，在短短3年的时间里，中国已在吉布提、埃及、南非、乌干达、尼日利亚、马达加斯加、埃塞俄比亚、科特迪瓦等国建成16所鲁班工坊，开设新能源、机电一体化、铁路运营、中医药、机械制造等7个大类23个专业。中方为鲁班工坊既提供实训基地和专业实训室的硬件，又提供专业标准建设、专家咨询指导、课程开发和师资培养等能力建设培训。鲁班工坊完善的建设体系促进了非洲职业技术教育的发展与创新，弥补了当地职教领域的专业缺口，推动青年的技能提升，也为"走出去"中资企业提供强有力的人力资源支撑。

伴随中国与非洲在农业、矿业、建筑、制造业、基础设施等领域的广泛合作，大量的中资企业走进非洲。根据英国学者肯尼斯·金的研究，中资企业在工作场所对非洲当地员工所进行的正规和非正规培训的数量远远超过在中国进行的，这些企业在非洲人力资源开发、技术与技能转让及能力建设方面所做的贡献不容小觑。[1]

中资企业在性质、规模、所属行业、经营方式等方面的差异和多样决定

---

[1] 〔英〕肯尼斯·金：《中国对非洲的援助与软实力：以教育和培训为例》，刘爱生、彭利平译，浙江大学出版社，2015，第92页。

了它们培训本土员工的路径不同，大致可以分为以下几种类型。一是企业在当地自行创立培训机构，例如，中兴公司投入1000万美元在埃塞俄比亚建立了先进的培训中心，华为公司在非洲不同地区设立了6所培训中心，此类培训中心不仅培训公司员工，而且作为实训基地向社区所在高校的学生开放，有的甚至被升格为研发中心。二是企业委托高校对员工开展培训。中国路桥公司在蒙内铁路建设期间，委托西南交通大学培训铁路建设及后期运营和管理方面的本土化铁路专业人才。三是学徒制在岗培训。一些中小企业通常以师傅带徒弟的方式为雇员提供技术培训，这种"做中学"的教学方式具有极强的实用性特征。四是将非洲员工送到中国培养。一个著名的例子是中国援助的尼日利亚国家航空署项目。很多年轻的技师被送到中国学习空间技术，这批学成归国的年轻工程师在尼日利亚国家航空中心形成了一个非常强大的知识基础。

第四节　中非教育合作面临的挑战

自2000年中非合作论坛建立以来，中国与非洲国家的教育合作已经取得令人瞩目的成绩，在改善非洲国家的教育状况和提升中国在非洲的软实力方面起到了积极作用。一方面，中国举办的各种培训班赢得了非洲各国的广泛好评，非洲学生来华留学深造的意愿不断增强，这对中文教学和更深层次的中非教育合作提出了更高的期待；另一方面，西方发达国家和印度、日本等亚洲国家都陆续与非洲国家联合举办各种峰会，出台了一系列的行动计划。世界银行在非洲推出"区域技能优异中心"项目，帮助非洲培养技能型人才；印度与非洲的远程教育合作规模不断扩大；日本的数学和科学教师培训项目从职后扩展到职前，影响力进一步提升。当前，中非教育合作仍面临很多困境与挑战，主要体现在以下几个方面。

（一）中非民众之间相互了解与认知不深

中非民间交流与了解仍有待加强，非洲普通民众对中国的了解不够全面，中国民众对非洲的认识同样有很多局限。[①]中非人民相互认知的历程

---

① 吴传华、郭佳、李玉洁：《中非人文交流与合作》，中国社会科学出版社，2018，第32页。

较短，欧洲在非洲有几百年的殖民史，西方在非洲的影响根深蒂固，在语言、文化、教育、宗教信仰、意识形态、思维观念等方面都深刻地影响了非洲。①非洲人了解中国的主要途径是西方媒体，而西方媒体对中国的评价往往存在偏颇，很多判断不够客观；同时，语言障碍在某种程度上限制了中非之间的民间交往。即使在中非深入合作的今天，中非民众仍对彼此存有很多刻板印象。大多数在非中资企业基本上与相关政府部门或生意伙伴的联系和交往较多，与非洲社会缺乏互动。因此，中非民间交流，特别是人文交流应该成为长期的战略，并服务于中非政治、经济等领域的合作。

在教育领域，中非之间的文化差异以及相互了解的局限，阻碍了人员流动。双方都未将对方作为首选留学目的地，中国作为世界上最大的留学生输出国，每年大量学生流向欧美发达国家的高校；非洲那些学业成绩优异的学生也往往被欧美国家所吸引，不仅仅因为这些国家为非洲学生提供丰厚的奖学金。相比之下，来华留学的非洲学生参差不齐，很多学生拥有的有关中国高校的信息和知识明显不足，随机选择留学院校或受同伴影响选择去母国学生聚集的城市学习，这也使非洲学生在来华后产生认知和期待偏差，遭遇文化冲突和适应性问题，对中国高校的学习和生活存有抱怨。

（二）多头管理部分消解了教育合作的影响力

长期以来，中国对非教育援助工作机制呈现"多头负责"的特征，不同机构负责不同的项目。中非合作论坛是中非多领域合作的政策平台和框架，设有中非合作论坛中方后续行动委员会，其共有36家成员单位，负责协调和履行中非合作论坛的承诺，定期与中国驻非各使馆联系，以确定非洲方面的诉求。委员会的三个核心成员单位是商务部、外交部和财政部。商务部是国务院授权负责对外贸易和国际经济合作的行政机构，为履行这些职责，商务部设立了25个职能部门②，在对外援助方面的职能包括：制定对外经济合作和贸易管理的相关规章制度、组织和协调与外国政府的经贸谈判和文件签署、批准对外援助项目、在对外合作项目中实行部门管理。外交部

---

① 刘海方：《中国对非留学生奖学金政策沿革与绩效研究》，载李安山主编《中国非洲研究评论（2015）》，社会科学文献出版社，2017，第192页。

② 《机构设置》，中华人民共和国商务部，https://www.mofcom.gov.cn/mofcom/shezhi.shtml。

负责外交政策，财政部外事司负责对外援助的总体预算。由于许多中央政府部委和机构以及地方政府都参与援助活动，商务部、外交部、财政部于2008年正式建立国家对外援助部际联系机制。2011年2月，该联系机制发展成为部际协调机制。2018年，为进一步整合商务部对外援助工作有关职责、外交部对外援助协调等职责，成立国家国际发展合作署（China International Development Cooperation Agency），旨在通过国际发展合作服务"一带一路"建设，其负责管理南南合作援助基金，主要职能为"拟定对外援助战略方针、规划、政策，统筹协调援外重大问题并提出建议，推进援外方式改革，编制对外援助方案和计划，确定对外援助项目并监督评估实施情况等"①。

在教育合作领域，教育部国际合作与交流司直接负责大学合作，主要是"中非高校20+20合作计划"；中国留学基金委作为教育部下属的非营利机构，负责管理在中国学习的非洲学生；国家汉办/孔子学院总部现更名为中外语言交流合作中心（Center for Language Education and Cooperation），负责管理孔子学院的建设与运营；商务部负责援建学校的招标以及对非人力资源短期培训项目；国家国际发展合作署管理的南南合作援助基金也开展对非援助项目，如对南苏丹教育技术援助项目。

根据上述描述，中国与非洲国家合作的决策过程涉及多个部委和组织，目前分散的体系中有许多来自不同部门的项目，这不利于教育合作项目的有效实施和管理。中国政府不定期对中非合作进行总结和评估，例如2021年发布的《新时代的中非合作》用大量数据和事实阐释了中非各领域的合作成果。然而，从具体的合作项目来看，立项的科学论证、项目评估和提升援助透明度等工作充满挑战。由于没有专门机构对外承接教育援助活动，中方与世界银行等国际机构在教育援助事宜上无法对接，阻碍了"全球教育伙伴关系"等与中国合作机制的建立。②此外，非洲各国在历史、地理、文化、经济发展上呈现多样性和显著性差异，教育发展的优先事项不一致，有的非洲国家迫切需要中学数学和科学教师，有

① 参见国家国际发展合作网站，http://www.cidca.gov.cn/。

② 滕珺、鲁春秀、〔加拿大〕卡伦·芒迪：《中国与世界银行"全球教育合作基金"合作途径与挑战》，《比较教育研究》2018年第12期，第19~24页。

的国家希望加强技能培训，还有的国家渴望利用信息技术改进教育。在中非合作论坛框架下，中方对不同非洲国家的合作诉求很难逐一给予回应和满足。

（三）监管和保障机制不够健全影响教育合作的成效

教育合作的监管和保障机制不尽完善，相关政策法规尚在健全之中，合作项目的有效性和可持续性面临挑战。在来华留学项目方面，留学生准入门槛低，造成生源质量参差不齐，一些非洲留学生来华经济动机明显高于教育动机，学习动力不足。有非洲留学生反映，中国的教学方法过于学究气，有些死板，教学内容大部分属于死记硬背类，过于理论性，缺乏实际应用。非洲留学生管理上也暴露出一些问题，院校国际处对非洲留学生的诉求或申诉回应不够，管理人员与留学生在管理方式和理念上存在冲突等，在学生实习和管理工作上仍有较大的提升空间。[①]

境外办学遭遇瓶颈。2002年教育部颁布的《高等学校境外办学暂行管理办法》已于2015年11月废止。境外办学经费压力较大，需要大量资金支持，各院校通过不同渠道筹措资金，采取建设海外分校、中非联合办学、校企合作等不同办学方式。境外办学牵涉教育部、商务部、院校所属省市教育主管部门等多部门，多头管理和条块分割问题较为突出。由于境外办学涉及资产、财务、人事、出入境、教师待遇等一系列问题，院校需向不同部门提交各类申请，寻求各种支持和解决办法。

孔子学院实行中外联合管理的办学模式，中外方院长协调管理机制不明确，不同孔子学院采取不同管理模式。有的孔院中方院长权限较大，财务管理相对独立、高效，有相关经费使用的协议框架，开展活动顺畅；有的孔院经费使用手续烦琐，并且受非方高度控制，影响孔院的办事效率。由于孔子学院管理机制不同，中外方院长职责不明确，在一些孔院，中外方院长关系不够和谐。中外方合作院校之间的合作是否顺畅，以及中外方院

---

① C. Niu，S. Liao，Y. Sun，"African Students' Satisfaction in China: From the Perspectives of China-Africa Educational Cooperation," *Journal of Studies in International Education*，Vol. 27，No. 2（2023），pp. 298–315.

长的角色划分直接影响孔子学院的可持续发展。①总之，孔子学院章程和孔子学院理事会管理机制需要得到进一步完善和明确。

短期人力资源培训项目效果明显，参加过培训的人员对中国都有深厚的感情，但后续跟踪机制不完善，没有对培训人员的长期跟踪访谈，这些资源尚未得到充分利用。②此外，人力资源培训的实用价值还有待提高，人力资源培训中的实训内容和技术成果推广部分少，实用性不高。教育人力资源培训没能与中非其他领域的合作项目有效结合。

（四）能力建设不足制约了教育合作的发展

培养教育合作相关的各类人才是中非教育合作的重要支撑。但在中非教育合作的实施过程中，教育合作因能力建设不足遇到发展瓶颈。正如学者发出的诘问："如果中国教育经验能够提炼为供世界分享的教育理论与知识，我们善于提炼建构吗？""如果有机会参与国际教育标准制定、国际教育规约编制，我们是否有能力派出大批知晓国际规则、懂得教育规律、善于与各国同行协作、具有国际影响力的专家与官员？"③

中国学者中，研究发达国家教育问题的多，非洲教育研究队伍规模尚小，研究人员稳定性差，多产作者少，尚未形成核心骨干力量。此外，一个比较突出的问题是，当前非洲教育研究学者的语言背景较为单一，法语和阿拉伯语背景的学者较少，缺乏对非洲法语国家教育的研究。④在中非教育合作各类项目实施过程中，能力建设不足的问题均有所体现。孔子学院中文志愿者出国前对非洲国家情况了解得不充分，在风险预防、合作共处、跨文化交流等方面的能力参差不齐。对非人力资源短期培训项目实施中，由于对非洲基本国情民意、历史文化、经济社会发展概况了解不够，

---

① 李军、田小红：《中国大学国际化的一个全球试验——孔子学院十年之路的模式、经验与政策前瞻》，《中国高教研究》2015年第4期，第37~43页。

② Kenneth King, "China's Cooperation in Education and Training with Kenya: A Different Model?" *International Journal of Educational Development*, Vol. 30, No. 5（2010），pp.488–496.

③ 张民选：《疫情下的教育国际公共产品供给：世界危机与中国行动》，《比较教育研究》2021年第2期，第3~15页。

④ 牛长松：《非洲教育研究综述》，《西亚非洲》2011年第5期，第47~51页。

缺乏关于对象国的知识储备，大部分高校只能选择本校教师熟悉的中国国情与历史文化、中国发展经验与技术发展水平的课程进行讲授，这种"大而化之"的课程内容亟须改变。在非洲留学生培养上，专业设置与非洲学生需求不对接、教师英文教学能力差、对留学生论文指导不到位等能力建设不足问题依然存在。

第四章
中非教育合作案例分析

中国与非洲的教育合作集中在高等教育层次，主要包括学生流动、高校合作、非洲孔子学院建设、职业技术教育合作、针对非洲专业人员在中国举办研修班等。本章运用实证方法，通过实地调研、发放问卷、访谈等对非洲来华留学生的满意度、孔子学院在非洲的文化影响力、中国—南非的职业技术教育合作三个方面开展研究，以此分析中非教育合作的实践效应。

第一节　非洲来华留学生的满意度

20世纪50年代，为团结广大的发展中国家，尤其是亚非民族独立国家，中国开始招收非洲留学生。[1]1956年，根据中国和埃及的文化交流会谈纪要，4位埃及学生来到中国，到1960年，非洲留学生快速增加到95人。坦赞铁路建设时期，中国为非洲培养了大批铁路技术人才，1972年就有200名非洲学生在华接受培训。[2]1994年之前，非洲来华留学生每年都基本维持在500人以下的规模。1996年，中国国家领导人访问非洲6国，提出基于真诚友好、平等相待、互利互惠、加强磋商、面向未来的全面发展中非关系的五点建议，开启中非合作的新阶段，同时推动来华留学的迅猛发展。2000年后，利用中非合作论坛，中国政府加大财政投入力度，扩大奖学金发放规模及受益面，非洲来华奖学金生和自费生人数都呈现跨越式增长。在2006年的"北京行动计划"中，中国政府将奖

---

[1] Anshan Li, "African Students in China: Research, Reality and Reflection," *African Studies Quarterly*, Vol. 17, No. 4 (2018), pp.5–44.

[2] 李安山、沈晓雷：《非洲留学生在中国：历史、现实与思考》，《西亚非洲》2008年第5期。

学金名额增加到4000个。2018年来中国学习的国际学生超过49万人，达到492185人，其中非洲学生为81562人，占16.57%，[①]非洲留学生成为中国大学校园里令人瞩目的一个群体。

非洲来华留学生数量的变化与中非关系的发展密不可分，中国广泛参与非洲国家基础设施建设、中资企业在非洲直接投资、中非贸易额大幅增长等经贸因素对非洲学生选择来华留学具有一定的推动作用。[②] 当然，政治、文化和教育因素也不容忽视。[③] 近年来，中国对人文交流的重视程度不断提升，将政治互信、经贸合作与人文交流看作大国外交的三大支柱，而非洲留学生历来是中非教育合作的组成部分，是中非人文交流的重要载体，他们在中国高校的经历不仅关系到他们个人的学业成就，也关系到中国高校的国际影响力，甚至对中非关系的未来发展产生影响。本节以浙江省某高校非洲留学生为样本，通过量化研究与质性访谈相结合的混合研究方式，调研了解非洲留学生对中国高校教学和管理服务的满意度，分析影响非洲学生在华学习生活满意度的因素及其原因，为中非教育合作提供参考。

一 相关研究综述

中非合作论坛在创立之初就将对非人力资源的培养作为中非合作的一项重要内容，几乎中非合作论坛每届部长级会议上，中国承诺为非洲提供的奖学金名额都在增加，在2018年中非合作论坛北京峰会上，中国已将政府奖学金名额提高到5万个，此外还提供5万个研修培训名额。[④] 除中国政府奖学金[⑤]外，中国还为非洲学生提供地方政府奖学金、高校奖学金、企

---

① 《2018年来华留学统计》，中华人民共和国教育部，2019年4月12日，http://www.moe.gov.cn/jyb_xwfb/gzdt_gzdt/s5987/201904/t20190412_377692.html。

② Kenneth King, "China's Cooperation in Education and Training with Kenya: A Different Model?" *International Journal of Educational Development*, Vol. 30, No. 5 (2010), pp.488–496.

③ 魏浩、袁然、赖德胜：《中国吸引留学生来华的影响因素研究——基于中国与全球172个国家双边数据的实证分析》，《教育研究》2018年第11期，第76~90页。

④ 《中非合作论坛——北京行动计划（2019—2021年）》，中非合作论坛，2018年9月5日，http://focacsummit.mfa.gov.cn/chn/ hyqk/t1592247.htm。

⑤ 中国政府奖学金包括孔子学院奖学金，主要招收汉语国际教育专业硕士研究生、一学年研修生和一学期研修生。

业奖学金等。然而，奖学金生并不是非洲来华留学生的主体。值得关注的是，2005年非洲自费生人数超过了奖学金生人数，此后逐年攀升，显示了非洲对中国教育市场的巨大需求。例如，2014年非洲来华留学生41673人，其中自费生占78.6%（32774人）（见图4-1）。近年来，中国政府逐步调整来华留学生的学历层次和培养方式，适当增加研究生招生比例。[1] 然而，由于自费生大量涌入，目前在华的非洲学历生中，本科生比例仍高于研究生，在66%上下浮动。[2] 从学科分布来看，中文一直是留学生的首选专业，同时，学习工科、理科、经济、农学的学生明显增加，西医、工科、经济、管理、中医等专业越来越受到非洲学生的青睐。

非洲学生来华留学趋势与他们的全球流动基本保持一致，联合国教科文组织的一项研究表明，非洲学生是全球最活跃的流动群体，其流动率是全球学生平均流动率的2倍，这与非洲国家高等教育供给不足密切相关。阿尔及利亚、摩洛哥、突尼斯、尼日利亚、喀麦隆、津巴布韦和肯尼亚等7个国家的流动学生差不多占了非洲流动学生的一半，[3] 来华非洲学生的主要来源国为加纳、尼日利亚、坦桑尼亚、埃塞俄比亚、津巴布韦、喀麦隆等。

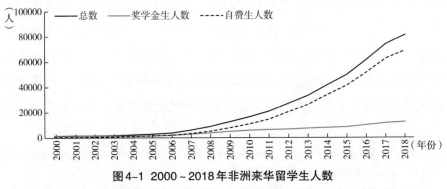

图4-1 2000～2018年非洲来华留学生人数

资料来源：数据根据中华人民共和国教育部《中国教育年鉴》及教育部网站整理得出。

---

[1] Changsong Niu, "China's Educational Cooperation with Africa: Toward New Strategic Partnerships," *Asian Education and Development Studies*, Vol. 3, No. 1(2013), pp.31–45.

[2] 根据中华人民共和国教育部来华留学统计数据计算所得。

[3] Campus France, "The International Mobility of African Students," November 2017, https://www.campusfrance.org/en/resource/the–international–mobility–of–african–students.

伴随非洲留学生数量的增加，相关研究日益增多，关于非洲学生在华经历的研究集中在非洲留学生历史、留学动因、校园生活、教育管理、跨文化交流、跨文化适应、中非关系、学习满意度等领域。一些研究在中非合作的背景下讨论非洲学生来华留学的历史、多元动机，突出非洲学生对中非关系的促进作用。[1] 有两项研究通过访谈方式，探讨非洲学生协会（Association of African Students）在帮助非洲学生获得身份认同、适应大学生活、应对文化冲突等方面所发挥的作用。[2] 金在他的研究中与回到非洲的以及在读的非洲留学生进行访谈，他们认为在中国学到了时间管理、职业道德和学习精神，由于中资企业在非洲的大量存在，他们在中国所学的知识有用武之地。[3]

学界比较关注非洲学生的跨文化适应问题，Nadeem Akhtar 等学者在6所大学分发了110份问卷，调查非洲学生的跨文化适应情况以及影响他们满意度的因素，结果发现，59%以上的非洲学生对他们在中国的学习经历满意；具有文化差异意识、用英语完成作业、社会交际面广、先前有跨文化经历等因素对非洲学生在华满意度有积极影响，气候不适应以及对中国期望值过高对非洲学生的满意度造成消极影响。[4]

关于非洲学生对中国高校的满意度，Gillespie 的研究认为，非洲学生在中国遭遇歧视，在中国社会的各个层面，非洲学生都经历过某种程度的压力。该研究结论的可信度不足，因为研究发现主要来自焦点团体访谈，

---

[1] Anshan Li，"African Students in China: Research, Reality and Reflection，"*African Studies Quarterly*，Vol. 17, No. 4（2018），pp.5–44.

[2] Kouassi Joseph Tano & Qiu Yun Sun，"The African Student Associations' Survival and Adaptation in China: Cases of Jinhua and Wuhan，"*Asia Pacific Journal of Advanced Business and Social Studies*，Vol. 3，No.2 (2017)；Hannane Ferdjani，"African Students in China: An Exploration of Increasing Numbers and Their Motivations in Beijing，"Centre for Chinese Studies，Stellenbosch University，September 2012，https://scholar.sun.ac.za/handle/10019.1/70764.

[3] 〔英〕肯尼斯·金：《中国对非洲的援助与软实力：以教育和培训为例》，刘爱生、彭利平译，浙江大学出版社，2015。

[4] Nadeem Akhtar, Cornelius B. Pratt and Shan Bo，"Factors in the Cross–cultural Adaptation of African Students in Chinese Universities，"*Journal of Research in International Education*，Vol. 14, No.2（2015），pp.98–113.

缺乏其他非洲学生的声音。[①] Lili Dong 与 David W. Chapman 在对中国政府奖学金项目的研究中发现，学生的个人努力与他们对在中国学习经历的满意度呈显著正相关，奖学金项目展现了中国的善意，提高了国家软实力。[②]另一项研究从环境、学生个体和学习行为互动的视角出发，在对非洲留学生跨文化适应、学习动机、自我效能感和学习策略等方面的调查中发现，非洲留学生对学校的环境、教学设施和学生管理比较满意，对学习氛围、教学模式不大满意，而学生的内在动机越强，学习效果越好。[③]

非洲留学生在中国的学习经历、他们对中国高校教育服务的满意程度影响中国院校在非洲的声誉，也决定了中国的非洲留学生政策的成败。[④]中国国内很多研究都将来华留学生群体作为一个整体开展教育满意度调查，[⑤]样本区分度低。本研究将某高校非洲留学生作为样本，从教学和管理服务两个维度调查非洲留学生在中国院校的经历，并分析影响他们满意度的因素。

二 研究方法

本研究通过2019年10月的问卷调研和访谈，了解非洲学生在华学习经历，考察他们对中国高校教学和管理服务的满意度，发现教育服务中存在的问题，以增强中国院校服务国际学生的能力建设，提升国际学生教育服务质量。

本研究采用质性访谈与量化研究相结合的研究方法，参考借鉴国内外有

---

① S. Gillespie, *South–South Transfer: A Study of Sino–African Exchanges*, New York: Routledge, 2001.

② Lili Dong & David W. Chapman, "The Chinese Government Scholarship Program: An Effective Form of Foreign Assistance?" *International Review of Education*, Vol. 54, No.2(2008), pp.155–173.

③ 陈秀琼、龚晓芳：《来华非洲留学生跨文化学业适应调查与分析》，《教育评论》2018年第9期，第58页。

④ H. Ø. Haugen, "China's Recruitment of African University Students: Policy Efficacy and Unintended Outcomes," *Globalisation*, *Societies and Education*, Vol. 11, No.3 (2013), pp.315–334.

⑤ 施晨：《来华留学生满意度分析——以厦门某高校为例》，《高教论坛》2018年第5期，第105～109页；陈昳可、郑崧：《浙江高校留学生在学满意度调查：现状、影响因素及对策》，《浙江教育科学》2018年第3期，第6～19页。

关国际学生教育服务满意度的测评问卷，结合来华非洲留学生特点，在对部分非洲留学生和专家进行访谈的基础上，设计"来华非洲留学生教育服务满意度问卷"，该问卷采用5点计分法，即1=非常不满意、2=比较不满意、3=一般、4=满意、5=非常满意。在问卷分析的基础上，本节针对满意度较低项和具有代表性的问题，进行留学生个案访谈，深度挖掘造成非洲留学生不满意的具体原因。

本研究采用整群随机抽样方式，将D大学非洲来华留学生按照本科生、硕士研究生、博士研究生分成三组，按照每组学生所占比例进行随机抽样。此次调查共发放问卷310份，有效问卷298份，无效问卷12份，有效率96%，样本来自非洲41个国家，涵盖D大学11个学院33个专业，其中性别、年龄、学历、汉语水平考试（HSK）等级、有无奖学金以及来华时长等非洲来华留学生人口统计学特征详见表4-1。

表4-1　非洲来华留学生人口统计学特征

单位：人，%

变　　量		人数	占比	变　　量		人数	占比
性　　别	男	189	63.4	学历	本科生	113	37.9
	女	109	36.6		硕士研究生	171	57.4
年　　龄	16～22岁	60	20.1		博士研究生	14	4.7
	23～26岁	122	40.9	HSK等级	HSK1	30	10.1
	27～35岁	92	30.9		HSK2-3	50	16.8
	35岁以上	24	8.1		HSK4-6	71	23.8
有无奖学金	自费生	118	39.6		无HSK成绩，中文较差	67	22.5
	奖学金生	180	60.4		无HSK成绩，中文尚可	80	26.8
来华时长	少于12个月	105	35.2	来华前职业	学生	146	49.0
	12～24个月	103	34.6		有工作	123	41.3
	24～36个月	50	16.8		无工作	29	9.7
	超过36个月	40	13.4				

资料来源：笔者自制。

三　研究发现

（一）非洲来华留学生的总体满意度

本部分对各级指标进行了主成分分析，结果显示，非洲来华留学生对中国高校教育服务的总体满意度均值为3.58，总体呈现"满意"状态。教学服务各项指标中，"课程设置与内容"的满意度最高，均值为3.78，"课堂教学"和"教师素养与学术能力"的满意度均值分别为3.61和3.44。管理服务各项指标中，"校园文化"的满意度最高，均值为3.50；"后勤保障"的满意度最低，均值为3.05。从总体看，教学服务各项指标的满意度明显高于管理服务各项指标的满意度（见表4–2）。

表4–2　在华非洲留学生教学与管理服务各项指标满意度统计

	克朗巴哈系数	均值	标准差
教学服务（二级指标）	0.81	3.56	0.58
课堂教学（三级指标）	0.82	3.61	0.66
教师素养与学术能力（三级指标）	0.79	3.44	0.68
课程设置与内容（三级指标）	0.70	3.78	0.73
学术支持（三级指标）	0.75	3.42	0.69
管理服务（二级指标）	0.71	3.24	0.66
后勤保障（三级指标）	0.70	3.05	0.77
校园文化（三级指标）	0.70	3.50	0.73
管理支持（三级指标）	0.80	3.18	0.79
总体满意度（二级指标）	0.82	3.58	0.88

资料来源：笔者自制。

（二）非洲来华留学生对教学服务的满意度

从教学服务维度来看，各项指标的满意度均值都超过3，但是"所学课程将会提高我的专业知识""所学课程将会提升我的就业技能""教师学术知识和技能""教学内容与课程贴合""教学材料贴合教学内容"这5项，均值在3.7以上，满意度较高；"教师关心你的学习和生活""学校对参加学术活动的支持""教师对中国学生与非洲学生公平""教师的英语水平""学校安排的教学实习和实践活动"等5项的均值较低，在3.4以下（见表4-3）。

表4-3　教学服务维度满意度均值

	均值	标准差
所学课程将会提高我的专业知识	3.93	0.786
所学课程将会提升我的就业技能	3.84	0.889
教师学术知识和技能	3.84	0.803
教学内容与课程贴合	3.73	0.829
教学材料贴合教学内容	3.72	0.902
图书资源获得的便利程度	3.66	0.926
活跃的课堂氛围	3.60	0.882
课程的多样性	3.57	0.919
教师的考核方式合理	3.55	0.872
图书资源的数量	3.53	0.978
教学方法多样性	3.51	0.888
教学材料容易理解	3.50	0.885
学校学术活动丰富程度	3.50	0.889
教师关心你的学习和生活	3.37	1.008
学校对参加学术活动的支持	3.36	0.975
教师对中国学生与非洲学生公平	3.32	1.042
教师的英语水平	3.14	0.942
学校安排的教学实习和实践活动	3.04	1.053

资料来源：笔者自制。

（三）非洲来华留学生对管理服务的满意度

正如上文所说，管理服务维度的满意度普遍低于教学服务维度的满意度。在管理服务指标中，只有"学校体育、文娱场所与设施的丰富程度"的均值在3.7以上，满意度较高；而与财务报销、补助制度、申诉渠道、就医、与中国学生交往、就业指导、住宿条件、餐厅饮食相关的8项指标的满意度均值都低于3.4，满意度较低（见表4-4）。

表4-4　管理服务维度满意度均值

	均值	标准差
学校体育、文娱场所与设施的丰富程度	3.82	0.976
学校体育、文化、科技活动的丰富程度	3.66	0.993
留学生社团的丰富程度	3.40	0.956

	均值	标准差
财务报销等管理人员的服务态度和办事效率	3.26	0.951
学校对留学生的补助以及相关的助学制度	3.23	0.933
学校设有申诉渠道，且及时对申诉做出回应	3.20	0.964
校医院就医与服务质量	3.15	0.952
中国学生与非洲学生的交往态度与融洽程度	3.13	1.004
学校对留学生就业指导的完善程度	3.04	1.031
留学生的住宿条件	3.03	1.119
学校餐厅饮食符合自己的习惯	2.96	0.991

资料来源：笔者自制。

（四）非洲来华留学生满意度的影响因素

将非洲来华留学生总体满意度作为因变量，将性别（X_1）、年龄（X_2）、学历（X_3）、HSK等级（X_4）、来华前职业（X_5）、有无奖学金（X_6）、来华时长（X_7）作为自变量进行多元有序 Logistic 回归分析，结果见表4-5。在显著性为0.05上，共有3个因素进入回归方程，分别为 HSK 等级（X_4）、有无奖学金（X_6）和来华时长（X_7）。对 Logistic 模型中所有自变量的偏回归系数是否为0进行平行线检验，P小于0.05，故 Logistic 回归方程具有统计学意义，即解释变量 X_1~X_7 对解释非洲来华留学生满意度变化是有意义的。

HSK 等级的偏回归系数 β_4（−1.259、−1.113、−.193、−.349；分别对应 X_j=1，2，3，4，X_j=5 已被系统设置为参照参数）小于0，且 OR_4 大于1。这说明随着 HSK 等级的升高，非洲来华留学生满意度级别高的概率风险降低，即 HSK 等级越高，非洲来华留学生满意度越高。这可能与 HSK 等级越高的非洲来华留学生的学术和跨文化适应能力更强有关，HSK 等级越高，学生的学术成绩越好，跨文化适应能力越强。

有无奖学金的偏回归系数 β_6= −.225<0（对应于 X_6=1，X_6=2 已被系统设置为0，作为参照参数），OR_6<1，这说明与有奖学金的非洲来华留学生相比，自费非洲来华留学生的满意度更低。可能的情况是，自费非洲来华留学生的学习成本高，对中国高校的教学服务和管理服务的期待值更高。

来华时长的偏回归系数 β_7 为 .262、.010、−.054，分别对应 X_j=1，2，3，OR_7 大于1。说明随着非洲来华留学生来华时长的增加，其满意度级别高的概率风险降低，即非洲来华留学生在华时间越长，满意度越高。这可能与非洲来华留学生跨文化适应时长有关，随着时间的推移，非洲来华留学生越来越适应中国高校的学术氛围和管理环境。

表4-5　非洲来华留学生总体满意度影响因素多元有序Logistic回归分析

参数估算值							
	偏回归系数	标准误差	瓦尔德	自由度	显著性	95% 置信区间	
						下限	上限
阈值 [总体满意度 = 1 "非常不满意"]	−3.481	1.525	5.208	1	.022	−6.471	−.491
[总体满意度 = 2 "比较不满意"]	−.986	1.424	.479	1	.489	−3.777	1.805
[总体满意度 = 3 "一般"]	1.164	1.421	.671	1	.413	−1.621	3.950
[总体满意度 = 4 "满意"]	3.442	1.435	5.756	1	.016	.630	6.255
位置 [性别=1 "男"]	.548	.243	5.082	1	.224	.072	1.025
[性别=2 "女"]	0a	.		0	.	.	.
[母语=1 "英语"]	−.739	.296	6.251	1	.012	−1.319	−.160
[母语=2 "法语"]	−.424	.308	1.891	1	.169	−1.027	.180
[母语=3 "阿拉伯语"]	.259	.489	.280	1	.597	−.700	1.218
[母语=4 "其他语言"]	0a	.		0	.	.	.
[宗教=1 "基督教"]	1.304	1.121	1.355	1	.244	−.892	3.501
[宗教=2 "伊斯兰教"]	.759	1.128	.452	1	.501	−1.452	2.969
[宗教=3 "其他宗教"]	1.758	1.199	2.150	1	.143	−.592	4.107
[宗教=4 "无宗教信仰"]	0a	.		0	.	.	.
[年龄=1 "16~22岁"]	.524	.575	.829	1	.362	−.603	1.651
[年龄=2 "23~26岁"]	.148	.472	.098	1	.754	−.777	1.073
[年龄=3 "27~35岁"]	.183	.442	.171	1	.679	−.684	1.050
[年龄=4 "35岁以上"]	0a	.		0	.	.	.
[学历=1 "本科生"]	.282	.595	.225	1	.635	−.884	1.448
[学历=2 "硕士研究生"]	.047	.554	.007	1	.932	−1.038	1.132

续表

		参数估算值						
		偏回归系数	标准误差	瓦尔德	自由度	显著性	95% 置信区间	
							下限	上限
位置	[学历=3 "博士研究生"]	0a	.	.	0	.	.	.
	[HSK 等级 =1 "无 HSK 成绩，中文较差"]	−1.259	.328	14.763	1	.000	−1.902	−.617
	[HSK 等级 =2 "HSK1"]	−1.113	.414	7.219	1	.007	−1.925	−.301
	[HSK 等级 =3 "HSK2-3"]	−.193	.347	.309	1	.005	−.874	.488
	[HSK 等级 =4 "HSK4-6"]	−.349	.323	1.170	1	.027	−.981	.283
	[HSK 等级 =5 "无 HSK 成绩，中文尚可"]	0a	.	.	0	.	.	.
	[来华前职业 =1 "学生"]	.597	.397	2.261	1	.133	−.181	1.376
	[来华前职业 =2 "有工作"]	.204	.408	.250	1	.617	−.596	1.003
	[来华前职业 =3 "无工作"]	0a	.	.	0	.	.	.
	[有无奖学金 =1 "自费生"]	−.225	.244	.851	1	.005	−.704	.253
	[有无奖学金 =2 "奖学金生"]	0a	.	.	0	.	.	.
	[来华时长 =1 "少于 12 个月"]	.262	.365	.514	1	.047	−.453	.977
	[来华时长 =2 "12~24 个月"]	.010	.365	.001	1	.049	−.706	.726
	[来华时长 =3 "24~36 个月"]	−.054	.403	.018	1	.031	−.844	.736
	[来华时长 =4 "超过 36 个月"]	0a	.	.	0	.	.	.

关联函数：分对数。

a. 此参数冗余，因此设置为零。

四 研究讨论

我们的研究发现，非洲留学生对他们在 D 大学的经历总体满意，对教学服务的满意度高于管理服务的满意度。在教学服务维度中，非洲留学生对教师的满意度偏低，主要集中在两个方面，即教师与学生的学术互动和社会互动以及教师英语水平。师生互动无论在课堂上还是课后都不够充分。受访者 D 这样解释："我们全程都在听老师说，感觉很少受到关注，很多时候中国教师上课语速很快，而我们中文不是很好，很多时候跟不上，遇到不懂的地方也不好打断老师上课。"访谈中一名行政管理专业的非洲学生表示："老师一般只通过 QQ、Wechat（微信）和我们联系，布置作业、发资料以及其他事情，但是和老师见面的机会比较少，我有很多想法没有办法直接跟她/他交流，而在教室基本上一节课结束了，教师就离开了，和我们交流得不多。"[①] 师生互动是影响国际学生满意度的重要因素，学术互动的频率一般比非正规社会互动高一些。[②] 我们的访谈也证实了这一点，研究生与导师的联系频率更高，老师会关心、督促和指导学生论文的进展。尤其在新冠疫情发生后，学校要求导师与所带的留学生联系，关心留学生身心健康，及时疏导其负面情绪，加强学业方面指导。尽管非洲留学生对师生互动的满意度不高，但这些学生普遍表示，如果有自己无法解决的问题，他们还是非常信赖老师，会主动向老师求教。

关于教师英语水平问题，仅有 36.6% 的非洲学生对教师英语水平感到满意，39.9% 的非洲学生采取了模糊性评价。中国高校有两类留学生项目，一类是只招收留学生的英文授课项目（separate track），另一类是留学生与中国学生同班的中文授课项目（integrate track）。对教师英语水平满意度低的一个原因是，中文授课项目中，教师采用中文教学而非洲学生中文水平不高。中文水平对非洲学生的满意度产生非常显著的影响。那些在孔子学院学习过中文的非洲学生很快适应了在中国的学习和生活。有些留学生希望学好中文，能留在中国工作。另一个原因是，尽管中国高校教师都具有博士学位，但英语水平参差不齐。张雯的研究对留学生英文授课项目中的语言问题也进行了解释：中国教师听不懂学生的提问和想法，让非洲学生

---

① 笔者于 2019 年 4 月在调研学校与行政管理专业非洲学生访谈所得。

② Wen Wen, Die Hu, Jie Hao, "International Students' Experiences in China: Does the Planned Reverse Mobility Work?" *International Journal of Educational Development*, Vol. 61（2018）, pp. 204–212.

产生挫败感；有些研究生导师受英语能力限制，很难与所带研究生就学术问题深入讨论，影响非洲留学生的学术热情。①

此外，非洲学生对学校安排的教学实习和实践活动认可度低。访谈得知，一方面，出于安全考虑以及愿意接收非洲学生的中国企业较少的原因，目前院校组织非洲留学生进行集中的专业实习以及相关实践的频率不高，非洲学生很难真正走进中国的企业和生产制造业。另一方面，非洲来华留学生选择兼职，将之作为提升生活质量的途径之一，而在这方面存在着兼职信息不对称、兼职安全风险以及其他跨文化交际问题。②

管理服务维度存在的问题较多，与财务报销、补助制度、申诉渠道、就医、与中国学生交往、就业指导、住宿条件、餐厅饮食相关的8项指标的满意度都低于3.4，满意度偏低。对于学校管理服务的这些不满产生的原因如下。第一，由于制度和文化差异，国内院校管理方式不同。例如，非洲留学生认为学校宿舍管理过分严格，晚上11点必须回公寓的规定很严格，多人共用房间也不够尊重个人隐私等。实际上，在留学生管理方面，国内院校正积极实施趋同化管理，③也就是说，对中外学生一视同仁，不搞双重标准。然而，如何在尊重差异性的前提下，有效实施中外学生的趋同化管理，对国内高校仍是一个挑战。第二，语言障碍。例如，校医院医护人员不懂英语造成与留学生沟通不畅，以致部分非洲学生不愿意听从中国医生的诊治建议。第三，财务报销制度及申诉制度比较复杂，造成非洲留学生对院校管理的不满。非洲留学生群体比较重视对自身权益的争取，时常会提出他们的意见和建议，当院校未能及时对此做出回应和处理时，往往会给留学生留下消极印象。

从影响满意度的因素来看，中文语言能力强以及来华时间长的留学生对中国院校的满意度会高，在D大学的非洲留学生群体中，既有在中国攻

---

① 张雯：《非洲来华硕士项目留学生的学术适应、文化适应与文化认同——一项质性研究》，硕士学位论文，浙江师范大学，2019。

② 孙玉兰、李灿、吴红梅：《从理想到现实：非洲来华留学生兼职困境研究——以南京八所高校为例》，《高教探索》2015年第12期，第99~106页。

③ 张端鸿：《来华留学生教育为何难以实现管理趋同化》，《中国科学报》2019年7月17日，第4版。

读多个学位的案例，也有从自费生转向奖学金生的案例。自费生与奖学金生相比，有更大的经济压力和更高的期望值，非洲自费生的诉求值得未来关注及做深入研究。

五 建议举措

将非洲来华留学生的增长嵌入中非关系及中非教育合作的背景后，我们就会发现对于高等教育毛入学率只有12%左右的非洲大陆来说，中国为非洲提供的高等教育入学机会弥补了非洲高等教育的供给不足，是中国为非洲实现2030教育可持续发展目标所做的贡献。实际上，中国政府来华留学生政策的关注点正从扩大来华留学规模转向对高校国际化办学质量的重视，构建有影响力、有内涵的"留学中国"品牌已成为中国教育对外开放的重点内容之一。[①] 与此同时，中国高校更应该从非洲的视角来思考非洲学生的多元需求，非洲学生带着怎样的期待来中国寻求不同以往的新机会与新知识。毫无疑问，非洲学生对此的理解更深刻，他们不是只为获得一张文凭而来到中国的，他们在思考、衡量与对比在中国所接受的教育的含金量如何，能否有助于他们找到工作，能否有很高的认可度等。

本研究主要基于国内一所以非洲项目为特色的省重点高校的非洲来华留学生的样本数据，样本规模尚小，然而，从中非教育合作的视角对该研究所得结论进行分析并提出思考与对策仍具有一定的启发意义。本研究发现，非洲来华留学生对在中国所接受的教育总体比较满意，认为所学知识会提高自己的就业能力，教师专业能力强，教学内容与课程贴合，学校的体育、文娱设施可以满足他们的需要，然而，有些领域亟待提高，包括英语教学水平、留学生与中国老师和学生之间的沟通互动以及后勤管理服务等。

以下几个方面有待进一步反思与改进。首先，政府应完善与留学生

---

① 2016年4月中国颁布的《关于做好新时期教育对外开放工作的若干意见》以及2020年颁布的《教育部等八部门关于加快和扩大新时代教育对外开放的意见》都提出要打造"留学中国"品牌。

相关的语言政策。无论对参加中文授课项目还是英文授课项目的非洲留学生来说，语言问题都是最大的挑战。^①中国发展经验是吸引非洲学生来华的一个重要因素，而中国高校是他们了解、学习和研究中国发展经验的最佳场所。该校招收的比较教育英文硕士项目的非洲留学生尽管对中国教育问题感兴趣，但中文语言能力有限，无法将中国教育问题作为论文选题，浪费了进一步了解中国教育发展经验的宝贵机会。我们的研究还发现，非洲学生的 HSK 等级越高，满意度就越高。因此，一方面在入学和毕业环节应提高对非洲留学生中文水平的要求；另一方面应增加中文教学时数和强度，延长中文学习时间，增加中国哲学、历史和文化类课程。

除来华留学中文政策外，与国际学生有关的英语语言政策基本处于缺失状态。^②高校需要自下而上地制定切实可行的支持和激励政策，对开展留学生英文项目的高校教师的专业英语能力及行政管理人员的日常英语交际能力提出明确要求，规范英语教学用语、学术指导，提供后勤管理的英文服务。

其次，培养国际化教师队伍。在国际化教师队伍培养方面，除了上面所提到的英语能力培养外，还应该提供跨文化教育和教学法的培训。在我们的研究访谈中，非洲学生对中国教师全程照着PPT读的"满堂灌"教学方式多有抱怨，教师与学生缺乏互动是一个普遍性问题。^③可以设置多样的课程形式，有以讲授为主的课，也应有讨论课、文献阅读课等，以问题解决为导向的探究式教学应得到大力提倡。此外，尽管大量非洲留学生涌入中国大学校园，但是无论在校园中还是在社会上仍然存在对非洲和非洲留学生的种种误解，甚至歧视与偏见。由此可见，中国大学应该引导人们更加尊重和了解非洲，了解非洲人民及其文化。高校教师必须具备国际化视野及对多元文

---

① Lisa María Burgess, "Conversations with African Students in China," *Transition*, No. 119 (2016), pp.80–91.

② Ying Wang, "Language Policy in Chinese Higher Education: A Focus on International Students in China," *European Journal of Language Policy*, Vol. 9, No.1 (2017), pp.45–66.

③ 文雯、王朝霞、陈强：《来华留学研究生学习经历和满意度的实证研究》，《学位与研究生教育》2014年第10期，第55～62页。

化的包容与尊重，并将这种对多元文化的尊重与包容从课堂扩展到校园及整个社会。

最后，建立趋同化与差异化相结合的校园管理机制。所谓趋同化管理，指的是对国际学生的教学、研究、生活等的管理趋向于对中国学生的管理，不提供"超国民待遇"。应将国际学生管理纳入大学政策框架，建立校级统筹、多部门协调的信息共享管理机制。按照国际学生从注册入学、在学到毕业的整体流程，对招生、教学、管理、后勤服务等工作进行系统设计。在校级层面设立留学生服务机构，界定涉及留学生事务的各管理部门和院系的职责，各部门和学院有序分工，协同配合。另外，还应当尊重国际学生的差异性和个性需求，提供差异化服务。例如，一些非洲留学生要求在校外住宿，学校应与当地社区联系，为留学生提供校外住宿信息及安全保障。

第二节　孔子学院在非洲的文化影响力

经过近70年的发展，中非合作已成为全世界关注的焦点之一。除政治、军事、经济等传统因素外，语言文化在中国对非外交关系中的重要作用日益加强，人文交流为中非合作增添了新的活力。近年来，中文在非洲的推广以及孔子学院的建立，满足了非洲广大民众了解中国、认识中国文化的需求，拉近了非洲民众与中国的距离，增进了中非民间交流互动及文化互鉴。孔子学院正成为中华文化"走出去"的重要载体及世界文化交流的"中国样本"。因此，如何发挥孔子学院的语言文化外交功能、塑造中国在非洲的整体国家形象，提升中国文化的影响力，具有理论价值和现实意义。

一　关于非洲孔子学院文化影响力的理论回顾

（一）语言文化外交与孔子学院

"文化"是一个艰深复杂的概念，当今国际学术界中，关于"文化"的概念界定众说纷纭，莫衷一是。英国人类学家泰勒在《原始文化》一书中指出："文化和文明，就其广义的民族学而言，是包括知识、信仰、艺术、道德、法律、习俗以及任何作为一名社会成员而获得的能力和习惯在内的复杂整体。"[①]美国人类学家克鲁克洪和凯利认为，文化是历史上所创造的生存式样的系统，既包含显性形式，又包含隐性形式，并具有为整个群体或在一定时期为其某个特定部分所共享的倾向。[②]德国的雅斯贝尔斯则认为，文化是一种生活方式。它的支柱是精神的训诫，即思想能力，其范围包括系统的知识，其主要内容是对曾经存在的东西的形态的关注，对事物的认识，对词语的通晓。[③]文化在广义上指人类社会历史实践过程中所创造的物质财富和精神财富的总和，它包含了三个层次：物质文化、制度、习俗文化和精神文化。

　　语言与文化的关系密不可分。语言是文化的载体，人们学习语言的时候，也就接受了由该语言记录和描绘的文化世界。任何语言都带有所属文化系统的特征，充满了民族文化精神和文化心理，体现着民族的世界观。在一定意义上，一种语言在世界范围内的需求，显示了这个国家在世界上的地位、综合国力以及国际形象。[④]国强则语盛，纵观世界语言的浮沉，可以找到语言兴衰与国力兴衰相对应的轨迹。在古代和中世纪，由于罗马的强盛，欧洲的通用语言主要是拉丁语。文艺复兴之后，各民族语言代替拉丁语成为各民族的常用语言，但拉丁语仍是语言、科学等领域的主要语言。自1714年《拉施塔特条约》签订以来，法语作为外交语言取代了拉丁语，可以说整个18世纪欧洲国家的共同语言是法语。19世纪大不列颠帝国的兴起，使得英语有了逐渐取代法语的趋势，此后英语在世界范围内的应用进一步扩大，逐步超过法语。二战后，英语尤其是美式英语成了国际化程度最高、适用范围和区域最广的世界通用语言。

---

① 〔英〕泰勒：《原始文化》，蔡江浓译，浙江人民出版社，1988。
② 〔美〕克莱德·克鲁克洪等：《文化与个人》，高佳、何红、何维凌译，浙江人民出版社，1986。
③ 〔德〕卡尔·雅斯贝尔斯：《什么是教育》，邹进译，三联书店，1991。
④ 戴蓉：《孔子学院与中国语言文化外交》，硕士学位论文，复旦大学，2008。

将语言推广和文化推广相结合从最初起就是发达国家向外扩张时所采取的基本政策。早在16世纪，随着欧洲殖民者进入非洲大陆，西方的一些语言，如英语、法语、葡萄牙语都得到了有意识、大范围的推广和普及，对非洲的发展造成了深刻而持久的影响。

"文化外交"这一概念最早由美国外交史学家拉尔夫·特纳在20世纪40年代提出，并由美国外交史学家弗兰克·宁科维奇系统地阐述和发展。弗兰克·宁科维奇从文化服务于政治目的的角度来解读文化外交，指出文化外交"首先是国际政治中运用文化影响的特殊政策工具"[①]。简言之，文化外交是为实现特定政治目的或对外战略意图，以文化传播、交流与沟通为内容所展开的外交。文化外交是公共外交（Public Diplomacy）[②]的重要内容和实现形式。文化外交主要是通过政府直接实施的文化交流项目来进行的。

近年来，中国经济持续高速发展，综合国力不断增强。正如费孝通所言，"如果我们有理由认为，中华民族在新世纪中又将进入一个强盛时期，我们就应该意识到，生活在新世纪的中国人正面临着一个充分发扬中华文化特色的历史机遇的到来"[③]。国际社会对中文的需求迅速增长，在这样的背景下，孔子学院应运而生，成为中国文化外交的重要平台。首先，孔子学院为文化外交提供了海外文化基地。人际交往是文化外交最基本的途径。由于人际交往的直接性、基础性，它对人的思想及观念能够产生潜移默化的影响，而这种影响又极具稳定性。人际交往的文化影响要远远大于大众媒体等施加的影响。而要进行人

---

① Frank A. Ninkovich, *The Diplomacy of Ideas: U.S. Foreign Policy and Cultural Relations, 1938–1950*, Cambridge: Cambridge University Press，1981，p.851.

② "公共外交"的概念最早在美国出现，是1965年由美国塔夫兹大学弗莱彻法律与外交学院院长埃德蒙·格里恩在该学院公共外交研究中心成立时提出，用来指美国新闻署所从事的一些非传统性外交活动，如教育文化交流和提供信息的活动。一般而言，公共外交是指一国政府部门和官员或在其主导下由其他非政府部门所从事的主要针对外国公众的资讯传播和人员交流活动，其目的是增加外国公众对本国以及本国追求的价值和政策的了解与好感，并进而影响外国政府的内外政策，以实现本国的外交政策目标。它的主要内容包括在目标国制造公共舆论、对外报道和宣传、文化交流等。

③ 费孝通：《费孝通论文化与文化自觉》，群言出版社，2005，第129页。

际交往，建立海外文化基地就显得十分必要。孔子学院为中外人士提供了多方位交流的平台。此外，海外文化基地的建立为传达中国的民族文化精神和文化精髓提供了一个窗口和平台。其次，孔子学院不仅讲授中文，还开设了中国文化课程，举办各种学术活动和中文演讲比赛，以及"感受中国""中国文化周"等文化宣传活动，为当地人民提供了零距离接触中国文化的好机会。孔子学院的建立将促进中国文化的优秀品质在非洲大陆的有效传播，增进中非不同文化之间的理解、交流和借鉴。

（二）国家软实力提升与孔子学院

"软实力"是近年来国际学术界比较流行的话题，它深刻影响了人们对国际关系的看法，使人们从关心领土、军备、武力、科技力量、经济力量等有形的"硬实力"，转向关注文化、价值观、影响力、道德准则、文化感召力等无形的"软实力"。自美国学者约瑟夫·奈提出"软实力"概念后，其内涵已经有了多种阐释。根据约瑟夫·奈的观点，国家软实力主要来自三种资源："文化（在能对他国产生吸引力的地方起作用）、政治价值观（当它在海内外都能真正实践这些价值时）及外交政策（当政策被视为具有合法性及道德威信时）。"[①]

有学者将软实力与硬实力加以比较，强调软实力主要是指一个国家的凝聚力、文化影响力和参与国际机构的程度。它是指以精神文明为主体的文化力量，包括语言文字、文化艺术、宗教哲学、价值体系，乃至行为模式、国民素质、生活方式等。概括起来，软实力主要包括以下几种内容：一是文化的吸引力和感染力；二是意识形态和政治价值观的吸引力；三是外交政策的道义和正当性；四是处理国家间关系时的亲和力；五是发展道路和制度模式的吸引力；六是对国际规范、国际标准和国际机制的导向、制定和控制能力；七是国际舆论对一国国际形象的赞赏和认可程度。[②]

---

① 〔美〕约瑟夫·奈：《软力量——世界政坛成功之道》，吴晓辉、钱程译，东方出版社，2005，第11页。

② 袁祖社：《面向人类共同福祉的国家伦理反思："文化软实力"研究之忧思》，《求是学刊》2012年第1期，第16~20页。

学者们比较认同的是，软实力与文化密切相关，软实力是一国文化、价值观念、发展模式所产生的吸引力。这种吸引力可以激发他国的认同感，塑造良好的国家形象，在获得国际社会的积极肯定和认可的同时更好地发挥国际作用。进而，中国学者提出了"文化软实力"的概念。所谓文化软实力，是指该国文化传统、价值观念、意识形态等文化因素对内发挥的凝聚力、动员力、精神动力和对外产生的渗透力、吸引力和说服力。[①]正如培根所言："知识的力量不仅仅取决于其本身的价值大小，更取决于是否被传播，以及被传播的深度和广度。"[②]而文化的威力也恰恰来自其传播的广度。一国的文化越是被自我垄断，其对外辐射力和影响力越小，软实力就越式微。相反，一国的文化越是向外扩散和推广，其发挥的功效就越显著，其潜在的软实力就越强。

在中国经济迅速发展，欧美等国对中国存在很多误解的情况下，积极推介中国和平发展理念，分享中国发展模式，提升国家软实力已成为当务之急。孔子学院发挥了海外中文推广、中华文化传播的重要作用，其提升软实力的功能在海内外尚有很多争议，然而，孔子学院在全球以及一国之内的迅速发展，符合需求驱动模式。作为从事中文教学和文化交流的机构，其传达的是中国建设和谐社会、维护世界和平的国家姿态和负责任的大国形象以及优秀的中华传统文化。

（三）国家形象塑造与孔子学院

国家形象是指一个国家的自我认知和国际体系中其他行为体对其的认知的集合体，是一系列信息输入和输出产生的结果，是一种"结构十分明确的信息资本"[③]。良好的国家形象是国家巨大的软资产，意味着该国在国际事务上有较多的话语权和较大的影响力，并容易获得国际公众的理解、

---

① 彭伟步、焦彦晨：《海外华文传媒的文化影响力与中国文化软实力的建设》，《新闻界》2011年第5期，第123~127页。

② 〔英〕培根：《新工具》，雷鹏飞等译，上海译文出版社，2021。

③ K.E.Boulding，"National Images and International Systems，" *The Journal of Conflict Resolution*，Vol.3，No.2（1959），pp.120–131.

认同和支持，从而使其国家目的和利益更容易实现。[①] 新中国成立以来，受西方文化中心主义传统、意识形态冲突、现实利益博弈，以及交流沟通不足等因素影响，国际社会对中国国家形象的认知存在较大的偏差，甚至错误。一些国家将中国视为传统落后的代表，也有一些国家将社会主义中国妖魔化，严重削弱了中国国家软实力。随着改革开放的推进，其他国家与中国的利益交集日益扩大，彼此的交流合作不断深化，国际社会对中国国家形象的认知也随之发生了较大变化。但同时，西方一些国家出于对中国发展的猜疑和担心，炮制了各种不利于中国的言论，一时间，"中国威胁论""中国崩溃论""新殖民主义论"等各种有损中国大国形象的言论甚嚣尘上，严重限制了中国国家软实力的提升。因此，有效开发各种资源，积极塑造和展示良好的国家形象，对中国社会发展十分重要。

在中非各领域合作不断推进的过程中，随着非洲形势的变化，也出现了一些需要及时解决的问题，如中非经贸摩擦、产品质量问题等，西方媒体中出现了一些中国在非洲形象的负面报道，如中国在非洲掠夺能源资源、中国企业在非洲的开发对当地环境造成破坏等。

孔子学院的建立在塑造良好的国家形象方面具有重要作用。首先，孔子学院有利于传播中华优秀传统文化，特别是传播中国"以和为贵""协和万邦"的和谐文化，从而展示中国爱好和平、维护世界和平的一贯努力和形象。其次，孔子学院在中文教学过程中，可以通过开设各种课程，介绍中国社会主义现代化建设的成就，展示中国人民艰苦奋斗、自强不息的改革创新精神，逐渐成为外国人了解中国的窗口，成为中国展示现代大国形象的重要平台。最后，孔子学院的本土化办学模式，有利于更好地收集和了解国际社会对中国国家形象认知的动态信息，及时对各种不利于国家形象建设的言论进行有效回应，不断改变国际社会对中国国家形象陈旧、扭曲，甚至错误的认知，从而更好地塑造中国"对外更加开放、更加具有亲和力、为人类文明做出更大贡献"的大国形象。

---

① 谢雪屏：《论文化软权力与中国国家形象的塑造》，《山西师大学报》（社会科学版）2009年第5期，第41~45页。

二 相关研究综述

自2004年11月全球第一所孔子学院在韩国首尔成立以来，孔子学院在世界各国得到迅猛发展。孔子学院已成为中文国际推广、传播中国文化、外界了解中国的重要平台。与此相应，国内外对孔子学院的研究也悄然兴起。结合该研究主题，本部分对孔子学院与中国软实力关系的相关研究做重点综述。

国外很多学者从软实力、公共外交和文化外交的理论维度，分析孔子学院与中国软实力之间的关系。日本学者Kyoungtaek Lee引用Joshua Kurlantzick的话，认为孔子学院是提升中国软实力的工具。而提升中国软实力是中国的最高国家目标。同时，作者认为，中国提升软实力面临两个重大挑战：一是消除"中国威胁论"，说服国际社会接受中国既定的、可取的"和平发展"理念；二是通过担负国际责任，获取在国际社会发出中国声音的权利。而中国软实力的来源包括中国发展模式、以"和平崛起"或"和平发展"理论为中心的外交政策、中国文明。[1]

第一，孔子学院与外交。Bolewski与Rietig认为，中国新的外交政策已经注意到如何利用文化关系强化在国际上的国家形象。简言之，此即以文化促外交。自21世纪初以来，中国外交呈现新的特点：行动主义、合作、多边贸易和实用主义。中国通过对外宣传和文化交流塑造外国公众对中国的看法，其目的在于促进中国的"和平发展"，消除由硬实力提升所带来的"中国威胁论"。[2] Hoare-Vance认为，中国建立孔子学院与1949年以来中国一直实行的"不干涉内政"原则一致，即尽量避免以军事或经济手段来处理国际问题。虽然孔子学院与政治无关，但它仍然代表着中

---

[1] Kyoungtaek Lee, "Towards a New Framework for Soft Power: An Observation of China's Confucius Institute," March 24, 2010, http://journal.hass.taukuba.ac.jp/interfaculty/article/view/3/5.

[2] Wilfried Bolewski & Candy M. Rietig, "The Cultural Impact on China's New Diplomacy," *The Whitehead Journal of Diplomacy and International Relations*, Vol. 9, No. 2 (2008), pp.83-96.

国，代表着中国的政治路线。这其实是中国所奉行的文化外交战略。①

Falk Hartig 认为孔子学院是中国公共外交的工具，中国利用孔子学院塑造其全球形象。同世界上其他文化机构相比，其特色在于采取中外联合办学的运作方式。②日本学者 Lee 分析指出，从政治观点看，孔子学院的全球分布状况与中国政府的区域政策有关。2006 年中非合作论坛北京峰会后短短 6 个月的时间里，非洲从零开始，建立了 10 所孔子学院。孔子学院是宣传中国文化的机构，宣传中国文化对中国软实力提升有着重大推动作用。③Yang 以高等教育与国家软实力提升的关系为理论基础，考察了孔子学院提升国家软实力的功能。他认为，孔子学院促进了中外高等教育机构间的相互尊重、公正、真诚和合作。④

第二，孔子学院与经济。Starr 从全球孔子学院的分布状况来分析其政治、经济功用。Starr 认为，中国建立孔子学院并非为了外交，而是出于政治、经济的考虑，即孔子学院的建立反映中国欲与其贸易合作伙伴深化关系。如韩国有 12 所孔子学院，日本 14 所，泰国 13 所，而资源丰富的非洲正成为孔子学院拓展的领域。⑤根据孔子学院的一些资料，日本学者 Lee 认为孔子学院推广计划与中国 HSK 考试密切相关。⑥言下之意，孔子学院建立的主要目的是盈利。连大祥等人的实证研究表明，孔子学院的建立促进了中

---

① Stephen John Hoare-Vance, "The Confucius Institutes and China's Evolving Foreign Policy," 2009, http://ir.canterbury.ac.nz/bitstream/10092/3619/1/Thesis_fulltext.pdf.

② Falk Hartig, "Confusion about Confucius Institutes: Soft Power Push or Conspiracy? A Case Study of Confucius Institutes in Germany," July 5-8, 2010, http://asaa.asn.au/ASAA2010/reviewed_papers/Hartig-Falk.pdf.

③ Kyoungtaek Lee, "Towards a New Framework for Soft Power: An Observation of China's Confucius Institute," March 24, 2010, http://journal.hass.taukuba.ac.jp/lnterfaculty/article/view/3/5.

④ Rui Yang, "Soft Power and Higher Education: An Examination of China's Confucius Institutes," *Globalization, Societies and Education*, Vol. 8, No.2（2010）, pp.235-245.

⑤ Don Starr, "Chinese Language Education in Europe: The Confucius Institutes," *European Journal of Education*, Vol. 44, No.1 (2009), pp.65-82.

⑥ Kyoungtaek Lee, "Towards a New Framework for Soft Power: An Observation of China's Confucius Institute," March 24, 2010, http://journal.hass.taukuba.ac.jp/interfaculty/article/view/3/5.

国与其他发展中国家间的贸易和中国对外直接投资，因为语言的熟悉减少了投资伙伴之间的信息不对称，使其增加了对双方的文化习俗、政策法规的了解，从而减少了交易成本和投资风险。①更重要的是，语言和文化的熟悉使其增加了彼此之间的信任度，令建立在诚信基础上的经济合作更具有可持续性。

第三，孔子学院与文化推广。Jeffrey Gil将中文国际推广看作中国政府提升软实力的工具，认为中文国际推广塑造了积极的中文形象，对学习者有着极大的吸引力。当前，全世界学习中文的人数达到3000万～4000万人。②尼日利亚学者 Terhemba Nom Ambe-Uva指出，中国在非洲的影响力不断增加，中非关系日益加深，这是中国通过援助、贸易、文化和技术交流等方式在非洲长期投资的结果，然而中非之间的语言障碍不利于中非开展合作。因此，尼日利亚国家开放大学利用开放和远程教育为学生提供中文学习机会。调查发现，中文学习者对中国价值观、政治、文化、经济、商业道德、语言有了更深的了解，促进了中国与尼日利亚间的交流与合作。③

孔子学院的建立和发展获得了很大的成功，引起了海内外学者的广泛关注，也引起了国外一些学者的无端批评和指责，如孔子学院与所在国的"文化碰撞"及其可能导致的"中国威胁论"，孔子学院"影响学术自由"。

国内学者的研究主题比较宽泛，对孔子学院内部运作，如课程、师资、教学、教材、评估等问题都有所涉及。国内一些新闻传播学学者从文化信息传播的角度探讨中国文化对外传播问题。国际关系领域的学者更关注文化在国际政治中的作用及中国对外文化交流对提升软实力的重要价值。但现有的大多数研究都是从政策层面对孔子学院的文化外交意义进行定性分析，以具体案例为基础的定量分析极少，其中吴瑛等人的研究较有影响力。吴瑛、葛

---

① 连大祥等：《孔子学院的教育与经济效果》，《清华大学教育研究》2017年第1期，第37～45页。

② Jeffrey Gil, "The Promotion of Chinese Language Learning and China's Soft Power," *Asian Social Science*, Vol. 4, No.10 (2008).

③ Terhemba Nom Ambe-Uva, "Building Chinese Language Skills for Sino-African Cooperation through Open and Distance Learning," November 2010, http://docsfiles.com/pdf_building_chinese_language_skills_for_sino_african_cooperation.html.

起超以日本、黎巴嫩孔子学院为例，调查了中国文化对外传播的效果。[①]吴晓萍以麻省大学波士顿分校和布莱恩特大学孔子学院的"星谈"暑假班为案例，通过实地调查，从语言教学、文化传播、中国形象的提升和孔子学院声誉4个方面考察了孔子学院公共外交职能的实现效果。作者认为，孔子学院的教学活动对提升中国的影响力和国家形象起到了积极的作用。[②]

总体来看，国外研究者多着重于孔子学院的"外围"研究，如孔子学院与中国软实力/文化软实力的关系问题。从研究方法来看，文献梳理很多，实地调查研究很少。国外研究者在很多问题上"想当然"，多使用二手数据和资料，缺乏对孔子学院的实地考察和调查。国内学者的研究存在同样的问题，对孔子学院在非洲的文化影响力的研究还很少，尤其是通过实证方法，在海外进行大样本的社会调查更为稀缺。

因此，发挥孔子学院的中文推广、文化交流和提升国家软实力的功能，仍然面临很多问题和挑战。孔子学院在非洲的文化影响力如何？孔子学院建设如何与中国对非贸易、外交、资源、安全、文化等领域的合作密切配合，实现对非政策中的硬实力与软实力建设同步发展？孔子学院如何融入非洲国家教育体系，并促进中国国内高等教育的国际化？如何促进孔子学院的可持续发展？这些都是亟待深入研究的问题。本研究通过选择非洲大陆不同区域有代表性的孔子学院开展实证调研，评估孔子学院在非洲的文化影响力。

三　问题提出与研究设计

本研究所要探究的核心问题是孔子学院在非洲的文化影响力如何，即孔子学院作为一种文化外交方式，是否提升了中国在非洲的软实力，是否有利于塑造良好国家形象。本研究将孔子学院的文化影响力分为两大部分：孔子学院学生对中国的了解、对中国文化的态度。孔子学院学

---

① 吴瑛、葛起超：《中国文化对外传播效果调查——以日本、黎巴嫩孔子学院为例》，《云南师范大学学报》（对外汉语教学与研究版）2011年第1期，第82~87页。

② 吴晓萍：《中国形象的提升：来自孔子学院教学的启示——基于麻省大学波士顿分校和布莱恩特大学孔子学院问卷的实证分析》，《外交评论》2011年第1期，第89~102页。

生对中国的了解涉及获取有关中国信息的渠道、是否喜欢中国及原因、对所在国家中国人的印象、中国是否为负责任大国、他们眼中的中国形象是什么样等方面。为分析孔子学院学生对中国文化的态度，本研究将文化分为物质文化、行为文化和精神文化3种类别，针对物质文化和行为文化，选择了14项具有代表性的中国文化的不同样态。物质文化包括长城、五星红旗、中国菜、熊猫、黄河、兵马俑、CCTV等7项；行为文化包括中国功夫、中国书法、京剧脸谱、太极拳、中医、中国诗词、舞龙舞狮等7项；针对精神文化即价值观，选择了6种有关中国的理念与制度，包括仁爱、和谐社会、独立自主、和平发展、人民代表大会制度、和而不同。在设计孔子学院学生对中非关系的认识调查时，主要参考学者沙伯力等的问卷内容，设计了6个问题，涉及中国发展模式、中国在非洲是否只为寻求自然资源、对中国企业的满意程度、对中国商人的看法、对中国对非政策的看法、中国对非洲国家的帮助程度。[①]

本研究选择处于非洲不同地区的喀麦隆、博茨瓦纳和埃及这3个国家的4所孔子学院的学生作为研究对象开展大样本问卷调查，4所孔子学院分别为西非地区喀麦隆雅温得第二大学孔子学院、北非地区埃及开罗大学孔子学院和苏伊士运河大学孔子学院、南部非洲博茨瓦纳大学孔子学院，最终回收问卷493份，其中有效问卷387份。课题组就研究问题对孔子学院学生和本土教师进一步做了访谈，本研究采用描述性统计方法对调查数据进行基本面的统计和分析。

四 研究发现

（一）孔子学院学生学习中文的动机

从调查结果看，孔子学院学生以30岁以下青年为主，女性比例高于男性。参与此次调查的孔子学院学生既包括全日制在校大学生，也包括参加中文短期培训的社会人员。从整体看，孔子学院学生对孔子学院的教学满

---

① 沙伯力、严海蓉：《非洲人对于中非关系的认知（下）》，《西亚非洲》2010年第11期，第51~59页。

意度达到94.3%。在孔子学院举办的7类文化推广活动中，武术表演、文化节的学生参与度最高，诗歌欣赏活动的学生参与度较低。

孔子学院学生学习中文的需求和动机呈多样化的特点。学习动因呈均匀分布，学业需要、个人兴趣、工作需要、增长知识、去中国留学、去中国旅游、了解中国文化7项指标所占比例均在11%～18%。这说明孔子学院学生学习中文的动机是多重的，既有经济利益的考量，也有个人兴趣；既为增长知识，也为去中国学习或旅游。有基于认知性需求的学生群体，在中非全方位合作不断扩展、深化的大环境下，很多非洲人，包括学生，对中国产生了浓厚兴趣和了解的渴望，为增长自己有关中国的知识、了解中国而产生学习中文和了解中国文化的愿望。有出于对语言与文化实用性功能需求的社会人士和学生，如有人出于职业需要来参加孔子学院中文培训，有的学生为了到中国留学而学习中文。很多学员希望有机会亲自到中国来，一方面是中国经济的快速增长具有吸引力；另一方面是出于对中华文明和传统文化的好奇心。更多学员希望有机会在中国学习和工作，在体验不同文化的同时，得到个人职业的发展。也有一些学员希望通过掌握中文，获得更好的职业机会，如到在非的中国公司任职。一些政府职员在工作中与中国政府、企业、个人打交道的机会越来越多，为便于开展工作，到孔子学院学习中文。

（二）孔子学院学生对中国的了解

问题1　您获取有关中国的信息的渠道有哪些？

关于获取有关中国信息的渠道问题，很明显这些孔子学院的学生在学习中文的过程中，获取了很多关于中国的信息，对中国历史、政治、经济、文化等有了更多的了解。值得关注的是，西方媒体在非洲有着长久而持续的影响力，是非洲人获取有关中国信息的重要渠道。即使对于学习中文的孔子学院学生来说，西方媒体仍旧是他们了解中国的　个不可忽视的渠道，说明西方媒体有关中国的报道影响着非洲民众对中国的看法和态度，长期以来西方媒体对中国形象的"他塑"问题仍然存在。此外，孔子学院的学生也从他们的家人、同学、朋友那里获得一些有关中国的信息（见表4-6）。

表4-6　孔子学院学生获取有关中国信息的渠道

单位：%

获取有关中国信息的渠道	个案百分比
家人、同学、朋友	31.5
西方媒体	43.8
上中文课	54.0
中国媒体	22.8
到中国亲身经历	12.1
纪念品、礼物等物品	8.9

问题2　总体上，您喜欢中国吗？为什么？

84.7%的孔子学院学生喜欢中国，不喜欢中国的只占学生样本总数的2.4%，还有12.9%的学生说不清是否喜欢中国。孔子学院学生对中国描述的关键词包括美丽、优异、历史悠久、经济发达、中文有趣等（见表4-7）。

表4-7　孔子学院学生喜欢中国的理由

主要关键词	中国是美丽国家 中国有优异的文化（喜欢中国传统文化，中国文化历史悠久） 中国人勤劳 中文是国际语言（中文有趣、中文有点难，喜欢学中文） 中国发达（经济发达，科技发达，经济水平高，先进）
次要关键词	中国有很多机会或很多选择 我从未去过中国 中国人友好

问题3　对您所在国家中国人的印象如何？

孔子学院学生对中国人有着良好的印象，勤劳、自律、友善三种积极印象所占比例最高，其中认同中国人勤劳的占62.8%，友善的占48.4%，自律的占40.1%，认为中国人不自律的占比很低（见表4-8）。

表4-8   孔子学院学生对中国人的印象

单位：%

对中国人的印象	个案百分比	对中国人的印象	个案百分比
勤 劳	62.8	机会主义	14.2
自 律	40.1	自 私	6.7
友 善	48.4	不善交际	11.2
不友善	10.2	不自律	1.6

问题4   中国是不是一个负责任大国？

绝大多数孔子学院学生认同中国是一个负责任大国这一说法。只有2.1%的学生不赞同这一说法（见表4-9）。

表4-9   孔子学院学生对中国为负责任大国的认同度

单位：%

		百分比	有效百分比
有效	非常同意	29.7	30.3
	同 意	35.9	36.7
	中 立	17.3	17.7
	不同意	2.1	2.1
	无法判断	12.9	13.2
	合 计	97.9	100.0
	缺 失	2.1	
	合 计	100.0	

问题5   请用一两句话描述你眼中的中国形象。

非洲孔子学院学生眼中的中国形象比较积极正面，与他们喜欢中国的理由比较接近，包括经济发达、文化丰富、历史悠久、人口众多、美丽这样的描述，也有负责任国家、人民勤劳这样的评价（见表4-10）。

表4-10 中国国家形象概括

主要关键词	中国很美丽
	中国很大
	中国经济发达（中国先进）
	中国人民勤劳（敬业）
	中国人口众多
	中国发展快
	中国是负责任的国家
	中国有丰富的文化（文化多样）
	中国历史悠久
	中国经济发展模式是样板
次要关键词	中国经济发展，但政治上需要改进（政治上封闭）
	中国愿意帮助非洲国家发展
	中国有很多商机
	中国有先进技术
	中国人口太多了
	中国有很多旅游名胜
	中国人友好
	很多中国人不懂英语，但很友好
	中国是个伟大的国家

（三）孔子学院学生对中国文化的态度

1. 孔子学院学生对中国物质文化的态度

问卷中涉及的7项物质文化包括长城、五星红旗、中国菜、熊猫、黄河、兵马俑、CCTV。从孔子学院学生对这7项物质文化的认知程度来看，兵马俑和黄河的认知度较低，长城的认知度最高。喜欢熊猫的比例最高，占83.2%；其次为长城，占80.9%；兵马俑的认知度低，喜欢兵马俑学生的比例也最低，为65.3%。从总体来看，孔子学院学生对中国物质文化都表现出非常积极的态度（见表4-11）。

表4-11 对中国物质文化的态度

单位：%

	非常不喜欢	不太喜欢	中立	喜欢	非常喜欢
兵马俑	4.7	8.0	22.0	53.2	12.1
黄 河	3.6	5.7	20.4	57.4	12.9
CCTV	5.2	6.7	11.8	54.3	22.0
五星红旗	5.7	6.5	11.4	62.8	13.7
熊 猫	4.1	3.9	8.8	51.2	32.0
中国菜	7.0	8.3	8.3	51.6	24.8
长 城	5.4	5.0	8.7	45.0	35.9

2.孔子学院学生对中国行为文化的态度

问卷中具有代表性的中国行为文化包括中国功夫、中国书法、京剧脸谱、太极拳、中医、中国诗词、舞龙舞狮。从问卷中可以看出，孔子学院学生对京剧脸谱和太极拳的了解较少。首先，由于中国书法与中文学习相关，学生对此的了解程度比其他行为文化符号要高，其次较为了解的是中医，再次是舞龙舞狮。从对中国行为文化的喜欢程度来看，喜欢中医的占84%，喜欢中国功夫的占83%，喜欢舞龙舞狮的占79.3%（见表4-12）。

表4-12 对中国行为文化的态度

单位：%

	非常不喜欢	不太喜欢	不了解	喜欢	非常喜欢
中国功夫	1.6	6.5	9.0	48.6	34.4
中国书法	8.8	6.7	6.7	46.7	31.0
京剧脸谱	7.2	9.0	16.8	53.7	13.2
太极拳	6.5	7.0	16.5	55.0	15.0
中 医	2.1	6.2	7.8	53.8	30.2
中国诗词	6.5	7.8	12.7	57.7	15.5
舞龙舞狮	5.7	6.5	8.5	55.8	23.5

3.孔子学院学生对中国核心价值观和社会制度的了解和认知

问卷选择了6项有关中国的理念与制度，包括和谐社会、独立自主、和平发展、人民代表大会制度、仁爱、和而不同。从问卷结果来看，孔子学院学生对中国核心价值观和社会制度的了解程度不深，选择熟悉和非常熟悉的比例基本在40%左右，其中对"独立自主"熟悉和非常熟悉的占50.6%，对"和平发展"理念熟悉和非常熟悉的占56.5%，其他的都低于50%（见表4-13）。

表4-13　对中国的理念与制度的熟悉程度

单位：%

	根本不熟悉	不太熟悉	有点熟悉	熟悉	非常熟悉
和谐社会	17.6	14.5	23.6	27.2	17.1
独立自主	13.6	14.6	21.1	26.6	24.0
和平发展	12.1	13.5	17.9	29.3	27.2
人民代表大会制度	19.4	18.3	27.7	18.8	15.8
仁　爱	15.6	18.0	22.8	25.2	18.3
和而不同	14.5	14.2	23.0	20.4	27.9

五　结论与分析

孔子学院在非洲的文化影响力在深度和广度上都在不断提升，从普通民众到知识精英，从学生到政府官员，非洲大陆学习中文的人数实现了快速的增长，与这种数量增长相关的是，中国及中国文化在非洲的影响力不断增强，非洲人对中国及中国文化的了解正逐渐从粗浅到细致，从表面到深化。从我们的调研中发现，南非现有6所孔子学院、3所孔子课堂，中文教学遍及比勒陀利亚、约翰内斯堡、开普敦、德班等大城市，也从这些大学所在的城市扩展到周边，比如开普敦附近的渔港小镇、斯坦陵布什地区的酒庄、比勒陀利亚的黑人社区等。南非政府部门，如外交部、贸工部、警察总署、科技部、旅游部、基础教育部的官员都在系统地学习中文。赞比亚大学孔子学院的教学点已经增加到19个，在赞比亚10个省的10所公立中学有中文教学，其覆盖全国各地以及各个层次的学校。2015年孔子学院注册学员达7430人，2016年约为8000人。①在马达加斯加，人们学习中文的热情很

---

① 2016年8月2日至17日受非洲孔子学院研修中心赞助，笔者赴赞比亚和南非孔子学院调研后所得数据。

高，学生来源广泛，除了大中小学学生、幼儿园小朋友外，越来越多的政府职员、部队官兵、大学教师、商人等也开始学习中文，截至2017年底，塔那那利佛大学孔子学院注册学员已超过1.2万人。①

这些中文学习者，包括非洲中文教师，不仅关注当代中国的建设与发展，而且关心中国的历史、哲学与艺术。调研中，一位非洲本土中文教师这样向我们表达："我之所以选择中文教师的职业，是因为对中文很感兴趣，学习了中文，有机会来中国。我认为中国发展很快，中国人非常诚实、好客。我对中国艺术感兴趣，如中国电影、舞蹈和饮食。孔子学院培养了本土中文教师，为更多非洲人提供学习中文的机会，在非洲促进了中国文化的传播。孔子学院的培训班应该多举办一些研讨活动。"罗德斯大学孔子学院将中文学习定位为"中国研究"，外方院长马里厄斯教授是个"中国通"，精通中国哲学和文学，他亲自为孔子学院学生讲授中国文化课程，将中国古代诗歌译成英语。罗德斯大学商学院在孔子学院的带动下，开始从事中国与非洲经济发展的比较研究。借助孔子学院平台，中非文化间的沟通、共识和认同正逐步增进。

（一）孔子学院学生眼中的中国形象积极正面②

通过语言教学和文化传播，孔子学院使学员对中国有了更深入的了解和正向的认可，对中国形象的认知也更加积极。这从学生对中国人、中国的形象评价中表现得很清楚。第一，84.7%的孔子学院学生喜欢中国，其理由可以归结为几个方面：中国是美丽的国家，中国有优异的文化，中国人勤劳，中国发达；同时，很多学生因为喜欢中文而喜欢上中国。第二，孔子学院学生认同中国人勤劳、自律、友善的品质。第三，67.0%的学生赞同中国是一个负责任大国这一说法。第四，孔子学院学生所描述的中国形象基本是正面的，如中国很美丽，中国很大，中国先进，中国人民勤劳，中国人口众多，中国历史悠久，中国是负责任的国家，中国有丰富的文化等。第五，孔子学院学生对中国的态度是积极和肯定的。95.4%的孔

① 《塔那那利佛大学孔子学院庆祝建院10周年》，新华网，2018年9月29日，http://www.xinhuanet.com/world/2018-09/291c_1123501936.htm.
② 牛长松：《孔子学院与中国对非语言文化外交》，《西亚非洲》2014年第1期，第72页。

院学生认为中国是世界上最有吸引力的国家之一，96.9%的学生愿意去中国并与中国人交朋友，93.8%的学生认为中国给其所在的国家带来了帮助。这说明非洲国家愿意接受中国的发展模式，因为中国充分尊重非洲国家的自主发展道路、主张和平共处，尊重多元文化，重要的是，中国秉持不干涉他国内政的原则。

（二）孔子学院学生对中国文化的了解与认知程度不一

总体上说，孔子学院的中文学习者对中国文化都具有浓厚的兴趣，但是在具体吸收中国文化的过程中，他们对熊猫、中国菜、长城等物质文化以及中国书法、中国功夫、中医等行为文化的认知程度较高，高于对其他文化符号的认知程度，同时，其对熊猫、长城、中医、中国功夫的喜欢程度也较高。而兵马俑、黄河、CCTV等物质文化的知名度低，不了解的比例相对较高。比较出乎意料的是，中文学习者对太极拳的了解程度较低。调查发现，孔子学院一般都开设太极拳课程，但我们调查的部分孔子学院目前还未开设此课程，他们还没有实际接触太极拳，因此对太极拳不了解的比例较高。相比于物质文化和行为文化，孔子学院学生对中国的理念与制度的了解和认知程度偏低，因为这些学生的中文水平还十分有限，基本听不懂艰涩难懂的中国传统文化课程，对于中国文化的了解主要通过展览、剪纸、节日体验等文化活动。此外，孔子学院在中文教学过程中也持较为审慎的态度和做法，尽量避免文化殖民和意识形态宣传这样的嫌疑。

（三）孔子学院对增进中非之间相互理解与交流发挥了重要作用

从调研可知，89.2%的孔院学生认为在孔子学院的学习改善了其对中国的印象，认为孔子学院将增进中国与其所在国家的长期友谊。93.8%的孔院学生认为孔子学院是了解中国和中国文化的最佳场所。从非洲中文教师的反馈来看，他们认同中文学习为非洲人打开了认知和了解中国的窗口，对中非关系持续发展意义深远。"孔子学院让更多的非洲学者对来中国学习感兴趣"；"孔子学院培养了更多非洲人学习中文，这样他们可以与中国人共事"；"孔子学院是中非之间重要的连接纽带与桥梁"。

非洲大学教师及教育官员对此的认知更为深刻，他们的观点基本代表了非洲知识精英对孔子学院的看法。他们认为，孔子学院"将中国文化带给了非洲草根阶层"，"帮助更多非洲人了解中国和中国文化"，"促进中非在农业、医药、工程及其他领域的合作"，"增进了对异域文化的认同和欣赏"，等等。

第三节　中国—南非职业技术教育合作

一　研究背景及相关文献综述

中国对非"技术合作"由来已久，早期中非职业技术教育合作体现为以援建坦赞铁路为代表的技术培训，中国派往非洲参与坦赞铁路建设的人员年度高峰达1.6万人。[①]此时的"人力资源开发合作"主要是针对发展中国家的短期人员培训。20世纪80年代的苏丹恩图曼职业培训中心的建立，打开了机制化、持续化中非职业技术教育合作的大门。

在中非合作论坛日臻完善的背景下，中非间教育合作力度不断加大，关于中非职业技术教育合作的研究也逐渐丰富。2005年《中非教育合作与交流》编写组编著的《中国与非洲国家教育合作与交流》一书指出，开展职业技术教育国际合作与交流可以满足非洲国家在实现工业化进程中对大量的职业性、应用型和技术型人才的迫切需要，同时阐述了中非职业教育合作的主要形式和内容。[②]楼世洲、徐辉在《新时期中非教育合作的发展与转型》中指出，中国对非开展研修班的规模愈发扩大、频率愈发提升、层次越发丰富，让更多的非洲国家领导人、教育部门人员、教师、工人、学生来华进行专业培训，提升职业技能和管理能力，实现了由"输血援助"向"造血援助"的转变。[③]

中资企业在非活动日益活跃，学者肯尼斯·金在其专著《中国对非洲的援助与软实力：以教育和培训为例》中，就中兴公司在埃塞俄比亚设立分公司并向当地员工提供系统化的培训服务进行了分析。中兴建立了一个

---

① 参见沈喜彭《中国援建坦赞铁路：决策、实施与影响》，博士学位论文，华东师范大学，2009。

② 《中非教育合作与交流》编写组编著《中国与非洲国家教育合作与交流》，北京大学出版社，2005。

③ 楼世洲、徐辉：《新时期中非教育合作的发展与转型》，《教育研究》2012年第10期，第28~33页。

最先进的技术培训中心，所有的培训都在埃塞俄比亚当地进行。另外，每年还会选派一定数量较优秀的培训者前往中国深圳中兴通讯学院接受更高级的培训。中兴对埃塞俄比亚的技术转让的最终目标是为埃塞俄比亚培养更多技术人员，让埃塞俄比亚的工程师有能力来接管整个网络。[①] 此外，中国在非洲的大型企业也会为非洲的高校生开放培训中心。肯尼斯·金还指出，除了大型企业外，中国在非洲的中小微公司也很多，其大部分选择的培训模式是现场培训。[②]《中国雇用有利于非洲吗？中国企业投资及其在非洲的实践》一文指出中国企业对增加当地就业有着重要的作用。[③] 学者赵鹏飞、曾仙乐与中国有色集团相关人员合写的《"一带一路"职业教育校企协同走进非洲》介绍了中国有色集团在赞三家企业对中、赞方员工开展技能培训，在赞比亚建设一所职业技术学院，8所国内职业院校分别在这所职业技术学院成立相应的二级分院并结合本校优势开设不同专业，开启职业教育校企协同走进非洲的进程。[④] 孔子学院对非职业技术人才的培养以及语言与技能的培训具有独特作用，马丽杰在《非洲地区孔子学院与职业教育结合的探索与实践》一文中指出，孔子学院与当地中资企业合作，设立定向培训班，其课程设置直接满足企业职业需求。[⑤]

除此之外，关于中非职业技术教育合作存在的问题研究中，刘亚西在其硕士学位论文《中国对非职业教育援助与合作研究》中提出中国对非职业教育援助与合作缺乏援外理论之下的总体战略布局、尚未形成深层次的职业教育援非机制、过程监督与绩效评估机制尚未健全等问题。[⑥]

---

① 〔英〕肯尼斯·金：《中国对非洲的援助与软实力：以教育和培训为例》，刘爱生、彭利平译，浙江大学出版社，2015，第100页。
② 〔英〕肯尼斯·金：《中国对非洲的援助与软实力：以教育和培训为例》，刘爱生、彭利平译，浙江大学出版社，2015，第106页。
③ Xiaoyan Tang, "Dose Chinese Employment Benefit Africans? Investigating Chinese Enterprises and Their Operations in Africa," *African Study Quarterly*, Vol.16, No. 3–4 (2016), pp.108–128.
④ 赵鹏飞等：《"一带一路"职业教育校企协同走进非洲》，《中国职业技术教育》2017年第29期，第71~74页。
⑤ 马丽杰：《非洲地区孔子学院与职业教育结合的探索与实践》，《职业技术教育》2016年第35期，第78~80页。
⑥ 刘亚西：《中国对非职业教育援助与合作研究》，硕士学位论文，浙江师范大学，2018。

相比于中非教育合作研究，目前国内关于中非职业技术教育合作的研究成果不够丰富，而落脚到中国与非洲某个国家的针对性研究更加苍白，中南非职业技术教育合作研究便是如此；然而中非职业技术教育合作的实践正日益丰富，因此探讨中南非职业技术教育合作具有十分重要的理论意义。探索中国—南非职业技术教育合作的实施路径与制度保障，有利于提高中南非教育国际化发展水平，形成符合双方发展需求和国情的职业技术教育合作路径，从而将职业技术教育领域的合作经验推广至其他层次的教育合作，进一步提高中南非教育合作的有效性。

在实践意义上，对于南非而言，中南非职业技术教育合作满足其国内社会发展和南非人民生活水平提高的内生需要，符合南非教育可持续发展的动力需求，中国丰富的教育发展经验对于南非提高教育发展能力与解决青年失业问题具有重要意义，中南非教育合作是实现南非2012年发布的《2030年国家发展规划》以及实现非盟《2063年议程》、联合国可持续发展目标的重要途径。对于中国而言，扩大中南非职业技术教育合作是教育"走出去"、探索中非教育合作新模式的重要方式；同时，中非合作是中国对外关系的重要一环，探索新时期中南非职业技术教育合作制度保障，有利于推动中国对外合作质量提升与教育国际化，探索构建人类命运共同体的新路径、新模式。本研究采取文献研究和实地调研相结合的方式，对接收南非留学生的高职院校和南非学生实习企业进行访谈和调研，收集了大量一手文献，通过分析得出研究结论。

二 南非职业技术教育发展

（一）南非职业技术教育历史发展

南非职业技术教育伴随着20世纪初南非工业的发展而产生。当时，由于采矿业、铁路建设和其他产业的发展需要大量技术工人，一批批技术学校得以建立。但长期以来，南非的职业技术教育主要服务于白人。20世纪60年代后，随着白人劳动力大量转入管理和服务行业，一些技术学校开始向高等教育层次发展，出现了白人的理工大学。当时，在严格的种族隔离制度下，以人种为标准的教育资源分布极为不公，条块分割现象严重。而且白人政府对有色人种的教育投入很少，相关教育机构多设在远离经济中心的边远地区，黑人受教育程度低、水平差，接受的技能培训也很简单。这种不公平的教育"后遗症"，至今仍困扰着南非。

新民主政府成立后，教育领域的改革成为民主化改革的重要内容，首要的目标就是建立全国性、统一的教育体系，向每一个人提供公平的受教育机会。因此，教育领域的改革从体制入手，取消了原先分管不同种族的十几个教育局，建立了全国性的管理体系，成立了国家教育部和9个省级教育部门。其中，高等教育归国家教育部直管，包括职业教育在内的其他层次的教育由各省教育部门负责管理。

在职业技术教育领域，自1998年开始，南非政府先后发布了《继续教育和培训绿皮书》(Green Paper for Further Education and Training)、《继续教育和培训白皮书》(White Paper on Further Education and Training)以及《继续教育和培训法》(Further Education and Training Act)。在此基础上，1998~2002年，政府对152所技术院校进行了资源整合，技术院校经过重组、合并，形成了50所超过264个校区的公立继续教育和培训学院，分别由各省教育部门管理。为了规范和促进继续教育和培训学院的发展，2006年12月，南非政府通过了《继续教育和培训学院法》(Further Education and Training Colleges Act)。2014年后，继续教育和培训学院更名为职业技术教育和培训学院（Technical and Vocational Education and Training, TVET，简称"职业技术学院"）。职业技术学院成为南非职业技术教育的主力军，不仅提供普通教育后的中等教育和高水平技能培训，还提供高等教育和培训。

（二）南非职业技术教育现状及经费投入

2009年祖马总统执政后，对南非教育部进行管理职能重组，将基础教育与学校后教育管理职能分开，分别成立基础教育部、高等教育和培训部（DHET）。基础教育部主要负责学前R级到12级的普通教育，高等教育和培训部负责学校后的所有教育与培训。在此基础上，此前由劳动部负责的技能开发和培训工作由高等教育和培训部统一管理，原劳动部下属的行业教育与培训局（Sector Education and Training Authority, SETA）、国家技术管理局（National Skills Authority）、国家技能基金（National Skill Fund）等相关管理机构也转移到高等教育和培训部中。高等教育和培训部全面承担起高等教育、职业技术培训、成人基础教育和培训的管理职能，结束了过去职业技术教育多头管理的格局，为职业技术教育的发展奠定了体制基础。2015年4月1日起，过去由各省教育部门主管的职业技术学院正式移交给高等教育和培训部。南非的公立、私立的职业技术学院、社区教育培训学院（Community Education and Training，CET）和成人教育中心都由高等教育和培训部统一管理，所有私立职业技术学院必须在高等教育和培训部登记注册后才合法，各学校开设的课程也须经该部认可。

在高等教育和培训部的统筹下，多方机构参与南非职业技术教育管理。其中，行业教育与培训局和国家技能基金发挥着重要作用。行业教育与培训局是在33个产业培训委员会的基础上于2000年3月由劳动部组建的。2009年高等教育和培训部接管该局后，将23个行业教育与培训局改为21个，其主要职能是执行"国家技能发展战略"，向本行业雇主征收技能发展税，用于教育和培训，以提高本行业从业人员的技能水准。国家技能基金也被称为"催化"基金，主要致力于建立从课堂到工作场所的通道，注重技能的开发与应用，支持优先技能和高水平职业指导课程创新研究，促进劳动力由"劳力型"向"技能型"转变。

2015年，南非学校后教育和培训体系（PSET）由公立与私立高校（Higher Education Institution，HEI）、职业技术学院、社区教育培训学院和私立学院组成。2015年，有26所公立高校、50所职业技术学院、9所社区教育培训学院、124所私立高校、252所私立学院（见表4-14）。

表4-14 2015年南非学校后教育和培训体系情况

单位：所，人

	高 校			学 院				总 计
	公立高校	私立高校	总 计	职业技术学院	社区教育培训学院	私立学院	总 计	
学校数量	26	124	150	50	9	252	311	461
招生数量	985212	147210	1132422	737880	283602	88203	1109685	2242107

资料来源：Department of Higher Education and Training(Republic of South Africa), "Statistics on Post-School Education and Training in South Africa 2015," March 2017, https://www.dhet.gov. za/DHET%20Statistics%20Publication/Statistics%20on%20Post-School%20Education%20and%20 Training%20in%20South%20Africa%202015.pdf.

2015年，职业技术学院招收737880名学生，比2014年增加了35497名学生（见表4-15）。根据南非《学校后教育和培训白皮书》（White Paper for Post-School Education and Training），职业技术学院的招生人数在2015年将达到100万人，到2030年将达到250万人，[①]看来这个目标尚未实现。2015年，超过70%的职业技术学院学生（519464人）完成N1至N6水平课程，而获得国家证书（职业方向）的学生有超过16万人（见表4-16）。

表4-15　2010~2015年南非职业技术学院招生数量

单位：人

年份	2010	2011	2012	2013	2014	2015
数量	358393	400273	657690	639618	702383	737880

资料来源：Department of Higher Education and Training(Republic of South Africa), "Statistics on Post-School Education and Training in South Africa 2015," March 2017, p.28, https://www.dhet.gov.za/DHET%20Statistics%20Publication/Statistics%20on%20Post-School%20Education%20and%20Training%20in%20South%20Africa%202015.pdf。

表4-16　2015年南非职业技术学院不同类别学生及教师的各省分布

单位：人

省　份	国家证书（职业方向）	N1至N6水平课程	职业证书	国家高级证书（高中毕业证）及其他	总　计	教师数
东开普省	21731	53967	195	1084	76977	1161
自由邦省	6096	41002	1312	710	49120	658
豪登省	33989	143786	868	9838	188481	2072
夸祖鲁-纳塔尔省	31614	85782	7202	8251	132849	2426
林波波省	26078	75121	3137	616	104952	1456
玛普马兰加省	7339	10881	0	25	18245	362
西北省	20989	49609	720	493	71811	544
北开普省	2371	9625	666	244	12906	172
西开普省	15252	49691	6433	11163	82539	1741
全国	165459	519464	20533	32424	737880	10592

资料来源：Department of Higher Education and Training(Republic of South Africa), "Statistics on Post-School Education and Training in South Africa 2015," March 2017, pp.28-29, https://www.dhet.gov.za/DHET%20Statistics%20Publication/Statistics%20on%20Post-School%20Education%20and%20Training%20in%20South%20Africa%202015.pdf。

---

① Council on Higher Education (Republic of South Africa), "White Paper for Post-School Education and Training," January 2014, https://www.che.ac.za/publications/legishation/white-paper-post-sclool-eclueation-and-training.

　　2015年，社区教育培训学院共招收283602名学生（见表4-14），其中大部分学生参加的是成人教育与培训计划（Adult Education and Training，AET）。根据2011年的国家发展计划，到2030年，社区教育培训学院的入学目标人数是100万人。

　　充足的经费来源是保障职业技术教育持续发展的根本。目前，南非职业技术教育的经费主要来自政府预算，即拨款（见表4-17），还包括捐款、自筹经费、银行抵押贷款、投资收益、服务收费、学费、住宿费等。南非政府为实现国家技能发展战略，对职业技术教育和技能培训不断加大投入力度。除政府直接拨款外，南非职业技术学院还通过行业教育与培训局、国家技能基金获得经费支持。

表4-17　南非职业技术学院拨款

单位：百万兰特

财　年	职业技术学院拨款	高等教育总拨款
2011～2012	4375.311	25142.664
2012～2013	4844.607	27283.318
2013～2014	5467.377	29525.396
2014～2015	5817.173	31899.566
2015～2016	6112.818	32274.789

　　资料来源：Department of Higher Education and Training(Republic of South Africa)，"Statistics on Post-School Education and Training in South Africa 2015，" March 2017，p. 61，https://www.dhet.gov.za/DHET%20Statistics%20Publication/Statistics%20on%20Post-School%20Education%20and%20Training%20in%20South%20Africa%202015.pdf。

　　由于受2015年、2016年南非大学生发起的"学费必须降"抗议活动的影响，职业技术学院的预算在2016年大幅减少。2016年4月1日至2017年3月31日，南非50所公立职业技术学院共收到政府补贴15.6亿兰特，而26所公立大学收到政府补贴279.6亿兰特。①南非公立职业技术学院的学费较低，因为政府提供了80%的补贴，另外20%的费用需学生缴纳。而实际上，学生往往能申请到助学金来支付学费等费用。"国家助学财政补助计

---

　　① 杨惠：《南非职业技术教育发展现状与中南合作》，载刘鸿武、徐薇主编《中国—南非人文交流发展报告（2016～2017）》，浙江人民出版社，2018，第79～89页。

划"（National Student Financial Aid Scheme）可以为符合标准的职业技术学院学生提供助学金。高等教育和培训部长布拉德·恩兹曼德博士称，自2013年以来，公立高校和职业技术学院有超过200万名学生受到国家助学项目资助。2016年，有225864名职业技术学院的学生获得资助；2017年，截至4月，已有123332名学生获得资助。[①]有报道称，为了支持职业技术学院的发展，南非政府计划从失业保险基金中划拨500亿兰特用于职业技术学院建设，包括课程改进、基础设施建设、教学能力提高、工作场所培训优化等内容。

根据1999年的技能发展税法，政府每月向雇主征收技能发展税，即每月50万兰特或工人总工资的1%，此项税收的20%被分配给国家技能基金，80%被分配给行业教育与培训局。行业教育与培训局将部分税收返还给企业，鼓励企业开展员工培训；将0.5%左右提供给行业和职业质量委员会（Quality Council for Trades and Occupations，QCTO），将10%作为行业教育与培训局的管理经费。2015～2016年该项经费达150.2亿兰特，主要用于学生实习等技能发展项目。

此外，国家技能基金为职业技术学院的基础设施建设、技能培训和教师能力提升提供经费。2015～2016财年，国家技能基金为1.5万名学生提供了奖学金和助学金，并向职业技术学院提供了25亿兰特，帮助其扩大规模和开展能力建设活动。在2015～2020年的5年战略期内，国家技能基金把资金主要分配到学习者身上，包括提供奖学金和助学金，资助职业项目、技能项目以及工作场所学习和工人教育；还向提升学校后教育和培训体系能力、基础设施发展、技术开发研究等方面倾斜。

（三）南非职业技术教育与体制改革

第一，学校后教育和培训战略。学校后教育和培训体系涵盖9年义务教育后，除10～12年级普通高中教育之外的所有类型和层次的教育与培训，突出了教育和培训与就业之间的关系。继2012年1月发布《学校后

---

① 参见杨惠《南非职业技术教育发展现状与中南合作》，载刘鸿武、徐薇主编《中国—南非人文交流发展报告（2016～2017）》，浙江人民出版社，2018，第79～89页。

教育和培训绿皮书》（Green Paper on Post-School Education and Training）
后，南非高等教育和培训部在吸取各方对绿皮书意见和建议的基础上，
于2014年1月正式发布《学校后教育和培训白皮书》，制定了到2030年
学校后教育和培训发展的整合战略，包括扩大学校后教育和培训的规模、
提高教育质量、创办社区学院以增加学校后教育和培训的多样性、加强
学校后教育和培训体系与职场的联系与合作，以及一些更为广泛的社会
发展目标。学校后教育和培训体系将职业技术学院的发展视为优先任务，
提出到2030年，将职业技术学院的招生规模扩大到250万人，将社区学
校的招生规模扩大到100万人。此外，为了提高继续教育和培训的质量，
高等教育和培训部提出设立南非职业和继续教育与培训研究院，为职业
技术教育和社区学院提供研究支持。

第二，技能发展。技能发展是学校后教育和培训体系的核心内容之
一，主要目的是建立教育和培训机构与工作场所之间的伙伴关系，促进
高质量的学习，同时，引导那些处于高中学习阶段的学生，特别是年轻
的失业人群将发展手工技能作为一项职业选择。高等教育和培训部成立
后，从劳动部接管了国家技能发展工作，2011年出台了《国家技能发展战
略Ⅲ》（National Skills Development Strategy Ⅲ）。继2014年发布了第一份
国家高需求职业名录后，2016年高等教育和培训部发布了第二期名录，以
便更好地支持国家培养急需的技术人才，并在招生规划、资源分配、职业
建议、资格认定等方面给予倾斜。为了更好地满足政府实施的重要基础设
施建设项目对技术人才的需求，2017年2月16日，高等教育和培训部公
布了15个优先发展的技术工种，包括机器安装工、锅炉工、修理工、车
工、木工、焊接工、水管工、汽车修理工、柴油机械师、仪器技术员、钣
金工、空调和制冷技工、汽车电工、索具操作工、电工。其中，行业教育
与培训局和职业技术学院在促进国家急需的技术人才的培养方面发挥着
重要作用。2015年，豪登省的艾古莱尼东职业技术学院（Ekurhuleni East
TVET College）成立了技工和技能发展中心（Artisan & Skills Development
Centre），不仅提供国家资格框架下的正规职业技术教育，也提供短期的技
能培训。根据国家发展规划与《学校后教育和培训白皮书》制定的目标，

到2030年，南非将培养出3万名技术人员。

（四）南非职业技术教育面临的问题与挑战

南非社会发展正面临诸多挑战，如何有效开展与南非的合作需要中国从战略高度思考与谋划。近年来，南非国家信用评级一再下降，经济倒退、人才流失、制造业萎缩、失业率居高不下，国内矛盾激化、工人持续罢工，营商环境受到严重影响。中国与南非要合作应对新工业革命带来的挑战，促进高科技、新技术在各领域的转化与应用。中国与南非的合作必须立足长远与可持续性，以贸易带动投资，为南非社会培养国家发展所需要的技术和专业人才，在一定程度上解决南非就业与贫困问题，前瞻性地避免南非近年来持续出现的排外风潮。此外，中国与南非合作的过程也应该成为分享与借鉴彼此发展经验的过程。

近年来，南非高等教育和培训部将职业技术教育放在了学校后教育和培训体系中的优先位置，也出台了一些较为完备的政策和计划，但出于各种原因，职业技术教育在招生规模、师资力量和水平、基础设施、经费保障、与工作场所的联系、职业资格证书发放等方面仍面临挑战。

第一，职业技术学院辍学率高，通过率低，招生规模有限。据调查，2020年，南非国家职业资格课程学习中，学生的通过率（拿到国家职业资格证书的毕业生占比）为56.2%，其中土木工程专业学生的通过率仅为44.1%。[1]导致这种情况的原因有多方面。一方面，南非基础教育的质量不高，进入职业技术学院学习的学生基础较差，此外，学习成绩较差的学生也会选择读职业技术学院。另一方面，职业技术学院在学生的专业选择、生涯规划等方面给予的指导不够，学生毕业后的就业前景并不乐观。2016年下半年的一项调查显示，从职业技术学院毕业并找到工作的学生中，1/4从事社区和社会服务工作，少量从事金融行业，4.3%从事采矿业，7.7%从

---

① Department of Higher Education and Training (Republic of South Africa), "Statistics on Post-School Education and Training in South Africa 2020," March 2022, https://www.dhet.gov.za/SitePages/DocPublicatiions.aspx.

事交通业，8.8%从事建筑业。①在职业技术学院获得国家职业资格证书的毕业生的就业竞争力与12年级毕业的高中生的竞争力差不多。此外，由于社会和家长对职业技术教育存在偏见，学习成绩较好的学生一般都会选择升学（读大学）。这些因素都降低了职业技术学院对学生的吸引力，进而影响招生规模。

第二，职业技术学院师资力量薄弱，优秀师资缺乏，影响职业技术教育质量。南非职业技术学院师资力量薄弱，学生与教师的比例平均为70∶1，部分地区甚至高达132∶1，不能满足教学需求。更为重要的是，许多老师缺乏相关的技能和职业技术教育资格，专业性和实操性不强，影响了教学质量。数据显示，至少25%的教员没有相应的教师资格，超过一半的教员没有从事相关技术行业的经验，约40%的教员与学院是短期合同关系，缺乏在技能和资格上长期投入的动力。②这些因素严重影响了职业技术学院的教学质量。

第三，职业技术教育与经济发展和劳动力市场需求的联系很弱。现代社会经济的发展、科学的进步、技术的更新，都对劳动力素质提出了更高的要求，也使职业技术教育与社会经济发展的联系更为紧密。目前，南非职业技术教育严重滞后于经济发展，技能型人才严重缺乏，教育与劳动力市场需求也严重脱节。南非的年轻人失业率超过50%，③却大量从其他国家引进焊接工和木工等技术工人。此外，学校后教育和培训体系强调的教育和培训机构与工作场所之间的伙伴关系尚未建立。资料显示，有超过一半的职业技术学院毕业生在学习期间没有实习的经历。职业技术培训项目中缺乏基于工作场所的学习，也影响了职业技术教育的质量。

第四，职业技术教育管理效率低下。最突出的问题就是不能按时为符

---

① 杨惠：《南非职业技术教育发展现状与中南合作》，载刘鸿武、徐薇主编《中国—南非人文交流发展报告（2016~2017）》，浙江人民出版社，2018，第79~89页。

② S. Field, P. Musset and J. Alvarez-Galván, "OECD Reviews of Vocational Education and Training: A Skills Beyond School Review of South Africa," 2014, http://dx.doi.org/10.1787/9789264223776-en.

③ "South Africa: Youth Unemployment Rate from 2002 to 2021," January 2023, https://www.statista.com/statistics/813010/youth-unemployment-rate-in-south-africa/.

合条件的毕业生颁发资格证书，学生通常要等两三年甚至更长时间才能取得证书。近几年来，有关部门已积压了大量证书。以国家证书为例，有4.6万本证书未发，最早日期可追溯到2007年。[①]证书积压的背后反映出职业技术教育机构和管理机构在数据管理、旧系统和新系统转换衔接、学习效果评估等方面还存在问题。目前，证书积压问题已得到高等教育和培训部的高度重视，其正在协同相关部门积极解决。

三 中国—南非职业技术教育合作现状

近年来，中国和南非两国教育部门的代表互访和友好交流逐渐频繁，特别是双边职业技术教育合作方兴未艾，正在成为中南非两国间高等教育合作的新亮点和合作新领域。

2017年，南非高等教育和培训部与中国驻南非大使馆合作推出了南非留学生项目，由南非行业教育与培训局出资选派南非职业技术学院学生赴中国高职院校开展为期1年的学习和实习。首批200名南非学生进入中国两所院校学习；2018年，项目规模扩大，当年总计15批515名南非学生到中方15所院校学习；2019年，来华学习和实习的南非学生增加到650名。[②]目前参与该项目的中方院校共20所，见表4-18。经过近三年的实践，南非方基本确定在三大专业类别上与中国高职院校开展学习和实习合作，这三大专业类别为信息类、建筑类和机械类。

表4-18 参与南非留学生项目的20所中方院校

所属省份（直辖市）	院 校
河 南	郑州铁路职业技术学院
	黄河水利职业技术学院
	河南交通职业技术学院
	河南工业职业技术学院

---

① 杨惠：《南非职业技术教育发展现状与中南合作》，载刘鸿武、徐薇主编《中国—南非人文交流发展报告（2016~2017）》，浙江人民出版社，2018，第79~89页。

② 数据源自中非（南）职业教育合作联盟年会暨产教融合研讨会，2020年11月19~21日，重庆。

续表

所属省份（直辖市）	院　校
浙　江	杭州科技职业技术学院
	温州职业技术学院
江　苏	常州机电职业技术学院
	常州信息职业技术学院
	南京工业职业技术学院（现更名为南京工业职业技术大学）
	南京信息职业技术学院
	苏州工业职业技术学院
	苏州市职业大学
	扬州市职业大学
重　庆	重庆城市管理职业学院
	重庆电子工程职业学院
	重庆房地产职业学院（现更名为重庆建筑科技职业学院）
	重庆工程职业技术学院
	重庆工业职业技术学院
	重庆建筑工程职业学院
	重庆商务职业学院

资料来源：根据调研资料整理。

（一）学生管理

在院校层面，参与南非留学生项目的中方院校都对该项目给予充分的重视，那些国际化程度低的院校将之作为开展国际合作的契机，而国际化程度较高的院校希望借此进一步推动院校的国际化发展。参与院校都积极调动校内各类资源和力量推进项目的开展，首先，院校国际处发挥了统筹和管理作用，南非学生办理签证及与出入境机构联络等各类外联事务基本由国际处负责，有的院校的国际处还负责南非留学生学籍管理等事务。其次，专业教学和实习的责任都归在各二级学院。二级学院负责课程建设和教学，各二级学院都为该项目设置了一个专任班主任或辅导员岗位，由其负责留学生的日常管理。在这个方面，各院校表现各异，或是英语老师兼职南非学生辅导员，或是专业课教师兼任辅导员，或是专业课教师兼任辅导员和班主任。

在南非学生日常管理中，文化冲突和各种认知差异突出。中方院校在南非学生入学第一周进行始业教育。例如，在始业教育中，常州信息职业技术学院邀请医务人员、交警、禁毒部门人员、出入境部门警察举办面向南非留学生的防疫卫生讲座、交通知识讲座、禁毒知识讲座、出入境知识讲座等。这些讲座是始业教育的重要内容，让南非留学生了解中国法律法规以及学校的各项规章制度，以便他们在和谐有序的环境里开启新生活。尽管有这样的始业教育，但在管理过程中一些院校的老师仍然面对很多由文化差异造成的误解与冲突。例如，有老师反映，南非学生穿着拖鞋到食堂吃饭，这种情况在该校是违反校规的，但南非学生对此非常不理解，不愿意接受。南非学生之间年龄跨度大，来自不同族群，有着不同的社会背景，学生之间关系不融洽，存在小团体，经常因为一些小事情而起争执和相互埋怨，辅导员或班主任为此需花费很多时间和精力处理和调解学生之间的纠纷与矛盾。尤其在新冠疫情发生后，接收南非学生的院校都承担了巨大的管理压力，为安排南非学生的学习和生活做了很多创新性尝试。

（二）课程建设

所有参与的高职院校都为南非留学生项目进行了课程开发和建设，课程体系一般包括三个方面的内容，即中国传统文化课、技能专业课和综合能力提升课。黄河水利职业技术学院于2018年接收了50名水利工程管理专业的南非学生，其在课程建设中提出"一条主线，两种能力"的课程培养体系，"一条主线"是围绕培养国际化高端技能人才展开的，"两种能力"是指来华留学生的专业技能和职业素养。黄河水利职业技术学院安排了专业技术能力课程、职业能力拓展课程、校外实训以及企业顶岗实习。专业技术能力课程包括分析检验、水泵与水泵站、工程测量等课程，目的在于提高留学生的专业素养；职业能力拓展课程涉及中国语言文化、中国武术、企业文化等文化内容，旨在加深来华留学生对中国文化的理解；校外实训和企业顶岗实习是提高来华留学生职业素养的重要环节，校外实训包括水文站认知、水质监测、内部测量等，企业顶岗实习的主要内容有现场和内业测量、河流综合治理等。

常州信息职业技术学院2017年开始招收南非留学生，第一批90名留学生来自南非7所本科院校和10所职业技术院校，学习时间为2017年3月至2018年2月，这些学生分布在机电工程、电气自动化、软件工程、网络通信工程四个专业。常州信息职业技术学院参与南非留学生项目之前，已经同其他国家有过多次合作，具有国际合作的经验。该校有25门专业课对接国际通用资格证书，40%的专业课程引进了国外职业标准。该院的课程体系由专业课、文化课及实训实习三部分构成。文化课主要是基础中文和中国文化的内容；针对南非学生的技能和就业需求，该院开发了"数控机床操作与编程"等12门专业课。每周为20~24个课时，平均每天4~6节课，授课采用理论和实践相结合的方式，涉及一些实际技能操作，学生在半年学习后进行结课考试。

然而，各院校在实际教学中发现课程与南非学生的实际知识储备不契合，南非学生的专业基础知识与预期不符，存在知识短板和漏洞，对于一些必修知识，学生并不掌握，因此，很多院校在实际教学中对课程加以调整。比如，重庆建筑科技职业学院发现学生的测绘基础知识薄弱，在课程模块中增加BEAM课和软件制图的一些内容。还有一种情况是，有些学生的学科背景与在中方院校学习的专业不一致，存在很大的学习困难。

（三）学生实习

关于学生实习，不同职业院校实施不同的应对策略。在常州信息职业技术学院学习近半年后，2017年7月，第一批90名南非留学生前往与常州信息职业技术学院有深度合作的企业进行在岗实习。第一批留学生的实习企业分别是南通中天科技集团、苏州博众精工科技有限公司（以下简称"苏州博众精工"）、苏州亨通集团有限公司和江苏香樟大道信息技术有限公司。南非留学生被安排在一线车间，进行操作。在实习期间有专门的中国师傅教授技能，到达实习企业后，南非留学生自主选择岗位，并且很快投入工作。实习企业对南非留学生进行工作导向型的实习管理，制定每日学习目标，让其上交每日学习报告，对留学生的学习过程进行追踪。企业与学院制定学生掌握知识技能汇总表，对照表格检查留学生实际掌握的各项知识技能。实习结束时对留学生的学习成果进行鉴定，颁发技能鉴定证书以及行业鉴定证书。实习培训方式主要包括专家集体讲授、南非留学生相互讨论、技术传帮带以及实际项目学习四种方式。留学生在企业实习，不仅参与真实的工作，还参加了企业组织的各项团建文娱活动，学习中国的企业文化。

在有些院校，南非学生实习遭遇困境：企业不愿意招收南非实习生，认为管理成本太高；还有的企业对实习生要求较高，南非学生不符合企业对实习生的基本要求。也有院校另辟蹊径，如重庆商务职业学院对南非学生实习采取了一种办法，该校将企业引入校园，入驻的企业与阿里巴巴合作建有国际运营站，由企业对南非学生进行团队培训，培训后学生可以在真实场景中开展跨境电商服务工作，在校园内进行实习。

（四）海外办学

创办海外职业技术教育学校是中国与非洲教育合作的常见形式，这类学校大多根据非方需求由中方出资筹建，中非双方共同管理。合作办学能够集合中非双方的优质职业技术教育资源，使得技能型人才的培养有了正规的教学场地和科学的管理机制。在常州信息职业技术学院与苏州博众精工在南非成立博众学院之前，已经有中国高校在境外建立培训中心。天津市教委根据教育部提出的建立"鲁班工坊"的建议，在"一带一路"倡议下，在泰国、印度、印尼等国家相继设立了"鲁班工坊"。

2018年1月30日，南非中国文化和国际教育交流中心、常州信息职业技术学院和苏州博众精工三方携手，共同设立了南非博众学院，其分别设立"国内中心"和"南非中心"。"国内中心"由常州信息职业技术学院负责建设，苏州博众精工参与建设，提供技术资源。"南非中心"设在约翰内斯堡西伊库拉尼斯职业技术学院中，常州信息职业技术学院负责师资、课程、专业，牵头制定培训标准，苏州博众精工负责实训师资及操作规程和设备投入，南非机构负责与南非学校、政府的协调和师资与生源的组织。此外，常州信息职业技术学院、南非中国文化和国际教育交流中心、苏州科茵斯智能科技有限公司等合作建立南非"鲁班工坊"，完成了场地环境建设和机电一体化实训设备调试，南非"鲁班工坊"进入试运行阶段。

2019年12月，黄河水利职业技术学院南非大禹学院在南非北联学院

（Northlink College）揭牌，这是黄河水利职业技术学院在海外设立的第二家大禹学院。北联学院坐落于南非行政首都开普敦，共有7个校区、1.2万名在校生，开办70余个专业，在南非高职院校中，其综合实力及毕业生就业率均排名第一。大禹学院为南非培养急需的机电一体化、电气自动化、建筑工程等专业技术技能人才，中南非职业院校希望在未来加强联系与交流，在学生培养、技术服务、技能竞赛等领域开展更深入的合作。大禹学院揭牌后，北联学院已招收90名南非学生，这些学生在南非学习两年并完成考核后，将到黄河水利职业技术学院完成第三年的学习，经考核合格后可以获得黄河水利职业技术学院和北联学院两所院校的毕业证书。

四　中国—南非职业技术教育合作的成效

（一）增进人文交流

南非普通民众对中国的了解与认识渠道非常有限，其拥有的基于刻板印象的中国知识存在很多错误。这些南非学生来中国前，对中国及中国院校的了解基本空白，有些还心存疑虑与担忧。在中国进行了一年的学习和实习后，他们对中国社会有了较为全面的了解；在与中国师生的互动中，增进了理解，建立了友谊。很多学生表现出对知识的强烈渴求，在南非学生的要求下，很多院校为这些留学生安排了计划之外的课程。疫情发生后，南非学生从不理解抗疫隔离转变为积极主动参与抗疫活动，抗疫隔离期间不仅坚持学习，而且参与"一封家书"等主题活动，将中国抗疫理念传播出去。中文学习为南非学生打开了解和认识中国的一个窗口，一些南非学生回国后坚持自学中文，并通过HSK3级考试，打算来中国攻读学位，进行深造。在中国企业实习的南非学生学到了中国企业的管理经验，认同中国企业文化，中国的企业纪律、守时观念、敬业精神和员工精湛技术都给南非学生留下深刻印象。

（二）推进高职院校国际化能力建设

中国高职院校同南非方的合作助推中国高职院校国际化发展进程，丰富了校园文化，增进了学生对多元化的理解、包容与接纳，培养了学生的国际视野。中国高职院校承接南非留学生项目既提高了国际化办学水平，也提高了全英文课程建设的能力。例如，温州职业技术学院借助南非留学生项目，与企业共同开发6～8门与国际通用资格证书对接的全英文授课课程，逐步打造具有国际化水准、集学校自身优势与企业特色于一体的高水平国际课程体系。2018年，其两门全英文授课课程获得浙江省英文课程建设立项。也有一些学校利用学校资源加强全英文授课课程建设，鼓励教师申报英文课程，院校给予资金支持。另外，所有的南非留学生项目参与院校都着力打造具有国际视野、国际意识和交流能力的高水平师资队伍，分批将教师派往国外进行研修，提高教师全英文授课能力和国际交流能力。

（三）推动产教融合及助力企业"走出去"

国际劳工组织的研究表明，中小企业对全球GDP的贡献率达60%～70%，中国约60%的GDP是由中小企业创造的。相比之下，南非的中小企业的就业人数约占就业总人数的47%，中小企业对GDP的贡献率仅略高于20%，这些数据充分表明了南非经济指数增长的潜力，也证明了职业技术教育的发展对南非青年的就业技能与商业经验的转移具有重要性与紧迫性。推动南非职业技术教育发展不仅在个人层面影响深远，而且会对创造就业和经济增长产生倍增效应。南非留学生项目为中国企业创造了深度了解南非学生、南非文化、南非社会需求的机会。中小企业抓住机会，与院校合作"走出去"，实现了互利多赢。苏州博众精工2016年开始接收南非实习生，与不同院校合作三年，累计培训了386名南非学生，这些学生在实习过程中参与了企业整个生产线，包括机械加工、智能设备组装、调试和编程等工作，对实习效果满意。在南非博众学院建立后，该公司为学院捐赠教学与实习设备，并选派两名资深工程师长期在南非支持博众学院的运营与管理。苏州科茵斯智能科技有限公司、常州信息职业技术学院、南非中国文化和国际教育交流中心等机构还合作建立了南非"鲁班工坊"。

五　中国—南非职业技术教育合作面临的问题与挑战

第一，生源质量无法保证。在中国—南非职业技术教育合作项目中，由南非方负责来华南非学生的遴选，中介机构负责招生，然后将学生背景资料转给中方院校。入学后，中方院校发现学生的专业背景和知识基础差异很大，有的是本科生，有的是职业院校学生，有的留学生已经有丰富的工作经验，还有的学生存在心理问题。由于没有统一的入学标准和筛选机制，生源质量很难得到保障，这为中方院校的管理和教学都带来很多问题和挑战。

第二，留学生实习困难。南非学生在实习方面遇到很多困难，首先是经费问题。在南非学生半年理论学习期间，南非方为每个学生提供13600元生活补贴，但是不承担实习费用。如果企业接收南非实习生就要承担学生的食宿费用，还要提供实习补贴，很多企业不愿意支付这些费用。此外，制约南非学生实习的一个因素是语言障碍。在常州信息职业技术学院的南非留学生项目中，第一批南非来华留学生可选择的实习企业有南通中天科技集团、苏州博众精工、苏州亨通集团有限公司和江苏香樟大道信息技术有限公司。但经过两次合作之后，只有苏州博众精工能够为留学生提供实习基地。其中最主要的原因就是语言的问题。企业员工英语能力有限，无法用英文与南非学生交流。考虑到安全因素，一些企业也不愿意接收南非学生。此外，在对南非学生的实习面试中，企业对学生技能不满意，认为大多数南非学生没有达到中资企业对技术工人的要求。例如，在建筑行业，中国工人经过系统培训后才能在建筑工地做事。但南非建筑理念与中国不同，行业标准存在差异，比如中国土石方计算标准及房屋造价标准、测绘标准与南非完全不同，南非的标准偏向英国标准。在建筑工程领域，中国的发展超过其他发展中国家。南非学生知识基础不足，不了解中国常用的工程制图软件CAD，很多南非学生没有电脑。

第三，项目经费保障不足。中国—南非职业技术教育合作项目是中国、南非共同出资的合作项目，被调研的中方院校均表示，校方为南非学生的学习和实习项目必须自行投入一定的经费，才能保障项目正常运行。中国教育部对接收留学生的本科院校按照留学生人数提供补贴，用于学生教学和管理等工作，但高职院校大多没有招收留学生的资格，无法获得教育部补贴，在高职院校学习的学生也无法申请政府奖学金。高职院校为该项目的投入大致包括这样几个方面：参与南非留学生项目的院校为教授英文课程的教师提供 1.2～1.5 倍的课时费补贴；在南非学生无法实习的情况下，院校为学生每月提供生活费；当然，在整个项目的运作过程中，院校还要投入一定的管理经费以及预想不到的一些费用。

第四，管理过程遭遇文化冲突。调研发现，相较于南非职业技术院校的学校环境、硬件设施以及学生管理服务，南非留学生对中国高职院校的配套设施与服务更为满意。南非留学生来到中国后，感叹于中国便利的生活条件、快速的交通工具、便捷的电子支付以及足不出户的网上购物，这些使他们产生了极好的生活体验感。但在日常生活中，受不同文化背景的影响，其学习适应力远不及其生活适应力。南非留学生在华学习时面对的第一个问题就是"行为规范"问题，具体表现为他们频繁迟到，导致课堂秩序较为混乱。另外，由于中国与非洲存在时差，许多非洲留学生的作息时间基本上与他们母国的时间保持一致，因此常常迟到或错过上课。

第五章
推进中非教育合作的战略目标与原则

自1956年中非开启外交关系以来，中国对非政策坚持平等、友好、互利、共赢的基本准则，充分彰显了中非之间长久的友谊与坚实和广泛的合作基础。在构建中非命运共同体的核心理念的指导下，中非教育合作在战略上服务国家总体对非战略、服务中国高等教育的国际化、服务非洲教育的发展。

第一节　中非教育合作的战略目标

中国是世界上最大的发展中国家，非洲是发展中国家最集中的大陆，双方认同，教育是社会发展的基石，优先发展教育事业是实现国家繁荣、民族富强的必由之路。中非教育合作需要符合共建中非命运共同体的目标定位，提升中国参与全球教育治理的能力，助力非洲国家教育可持续发展及自主发展。

一　服务国家总体对非战略

中非友谊源远流长，早在唐代，中国的丝绸、瓷器就已经途经北非马格里布诸国运抵非洲东海岸，还有非洲使节访华的历史记载。到了元代，摩洛哥旅行家伊本·白图泰的游记详细描述了他在中国的所见所闻，是中非古代民间交往的生动案例。15世纪，郑和带领船队四下西洋，到达东非沿岸诸国。近年来，北京大学的考古团队在肯尼亚发现了明初的官瓷，这就是这一历史事件的有力证明。

新中国成立之初，中国就关注与支持非洲的民族解放运动，反对种族歧视。中非民间交往是现代中非关系的开端，中非人民共有的反帝反霸权和民族独立的信念为双边交往打下坚实的感情基础。[①]1955年的万隆会议是中非官方首次会晤，加深了双方对世界共同认知的理解和共鸣。1955年8月22日，中国和埃及签订关于棉花的贸易协定；接着，1956年4月，中国与埃及在开罗签订《中华人民共和国政府埃及共和国政府文化合作协定》，提出双方互派学者、代表团互访、学生互换等合作内容；到1956年5月，中国与埃及发表《联合公报》，正式建交。中埃之间的教育文化交流为官方外交开启通道，教育交流与合作借助民间渠道，传递理解与友谊，加深了彼此间的了解。中国在当时自身经济贫弱的情况下，在可能的范围内贡献微薄力量，帮助其他国家发展经济，根据平等互利和相互尊重的原则，与亚非民族主义国家进行经济技术合作，并提供力所能及的援助。从1949年到20世纪60年代末，中国与非洲国家建立外交关系的过程从巩固自身政治地位，谋求"外交承认"走向"平等互助、发展共赢"的大国外交。[②]在此过程中，教育文化交流作为大国外交的重要组成部分发挥着重要作用，中国政府为非洲学生提供奖学金，鼓励他们来中国学习，为非洲国家培养人才。1963年8月，周恩来总理会晤来华的索马里总理舍马克，向其阐明中国向亚非国家提供援助的基本政策，指出："无论中国派专家去，还是接受你们的留学生，其目的是逐步培养你们自己独立的建设人才。"[③]

1978～1989年为中国对非战略的过渡期，改革开放政策将重心放到国内经济建设上，中非合作更加务实，贸易与援助相结合是1982年以后的新的援非形式，从援助到合作的调整是对非战略的一个政策性转折。在这一阶段，中国派往非洲的留学人员，无论是其数量还是涉及的专业领域，都出现快速增长，在中非政治、经济、文化、教育领域产生了积极影

① 高天宜、钱一平：《1949–1976年中非关系发展的再思考》，《史志学刊》2020年第3期，第30～42页。

② 高天宜、钱一平：《1949–1976年中非关系发展的再思考》，《史志学刊》2020年第3期，第30～42页。

③ 胡美：《中国对非援助编年研究（1956—2015）》，中央编译出版社，2017，第65页。

响。[1] 赴非讲学或任教的援非教师数量也不断增加，中国援非教师勤奋刻苦的工作及优良的教学和科研水平，赢得非洲国家政府和合作院校的高度评价，其与非洲青年结下深厚友谊，增进了中非人民的相互了解与信任，对巩固中非友好关系做出了贡献。

1990年至今，中国对非战略从单一走向多元，各领域合作全面展开，贸易与投资并举，和平安全成为重要合作领域，治国理政经验交流成为合作新亮点，中非确立政治互信、经济互利、文化互鉴的全面战略合作伙伴关系，近年来，中国又提出共建中非命运共同体的理念，其独特的表现方式更具生命力。加强与深化中非教育人文领域的合作与交流，探索新的合作形式与内容，服务国家对非战略，满足中国与非洲教育、科技与文化发展需要，已成为中非合作的重要内容。

中非教育合作提升国家软实力。美国学者约瑟夫·奈提出"软实力"的概念，认为软实力是一种通过文化、外交政策、政治制度和价值观念达到目标的能力，软实力是与硬实力相对应的概念，指依靠吸引力和感召力，而非武力、强迫或威胁等手段让对方接受或服从。硬实力表现为资源、军事、经济和科技等领域的支配性实力，是直接的、显性的；软实力则为国家凝聚力、文化认同度和国际事务参与程度等，是间接的、隐性的，具有渗透性和发展性。一个国家具有软实力，其他国家敬仰其价值观，就愿意跟随和合作，其因此可以在国际政治中获得所期望的结果。[2] 而软实力发挥作用需要综合力量和有效战略，以硬实力为基础和后盾，巧妙地根据环境变化和需求调整，将政治、经济、军事、文化和外交手段结合运用。中国的软实力正在上升，教育作为一种活跃的生成性要素，是软实力的重要组成部分，教育外交与国际合作将在彰显国家实力的过程中发挥日益重要的作用。[3] 正如党的十九大报告中所指出的，加强中外人文交流，以

① 《中非教育合作与交流》编写组编著《中国与非洲国家教育合作与交流》，北京大学出版社，2005，第22页。

② 〔美〕约瑟夫·奈：《软力量——世界政坛成功之道》，吴晓辉、钱程译，东方出版社，第260页。

③ 周谷平、韩亮：《"一带一路"倡议与教育外交》，《比较教育研究》2018年第4期，第3～9页。

我为主、兼收并蓄。推进国际传播能力建设，讲好中国故事，展现真实、立体、全面的中国，提高国家文化软实力。

中非教育合作服务于良好国家形象的塑造。中国对非战略的成功引起西方社会的恐慌和担忧，他们担心在非利益受损，编造出各种言论混淆视听，诋毁和无端指责中国的非洲政策，包括"新殖民主义""掠夺非洲资源""破坏非洲环境""支持威权政府""加重非洲债务负担"等。针对这些不当言论，国内很多学者运用大量的事实和数据进行了有力的反驳。[①]香港学者沙伯力和严海蓉在非洲9个国家对250名大学生和教师展开调研，调查他们对中国的了解和认知以及对与中国关系的认识程度，结果表明，肯尼亚人、苏丹人和埃塞俄比亚人对中非关系持有最积极的态度，博茨瓦纳人和赞比亚人对中非关系的态度最消极，尼日利亚人、加纳人、埃及人和南非人中立。除南非外，其他国家的大多数人都认为，中国的发展对其国家来说是范例；50%以上的非洲人认为中国的非洲政策比西方的非洲政策对非洲更有益；72.6%的非洲人认同中国人的勤奋刻苦。而"中国是否在非洲实行新殖民主义"这一问题颇有争议，博茨瓦纳、埃塞俄比亚、埃及、加纳和尼日利亚人选择"中立"或"不知道"，在博茨瓦纳、赞比亚和埃及，表示"非常同意"或"同意"的人多于表示"非常不同意"或"不同意"的人。作者认为，非洲人对中国及中非关系产生的认知偏差与非洲各国党派在大选中将中国问题与选举捆绑在一起有关，也与西方媒体在非洲的支配性地位有关。[②]其他一些研究也指出了中非合作面临的问题与挑战，即非洲普通民众对中非合作认知比较有限，对中非合作中的问题却异常敏感。[③]非洲普通民众，包括大学生与教师

---

① 王洪一：《试论"中国威胁论"》，《西亚非洲》2006年第8期，第28~32页；李安山：《为中国正名：中国的非洲战略与国家形象》，《世界经济与政治》2008年第4期，第6~15页。

② 沙伯力、严海蓉：《非洲人对于中非关系的认知（下）》，《西亚非洲》2010年第11期，第51~59页。

③ Padmore Adusei Amoah, Obert Hodzi, Robert Castillo, "Africans in China and Chinese in Africa: Inequalities, Social Identities , and Wellbeing," *Asian Ethnicity*, Vol. 21, No. 4（2020）, pp.457–463.

对中国和中非关系的了解如此有限，并存在如此多的误解与偏差，中非教育人文交流因此显得更为紧迫与必要。教育合作、学者之间的交流互动可以使更多非洲人了解中非合作的益处，了解中国的非洲政策，具有良好认知和独立判断的非洲学者会对中国在非洲的参与和行动给予客观和公正的评价，这些学者从非洲视角出发发表的言论远比中国的宣传更有说服力和影响力。随着来华非洲学生数量的增长，非洲留学生长期在华学习和生活，对中国的政治制度和价值观有更多的认同，获得深层次的国际理解，他们会与中国老师和同学建立长久的友谊和关系网络，树立对华良好认知，并产生辐射效应，影响更多的非洲人，促进双方民心相通。孔子学院对中国语言与文化的传播会让更多非洲人了解中国文化，包括物质文化、精神文化和制度文化，形成对中国的好感，加深对中国社会的了解。此外，中国在非洲援建的学校可以惠及普通民众，为中非合作建立更稳定的民意基础，使非洲年轻一代在心中产生对中国的向往。

中非教育合作可以培养友华的非洲知识精英。自中非合作论坛建立以来，中国政府为非洲提供的奖学金名额迅速增加，到2015年，每年政府奖学金名额超过了8000个。在"中非科技伙伴计划"框架下，中国资助非洲科研人员来华开展博士后研究，加强中非科技交流与合作，推动中非友好合作关系的长远发展。中非教育合作增进中非人民之间的感情，为非洲国家培养具有潜力、未来在非洲国家发展中可以发挥重要作用的青年知识精英，有助于扩大中国在非洲各阶层的影响力，争取到更多中国政策的支持者，服务中非关系的长远发展。

中非教育合作增进中非之间的相互了解与友谊。长期以来，在普通非洲人心中都存有对中国的刻板印象，很多非洲人通过李小龙、成龙的功夫电影认识中国，有关中国的知识是零碎的、片面的、一知半解的，并且由于受西方媒体的影响，甚至是错误的，充满了谬误。同样，在中国，人们对非洲的了解也是极其有限的。2006年，《中国青年报》曾做过一项关于对非洲了解的问卷调查，结果显示，人们对非洲的印象仍旧是贫穷落后，人们对非洲的理解还停留在"饥饿""原始""战乱""艾滋病"等负面标签上，大多数人对非洲的印象来自想象而非真实了解。①中非教育合作是打破偏见、增进了解、增进共识的最佳途径。这种合作是民间的、平等的、相互尊重的与双向的，是双边友好的基石，在这个过程中，中国也认识了真实的非洲，认识了非洲丰富的文化，提升了非洲商品在中国的欢迎程度。

二 服务中国高等教育国际化和教育对外开放

高等教育国际化由来已久，国家之间知识和学者的交流已有几个世纪的历史，进入21世纪，在全球化的背景下，高等教育国际化呈现复杂、多样而富有差异的局面，国际化成为塑造各国高等教育机构的关键因素和重要的变革力量，一方面，跨境高等教育机构、项目显著增加，学生跨境流动规模之大和速度之快前所未有；另一方面，新的教育提供者出现，如美国培生教育集团（Pearson Education LTD）、加拿大汤姆森集团（Thomson Corporation）、新加坡英华美学院（Informatics Academy）、印度Aptech公司等私营传媒公司、公司大学等，跨境高等教育私有化、企业化和商业化现象增多。此外，区域间的教育合作和联盟使得联合授予学位的情况增加，质量保障、学分转换、学历互认的需求增加。

高等教育国际化需要在全球化的视野下来考量，根据奈特的观点，"全球化指人口、文化、观念、价值、知识、技能和经济的跨境流动，最终形成一个更为相互联系和依赖的世界"②。由于各国的历史、传统、文化和优先目标不同，全球化以不同方式影响着每个国家。高等教育国际化就是在全球化背景下产生的，全球化是高等教育国际化的驱动力，对高等教育的影响有积极的，也有消极的。无论全球化的影响是积极的还是消极的，不可否认的是，世界各国之间的相互联系、相互影响和相互依赖超过

---

① 唐勇林:《"30年后非洲会像今天的中国一样让世界刮目相看"》，中青在线，2006年11月6日，http://zqb.cyol.com/ content/2006-11/06/content_1563126.htm。

② J. Knight，"Internationalization of Higher Education: New Directions, New Challenges. 2005 IAU Global Survey Report，" January 2006, https://www.researchgate.net/ publication/44836500_Internationalization_of_higher_education_new_directions_new_challenges_2005_IAU_global_survey_report.

以往任何时期，国家的政策、资金、项目、管理制度和对外教育合作等决定了各国高等教育国际化的进程和程度。

对于高等教育国际化没有一致认同的概念，不同学者从不同视角对此加以诠释。有学者认为，高等教育国际化是国家间高等教育资源交换的过程。[①] 汉斯提出国际化的三种观点：第一种观点将国际化看作一个发展趋势与过程，即国际化意识与教学、科研、社会服务相结合的过程；第二种观点倾向于把高等教育国际化等同于高等教育国际交流与合作活动，包括课程的国际内容、学者与学生的国际流动、国际技术援助和合作；第三种观点强调国际化精神和氛围或国际化的文化氛围。阿拉丁（Alladin）将教育看作外交政策的第四个层面，可以提高一个国家的形象。他认为，教育合作是外交政策投资的一种形式，可以为以后的国家关系带来好处，因为许多出国留学的学生来自本国最有能力的那部分人群，他们学成回国后将处于领导或有影响力的地位。[②] 美国公共外交咨询委员会（U.S. Advisory Commission on Public Diplomacy）在《21世纪的公共外交》（Public Diplomacy for the 21st Century）中指出："对外交流和培训对美国的外交关系有着直接的和多重的影响，是最有价值的工具之一。"[③] 学界将教育援助或合作也看作教育国际化的重要组成部分。

国际化的理由是明确而清晰的，但国内外学者对高等教育国际化的动因分类不同，有的学者将高等教育国际化的动因概括为学术动因、宗教动因、科学动因、政治动因以及经济动因等五个方面。[④] 一些学者的观点大致相同，均将经济全球化、学术追求、政治利益、文化交流、经济发展看

① 肖风翔、王光明：《经济全球化背景下的高等教育国际化》，《河北师范大学学报》(教育科学版)2008年第1期，第107～112页。

② Hans de Wit，ed.，*Strategies for Internationalization of Higher Education: A Comparative Study of Australia, Canada, Europe and the United States of America,* Amsterdam: European Association for International Education, 1995, p.11.

③ "Public Diplomacy for the 21st Century," March 1, 1995, https://www.state.gov/public-diplomacy-for-the21st-century-1995.

④ 孟照海：《高等教育国际化的动因及其反思》，《现代教育管理》2009年第7期，第16～19页。

作高等教育国际化的主要驱动力。^①

从中国高等教育国际化来看，对外开放政策是我国高等教育国际化的基本方针，中国高等教育大致经历了从学习、引进、借鉴到分享、交流、走出去的演变过程。新中国成立初期，中国主要向苏联学习，引进苏联的办学模式，采用苏联教材，同时，与其他社会主义国家和周边国家开展学术交流、互访。为加强社会主义经济建设和工业体系建设，1949～1957年，中国高校共聘请了苏联专家754名，讲授1600多门课程。^②"文化大革命"期间，中国对外教育交流工作处于停顿状态，高等教育发展受到严重阻碍。改革开放以来，中国将高等教育国际化推向高潮，引进国际先进教育资源，扩大对外开放，以满足不断增长的高等教育需求；跨境教育机构大量涌入中国，中外合作办学项目迅速增加，美国、英国、澳大利亚等发达国家积极开拓中国教育市场。1995年1月，国家教委出台的《中外合作办学暂行规定》指出：中外合作办学是中国教育对外交流与合作的重要形式，是对中国教育事业的补充。但中外合作办学项目质量的参差不齐带来了不少问题与矛盾，在国内高等教育领域引发了对办学自主权、国际化与本土化之间的关系、教育质量等相关问题的讨论，政府随之也加大对中外合作办学项目的评估与监管力度。在引进国外优质教育资源的同时，中国派遣大批留学生赴欧美国家留学，学习国外的科学技术。

21世纪以来，随着中非合作论坛的建立以及"一带一路"倡议的实施，中国高等教育国际化进入一个新的历史时期，这个时期以经验分享、增进理解、走出去为主要特征。2010年，国务院颁发《国家中长期教育改革和发展规划纲要（2010—2020年）》，再次强调坚持和扩大教育开放，其中包括：加强国际教育交流与合作，培养大批具有国际视野、通晓国际规则、能够参与国际事务和国际竞争的国际化人才；引进优质教育资源；提高交流合作水平，加强国际理解教育，推动跨文化交流，增进学生对不同国家、不同文化的认识和理解；扩大外国留学生规模；积极参与双边、多边和全球性、

---

① 苏芳菱：《大学国际化发展战略研究综述》，《魅力中国》2010年第8期，第182～183页。
② 李盛兵：《新中国成立70年高等教育国际化特征与趋势》，《北京教育》（高教）2019年第10期，第69～72页。

区域性教育合作。从这些政策可以看出，我国的高等教育国际化的"输入"与"输出"进入平衡状态，关于促进跨文化理解、参与全球教育治理、扩大来华留学规模、加大教育援助力度的表述非常清晰，高等教育国际化战略已经发生转向，如何提升中国高校的国际地位、影响力和竞争力成为鲜明的主题。2016年，中共中央、国务院颁发《关于做好新时期对外开放工作的若干意见》，随后教育部下发《推进共建"一带一路"教育行动》，这是中国教育国际交流与合作的纲领性文件，提出在"一带一路"建设中中国的教育使命、合作愿景、合作原则、合作重点、行动路线及前景，针对如何开展教育合作进行战略性布局，确立了新时期中国教育对外开放的思想基础和行动指南，为教育合作实践指明了路径与方向。中非教育合作作为我国教育对外合作的重要内容，既是教育国际化的组成部分，又服务并推进教育国际化的进程。中国高校在参与对非教育合作的过程中，在提高教育援助的有效性的同时，应加强自身能力建设，提高国际化水平与能力。

尽管教育国际化的内容、方式、机制发生变化，但国际化趋势不会改变，世界各国在教育国际化进程中相互交流、借鉴，实现知识跨境流动与共享，以造福人类。中非教育合作实践为中国与其他发展中国家开展教育合作提供了样板和参照，在推进中国与其他发展中国家的南南合作上发挥重要作用，中国可以将对非教育援助经验推广到与其他国家的教育合作上。通过中非教育合作，中国融入国际教育援助体系，参与多边教育合作，在非洲教育发展问题上与其他国家有了更加密切的互动，培养和锻炼了参与国际教育援助事务的专家、学者，提升了在全球教育治理中的话语权与影响力，增强参与国际事务的能力，更深入了解了国际教育原则的模式、规则与运作。

中非教育合作有助于培养国际化师资与人才。中国国家中长期教育改革和发展规划提出，要培养大批具有国际视野、通晓国际规则、能够参与国际事务和国际竞争的国际化人才，参与中非教育合作实践是培养国际化人才的重要路径。中非教育合作会带来国际化的文化与视野，促进中国高校的课程国际化、教学国际化、科研国际化、学生国际化以及教师队伍国际化，增强中国高校参与全球教育治理的能力。

三 服务非洲教育发展需要

改革开放40多年来，中国的发展成就举世瞩目。非洲国家对中国的发展成就与国际地位上升感受强烈，并因此日益重视中非关系及与中国的合作，对中国的期待也随之上升，很多非洲国家迫切希望借鉴中国的发展经验，在教育领域得到中国的支持。在此形势下，中非教育合作能够促进非洲人力资源开发，帮助非洲人民做实事、做益事，在最大程度上满足非洲的实际需要和期待、解决非洲的实际困难，从而助推非洲的现代化发展。同时，正所谓"授人以鱼不如授人以渔"，中国在继续向非洲提供资金援助、设备援助的基础上，帮助非洲培养本土人才，向非洲派遣各领域的专家，包括农业专家、医生等，这不仅可作为传统援助方式的有效补充，更有助于向非洲各国传授中国发展经验，指导其培养各行各业的本土人才，增强非洲国家的自我发展和可持续发展能力。

非洲有一半人口在3~24岁，是世界上最年轻的大陆，2020年，非洲25岁以下青年有8亿人，并且非洲人口增长也是全世界最快的，3~24岁人口增长了58%。年轻的人口结构以及人口的快速增长对非洲大陆来说，既是机遇也是挑战，而对教育造成的压力是巨大的，非洲的失学率居高不下，教育质量最差，现在又要面对不断增长的教育需求。非洲城市化的速度非常快，农村人口从2000年的62%已经降到2019年的54%。然而城市化带来大量的城市贫民和无家可归者。[①]青年是经济增长和发展的引擎，如果非洲青年能接受所需的教育与技能培训，非洲教育必然会成为社会变革的力量。只有增加教育投入，让青年人接受良好教育，才能培养社会所需要的人才，进而提高劳动生产力，增加就业。

在区域层面，非盟的《2063年议程》是非洲大陆发展的总体纲要。非盟的《2063年议程》总体目标为"加强非洲的认同和复兴；反殖民主义与争取民族自决权；推动非洲一体化；促进社会与经济发展；保障和平与安

---

① African Union and UNICEF, "Transforming Education in Africa: An Evidence-based Overview and Recommendations for Long-term Improvements," September 20, 2021, https://www.unicef.org/media/106686/file/Transforming%20Education%20in%20Africa.pdf.

全；改善民主治理；争取独立自主；提升国际影响力"。该议程包括如下
七方面的"愿景"：一是建设一个在包容性增长和可持续发展的基础上实现
繁荣的非洲；二是建设一个在泛非文化和非洲复兴的基础上实现政治一体化
的非洲；三是建设一个善治、民主、人本、公正和法治的非洲；四是建设一
个和平和安全的非洲；五是建设一个有较强文化认同，有共同遗产、价值和
伦理的非洲；六是建设一个由全体公民，包括女性和青年，共同推动发展的
非洲；七是建设一个强盛、团结和在全球范围内具有影响力的非洲。

非盟《2063年议程》在"建设一个在包容性增长和可持续发展的基
础上实现繁荣的非洲"部分中提到：在教育领域，非洲要加大教育投入力
度，以创新、科学和技术为重点，通过教育与技能革命，开发非洲大陆的
人力和社会资本。在非盟《2063年议程》的指导下，非洲在区域层面制定
了教育发展战略，提出2016~2025年教育发展的目标与愿景。

第一，非盟制定《非洲大陆教育战略（2016—2025年）》（Continental
Education Strategy for Africa 2016–2025，CESA 2016–2025），这一战略旨在重新定
位非洲的教育和培训体系，以获得培育非洲核心价值观所需的知识、能力、技
能、创新和创造力，促进国家、次区域和大陆层面的可持续发展。该战略为非
洲的决策者和战略的实施者提出了6条指导原则：（1）《2063年议程》呼吁建
设由技能型人力资本驱动的知识社会；（2）全面的、全纳的和公平的教育以及
终身学习的环境是可持续发展的必要条件；（3）在教育管理领域完善的治理、
良好的领导力和健全的问责制至关重要；（4）一体化的教育和培训体系对于通
过区域合作实现非洲学术人员内部流动和整合非常重要；（5）高质量的适切的
教育、培训和研究是科技创新、创造力和创业的核心因素；（6）健康的思想寓
于健康的身体之中，身体的和社会心理的需求都应该得到满足。[①]

CESA 2016–2025的主要目标如下。

（1）振兴教师行业，确保各层次的教学质量和相关性。

（2）建设、修复和维护教育基础设施，制定政策确保各级各类学校都

---

① 张力玮：《非洲大陆教育战略（2016—2025年）》，《世界教育信息》2016年第12期，第
18~27页。

有一个持久、健康和有利的学习环境，增加民众接受优质教育的机会。

（3）利用信息与通信技术，保障教育和培训体系的入学，提升教育质量，提升管理水平。

（4）通过协调各级教育发展，促进国家和区域教育一体化，保障人们获得必要的知识和技能，提高面向各群体的教育完成率。

（5）加快实现性别平等和公平的进程。

（6）在全非洲开展全面有效的扫盲运动以扫除文盲。

（7）加强科学和数学课程建设，在非洲社会普及科学知识和科学文化。

（8）扩大中等和第三级教育阶段的职业技术教育规模，加强教育和培训体系同工作场所之间的联系。

（9）振兴和扩大高等教育，激发研究和创新活力，以应对该大陆面临的挑战，提升全球竞争力。

（10）面向各级教育的所有群体，促进和平教育，开展预防和解决冲突的教育。

（11）通过数据收集、管理、分析、传播和使用的能力建设，提高数据收集、管理、分析、传播和使用能力，改善教育体系的管理和统计工具的使用。

（12）建立教育利益相关者联盟，以促进和支持实施《非洲大陆教育战略（2016—2025年）》的所有创新措施。

第二，非盟制定《促进青年就业的职业技术教育大陆战略》。2007年非盟通过《非洲职业技术教育和培训振兴战略》（Strategy to Revitalize Technical and Vocational Education and Training），虽然该战略被各成员国政府普遍接受，但由于缺乏明确计划，资源投入不足，该战略的实施效果甚微。面对非洲青年高失业率问题，2014年6月，非盟制定新的职业技术教育发展战略《促进青年就业的职业技术教育大陆战略》（Continental Strategy for Technical and Vocational Education and Training to Foster Youth Employment）。该战略为国家层面政策和战略的设计与开发提供了一个全面的框架，以应对职业技术教育领域的挑战，支持经济发展和创造财富，并通过青年创业、创新和就业促进减贫。战略目标概括如下：建立高校优质的职业技术教育体系；保障培训和劳动力市场需求相匹配，提升就业力；增强创造力、创新和创业能力；改善法律和政策环境，加强培训机构管理；推动建立可持续的学徒制；提高职业技术教育的地位和吸引力。[①]该战略提出一些加强和改革职业技术教育的举措：进行非洲职业技术教育体系范式转换，构建综合性政策框架，认可人们在任何学习场所获得的技能，借助职业技术教育与培训，建立起培训与劳动场所之间的联系，形成全产业链路径，创造更多就业机会；实施职业技术教育课程改革，使人们习得各行业的知识、技能，获得有尊严、合理的报酬；加强职业技术教育师资培训，保障教学质量；完善职业技术教育基础设施，提高设备利用率。[②]

第三，非盟还与成员国合作促进非洲的高等教育和研究的发展，这一领域面临研究产出水平低的挑战。《2063年议程》的旗舰项目——非洲虚拟大学项目旨在利用信息与通信技术，在多地点同时教学，增加非洲高等教育和继续教育的入学机会。它的目标是开发相关和高质量的开放、远程和电子教育（Open Distance and e-Learning, ODeL）资源，让学生可以随时随地获得大学资源。

泛非大学是由非洲联盟建立的第一所大学，其成立的目的是为非洲所有其他大学树立标准。泛非大学的使命是推动非洲的高等教育和研究的发展，解决教育质量、非洲院校区域合作、创新、与工业和社会部门的联系等问题。泛非大学重点关注五个主题领域：基础科学、技术和创新；生命和地球科学（包括卫生和农业）；治理、人文和社会科学；水能源和科学（包括气候变化）；空间科学。

从非盟《2063年议程》对教育与科学技术发展的规划来看，非盟希望全面地推动非洲教育的发展，从增加入学机会到提升教育质量再到实现教

① AU, "Continental Strategy for Technical and Vocational Education and Training to Foster Youth Employment," June 2014, https://au.int/sites/default/files/ documents/35054-doc-tvet-english_-_final_2.pdf.

② 翟俊卿、钦夏昱：《非洲职业教育的新发展——非盟〈促进青年就业的职业技术教育大陆战略〉解析》，《职业技术教育》2019年第9期，第69~74页。

育公平；非盟的教育发展战略涵盖了包括初等教育、中等教育、职业技术教育、高等教育、成人扫盲教育在内的所有层次的教育；非盟注重利用信息技术和数据管理来推动教育目标的实现；非盟将高等教育定位为区域知识和技术创新的引擎；作为区域合作的引领者，非盟提出区域内教育机构之间应该相互合作，建立合作机制。

非洲还有其他一些教育发展规划。在基础教育层面，一些非洲国家已经做出承诺，保证为所有儿童提供9～10年教育，即为儿童提供至少9年义务教育。早在2007年9月，15个非洲国家的教育官员在卢旺达首都基加利召开非洲基础教育高层大会，会后发布有关非洲基础教育愿景的《基加利行动宣言》（The Kigali Call for Action），各国将创造必要条件在正规和非正规体系中为儿童提供9～10年的义务教育。非洲各国政府提出的具体措施如下。

（1）政府启动基础教育改革，增加入学机会，建立一个全面、包容的教育体系。

（2）实施立法和政策框架，尊重、保护并实现每个学习者的受教育权。

（3）确保国家教育目标能够回应国家及全球所面临的挑战。

（4）通过让所有利益相关者了解义务教育的重要性，推广基础教育的范例，让学生完整完成从学前教育到9年义务教育的学习。

（5）制定国家规划、指南、战略，加强公私合作，支持免费基础教育政策实施。

（6）开发或实施国家课程改革，建立一个灵活、包容的评价机制，为学生的知识习得、技能开发和终身学习奠定牢固基础。

（7）利用脑科学、教育学等相关理论和方法，开展教师培训、课程开发培训。

（8）将更多资源投入教育领域。

目前，非洲53%的国家已经通过九年免费义务教育法。尽管做出十足的努力，在非洲，小学最后一年及初中低年级的入学率还没有达到100%。到2019年，小学最后一年的毛入学率为73%，比2010年提高了2个百分点；初中最后一年的毛入学率仅为48%。①

中非教育合作与非洲本土发展战略相契合，在非洲大陆层面，非盟是非洲区域性组织，在非洲地区事务中扮演着引导者、建设者、协调者的角色，担负着代表非洲大陆发声、实现非洲复兴的历史使命，在非洲地区的发展、和平与稳定、对外交往方面都发挥着重要作用。中国对非政策及中非合作论坛的举措与非盟的规划在优先目标领域具有高度相关性、一致性和重合性，双方所拥有的共同利益诉求成为推动中国—非盟合作的重要因素。

中国对非洲教育援助秉持共同发展的原则，中国尊重非洲国家在教育发展方面所做的努力，中非教育合作项目符合非方需求，与非洲国家教育发展战略相一致，将资源投入非洲教育的优先事项，促进非洲各国人力资源发展，将非洲教育基础设施建设与教师培训、管理、学生培养等软投资相结合，加强非洲各国教育能力建设，推动非洲实现2030教育可持续发展目标及教育愿景。

第二节　南南合作框架下中非教育合作的战略原则

一　南南合作理念

南南合作的起源可以追溯到万隆会议。第二次世界大战后，很多刚刚从殖民统治中获得解放的国家，经济尚不发达，也不愿卷入冷战期间超级大国之间的竞争，这些国家对其共同利益及互利合作的理解成为建立南南合作框架的基础。许多发展中国家，特别是那些摆脱殖民统治的国家，开始质疑国际经济体系的基础，并提出改变其结构和管理的建议。这些发展中国家意识到，与其成为某个超级大国的盟友，不如共同行动。1955年在印度尼西亚万隆聚集了29个亚洲和非洲国家的代表，他们讨论发展中

---

① African Union and UNICEF, "Transforming Education in Africa: An Evidence-based Overview and Recommendations for Long-term Improvements," September 20, 2021, https://www.unicef.org/media/106686/file/Transforming% 20 Education%20in%20Africa.pdf.

国家之间合作的潜力。在万隆会议的推动下，1961年不结盟运动（Non-Aligned Movement，NAM）成立，1961年不结盟运动和1964年77国集团的成立加快了发展中国家集体自力更生的步伐。

1978年，138个联合国会员国在阿根廷布宜诺斯艾利斯举行会议，通过《促进和实施发展中国家间技术合作的布宜诺斯艾利斯行动计划》（Buenos Aires Plan of Action for Promoting and Implementing Technical Cooperation among Developing Countries）。该计划含有38项改善发展中国家间技术合作（Technical Cooperation among Developing Countries，TCDC）的具体建议。77国集团历届首脑会议积极努力深化南南合作，承认这种合作是南北合作的补充，而不是替代，强调南南合作是在多边主义背景下的一个持续的过程。2003年，77国集团首脑会议通过《马拉喀什宣言》（Marrakech Declaration）及《马拉喀什框架》（Marrakech Framework），该框架为参与国确立了长期目标和战略。1980年12月，联合国大会设立了审查发展中国家间技术合作高级别委员会，该委员会每两年举行一次会议，并于2003年更名为南南合作高级别委员会。2009年，联合国组织了在肯尼亚内罗毕举行的南南合作高级别会议，会议通过了关于南南合作的《内罗毕成果文件》（Nairobi Outcome Document），该文件迄今为止是南南合作的全球政策框架。

近年来，加强发展中国家间合作的必要性在全球发展格局中有了新的含义。值得注意的是，南南合作的作用在《2030可持续发展议程》（目标17，具体目标17.9）、《第三次发展筹资问题国际会议亚的斯亚贝巴行动议程》（第56段）和《气候变化巴黎协定》（第4段及其他）中得到强调。

目前，尚不存在国际公认的南南合作定义，不同学者和机构对南南合作概念从不同角度加以界定，提供了一个广阔的视角。

• 南南合作被宽泛地定义为发展中国家政府、组织、个人之间的专业知识交流。通过这种模式，发展中国家在知识、技术援助和/或投资方面相互帮助与支持。

• 南南合作意味着南方国家通过分享技术或知识和技能来促进发展，从而相互帮助。

- 南南合作是一个更广泛的概念，指发展中国家之间非常广泛的合作，这种合作通常包含三个层面：政治、经济和技术。

- 南南合作旨在促进南方国家的自给自足，并加强市场需求更加匹配的国家之间的经济联系。

- 南南合作指发展中国家共同努力寻找解决在发展中面临挑战的办法，由于历史、地理和挑战的相似性和共性，南方国家可以分享经验教训，借鉴彼此的成功故事。

- 积极促进南南合作的联合国开发计划署将该术语定义为"为实现可持续发展目标，为人类、地球和繁荣，为消除贫困而采取全球行动时所实施的大胆、创新的合作手段。大量事实表明，南南贸易与投资有望加速改善健康、推进教育与社会福利，促进知识和经验的分享与利用；南南合作是步入可持续发展目标正常轨道的关键性伙伴关系；南南合作是可以创造就业、促进贸易、推动基础设施建设、进行技术转让、促进区域一体化的一种合作关系"[1]。

- 南南合作是一个有意识、有系统和有政治动机的体系，其发展目的是在发展中国家之间建立一个多重联系的结构。

- 南南合作本质上意味着南方国家对发展拥有自主权并领导技术合作，它促进了实际经验在不同背景下的转移，这些背景尽管不同，但往往具有共同的特点和制约因素。南方解决发展问题的办法往往比北方的办法更能适应当地条件。[2]

- 南南合作是指新兴工业化南方国家和南半球其他欠发达国家之间的合作活动。这样的活动包括开发互利的技术、服务和建立贸易关系。

- 南南合作意味着发展中国家之间更密切的技术和经济合作，其手段是聘请南方的专家、分享南方的最佳做法，并培养对南方发展进程的主

---

[1]　UNDP, "South-South Cooperation," https://www.asia-pacific.undp.org/content/rbap/en/home/development-impact/south-south-cooperation.html.

[2]　P. Rosseel, Erick De Corte, J. Blommaert and E. Verniers, "Approaches to North-South, South-South and North-South-South Collaboration," 2009, https://lirias2repo.kuleuven.be/bitstream/handle/123456789/229636/POLICY_PAPER_VLIR.

人翁意识，它能够使发展中国家的发展选择和经济联系扩大化和多样化，它还是建立新型伙伴关系的有力工具，可以创造更加民主和公平的全球相互依存关系和全球治理形式。

● 《阿克拉行动议程》第19条将南南合作界定为"发展方面的南南合作遵守不干涉内政、发展伙伴之间平等，以及尊重其独立、国家主权、文化多样性以及地方内容的原则"[①]。

● 在《内罗毕成果文件》中，联合国南南合作高级别会议的与会者重申，南南合作不同于官方发展援助，是"基于团结的平等伙伴关系"，必须遵循尊重国家主权和自主权的原则，不附加任何条件。[②]

南南合作具有区别于传统南北合作的显著特征，包括不干涉内政、平等的伙伴关系、尊重国家主权与独立、推动自力更生等，南南合作往往是由相互的经济和商业联系所驱动，更加强调技术合作和知识转让，而不是基于条件的项目、方案或预算支持。南南合作倾向于将能力发展作为一个过程，而不是一种"产品"；南南合作为广大发展中国家提供了多样化的技术合作选择，可充分利用区域或当地资源，实现倍增效应；南南合作更符合受援国的优先事项与需求，能提供高度相关的解决方案；南方国家之间的合作不能用传统官方发展援助的标准来分析和评估。诚然，南南合作不应被视为南北合作的替代，是南北合作的补充，但加强南南合作并不意味着对发展中国家特别是贫困国家援助的减少。

广大发展中国家有着广泛合作基础，有着相似的历史遭遇，南南合作是发展中国家的集体自力更生方式。南南合作的政治诉求在于改革国际秩序和全球经济体系，加强南方国家之间的双边关系，帮助南方国家提高集体谈判能力，促进发展中国家之间的团结，使发展中国家能够在国际政治和决策过程中发挥更积极的作用，提升发展中国家在多边谈判中的发言权和议价能力。

---

① "Accra Agenda for Action (Second Draft，27 June 2008)，" July 16, 2018, https://realityofaid.org/accra-agenda-for-action-second-draft-27-june-2008/.

② "Nairobi Outcome Document," December 21, 2009, https://unctad.org/system/files/official-document/aconf215d2_en.pdf.

　　南南合作正以创新方式回应发展中国家所面临的社会经济环境挑战，改变着国际发展的格局，国际社会越来越重视南南合作。越来越多的国际组织开始参与南南合作，并力图推动"南南+1"的多边合作模式或三边合作（triangular cooperation），即传统援助国和多边组织通过提供资金、培训、管理和技术系统以及其他形式的支持来促进南南合作。联合国教科文组织作为处理各国政府间有关教育、科学和文化问题的国际组织，在南南教育合作中发挥着重要作用。随着传统的资金转移向技术和知识转移的转变，新兴经济体在国际教育合作中发挥越来越明显的作用。联合国教科文组织一直努力促进各国之间建立平等的伙伴关系，搭建交流平台分享信息和最佳实践，该组织归纳了以下四种类型的南南合作：（1）分享经验和最佳实践；（2）加强网络；（3）能力建设；（4）发展伙伴关系。[①]

二　中非教育合作的战略原则

　　2021年中非合作论坛第八届部长级会议发布的《中非合作2035年愿景》重申："中国和非洲作为世界上最大的发展中国家和发展中国家最集中的大陆，将高举和平、发展、合作、共赢旗帜，坚定不移深化中非全面战略合作伙伴关系，实现中非务实合作高质量发展。综合考虑双方各自发展历史、背景和特点，结合中国2035年远景目标、联合国2030年可持续发展议程、非盟《2063年议程》及非洲各国发展战略，中非共同制定《中非合作2035年愿景》，确立长期合作方向和目标，推动构建更加紧密的中非命运共同体。"[②]自20世纪五六十年代以来，中国与非洲合作的基本原则与理念始终未变，在不同时代语境下，中国对非政策有所调整和变化，但其所坚持的核心理念是延续而持久的，充分彰显了中非之间长久的友谊与坚实和广泛的合作基础。中国与非洲在教育领域的合作是在中非合作框架下展开的，必然同样遵循中非合作的基本原则与理念。

[①] UNESCO, "South-South Cooperation," https://en.unesco.org/themes/education/south-south-cooperation.

[②] 《中非合作2035年愿景》，中非合作论坛，2021年12月8日，http://focac.org.cn/focacdakar/chn/hyqk/202112/t20211208_10464357.htm.

（一）中非教育合作奉行不干涉内政原则

《新时代的中国国际发展合作》白皮书指出："中国一贯主张在和平共处五项原则基础上开展国际发展合作，坚持国家不分大小、强弱、贫富，都是国际社会平等成员。"[①]中国不干涉内政原则有着深厚的文化根基，中国传统文化提倡"己所不欲，勿施于人""和而不同"。自1950年起，中国就克服重重困难，竭尽全力支持非洲国家的民族独立运动，例如，在1957年阿尔及利亚人民抗击法国殖民者的斗争中，中国不仅为其提供军事物资和军事援助，而且在精神和道义上给予坚定的支持。在埃及的苏伊士运河斗争中，中国是给予支援和帮助最多的国家之一。1963~1964年，周恩来访非期间，与加纳总统恩克鲁玛会谈后，正式向外界宣布中国对外经济技术援助的八项原则，其中一项为"中国政府在对外提供援助的时候，严格尊重受援国的主权，绝不附带任何条件，绝不要求任何特权"[②]。1972年，中国代表团团长、对外贸易部副部长周化民出席联合国贸易和发展会议第三届会议并在大会发言中进一步强调："不论何种形式的经济援助，必须严格尊重受援国家的主权，不附加任何条件，不要求任何特权，真正帮助受援国家发展独立的民族经济，而不是加重他们的负担。"[③]在该原则的指导下，在20世纪六七十年代，中国在自身经济困难、财力紧张的情况下，应非洲国家要求，无私地支持非洲国家建设了一大批农场、工厂，以及水利、电力等基础设施，还派出了大量农业技术专家和医疗队，接收非洲留学生，支持非洲国家自主发展，中国对受援国的尊重赢得了非洲国家的广泛认可。

1978年实施改革开放政策后，中国在探索自身经济发展道路的同时，更深刻地认识到发展模式的多样性以及走具有中国特色的社会主义发展道路的重要性。在对外援助中，结合自身发展经验，中国坚信发展动力的内生性，认为应尽量避免受援国产生援助依赖，由此，在1982年，贸易与援

---

① 中华人民共和国国务院新闻办公室：《新时代的中国国际发展合作》，2021年1月10日，http://www.scio.gov.cn/zfbps/32832/Document/1696685/1696685.htm。

② 中华人民共和国国务院新闻办公室：《中国的对外援助》，2011年4月21日，http://www.scio.gov.cn/zxbd/nd/2011/Document/896471/896471.htm。

③ 胡美：《中国对非援助编年研究（1965—2015）》，中央编译出版社，2017，第111页。

助相结合的新援非形式出现。经过20世纪80年代的全面调整和20世纪90年代的充实完善后，中非合作在深度和广度、数量和质量上都有了很大的提升。2000年中非合作论坛的成立标志着中非合作进入新的历史阶段，双边合作的基本原则在各类官方文件和不同场合中不断被提及和阐明。在2000年的《中非合作论坛北京宣言》中，中国阐明："每个国家在自己的发展过程中都有权根据本国国情，选择自己的社会制度、发展道路和生活方式。"2011年，《中国的对外援助》白皮书中，同样阐明"尊重各国人民自主选择发展道路和模式的权利"。[1]2018年，习近平在中非合作论坛北京峰会开幕式上的主旨讲话中，提出携手打造中非命运共同体，中国坚持做到"五不"，即不干预非洲国家探索符合国情的发展道路，不干涉非洲内政，不把自己的意志强加于人，不在对非援助中附加任何政治条件，不在对非投资融资中谋取政治私利。[2]习近平多次强调，中国不输入外国模式，也不输出中国模式，不会要求别国复制中国的做法。这些都表明不干涉他国内政及援助不带任何条件是中国政府从20世纪五六十年代以来的一贯政策。

在教育合作领域，中国坚持中非之间的相互学习、分享与借鉴。党的十九大报告指出，"中国特色社会主义道路、理论、制度、文化不断发展，拓展了发展中国家走向现代化的途径，给世界上那些既希望加快发展又希望保持自身独立性的国家和民族提供了全新选择，为解决人类问题贡献了中国智慧和中国方案"[3]。与西方国家和国际组织的援助模式不同，中国对非洲的教育援助不附带任何条件，中国不对非洲国家教育政策指手画脚，不干预非洲国家教育发展。[4]中国与非洲国家分享教育发展经验，相互学习与借鉴。扫除文盲、义务教育普及、教师培养机制建立、教育公平的实施、教育管理、高等教育大众化等中国教育改革的成功经验为非洲国家发展教

---

① 中华人民共和国国务院新闻办公室：《中国的对外援助》，2011年4月21日，http://www.scio.gov.cn/zxbd/nd/2011/Document/896471/896471.htm。

② 《习近平在2018年中非合作论坛北京峰会开幕式上的主旨讲话（全文）》，中非合作论坛，2018年9月3日，https://focacsummit.mfa.gov.cn/chn/zxyw/201809/t20180903_5859215.htm。

③ 《中国共产党第十九次全国代表大会工作报告（全文）》，中国青年网，2017年10月30日，https://xibu.youth.cn/gzdt/zxyw/201710/t20171030_10935323.htm。

④ 牛长松：《中国与非洲教育合作的新范式》，《比较教育研究》2010年第4期，第22～27页。

育提供参考和借鉴；同时，非洲高校有一些优势和特色学科以及高水平的
科研，与中国高校有很大的合作空间，双方可以优势互补，在很多领域开
展合作研究。非洲大陆的远程高等教育较发达、院校国际化程度较高，这
些也都是值得中国高校学习和借鉴的。

（二）中非教育合作秉持相互尊重、平等、真诚与信任的原则

中国与非洲的合作始终坚持相互尊重、平等、真诚、信任的原则，首
先，中国尊重非洲国家的自主权，这一原则与《巴黎宣言》及《阿克拉行
动议程》提出的援助有效性原则一致，即强调发展中国家对其发展政策有
决定权和实施权。平等是中国外交最基本的原则，毛泽东时代中国在对非
关系上一直强调"平等""友谊"。1964年，毛泽东在接见亚非朋友时表
示："我们之间相互平等，讲真话，不是表面一套，背后一套。""如果有
的中国人不尊重你们，不讲平等，在你们国家捣鬼，那么你们可以把这样
的中国人赶走……我们之间的相互关系是兄弟关系，不是老子对儿子的关
系。"① 中国历代领导人都坚持这一立场，在多个场合表达和强调过这一立
场。1982年，邓小平在接见利比里亚总统多伊时说："中国对第三世界朋
友尽的力量还不多……我们现在正在一心一意搞建设，力争经济有较快的
发展。到了那个时候，我们可以对第三世界的朋友们多尽点力量。"② 1996
年，江泽民应邀访问非洲6国，在非洲统一组织总部发表题为《为中非友
好创立新的历史丰碑》的演讲。江泽民主席在演讲中阐述了冷战后中国的
对非政策，强调中非之间应真诚友好，彼此成为可以信赖的"全天候朋
友"。③ 胡锦涛主席曾五次访问非洲，多次表达了与非洲平等友好相处、相
互支持、合作共赢的强烈愿望。2013年，习近平以国家领导人的身份首访
非洲，在达累斯萨拉姆尼雷尔国际会议中心发表题为《永远做可靠朋友和
真诚伙伴》的重要演讲，用"真、实、亲、诚"四个字概括了过去半个多

---

① 转引自黎家松主编《中华人民共和国外交大事记》（第二卷），世界知识出版社，2001，
第432～433、438页。
② 《邓小平文选》（第二卷），人民出版社，1994，第405页。
③ 《中国与非洲关系大事记（1949–2003）》，中国网，2006年10月30日，http://www.china.
com.cn/chinese/HIAW/445819.htm。

世纪里中国处理对非关系的基本原则，这也是未来中非关系的重要准则。

中非教育合作是建立在平等基础上的合作，是以一种共同认可的、适合非洲情况的方式开展的国家间合作或中国与非洲区域组织间的合作。中非教育合作属于需求驱动型，对接非洲发展议程，满足非洲发展需求，与非洲教育优先事项保持一致。

（三）中非教育合作坚持互利共赢、共同发展的原则

互利共赢、共同发展是中非合作的一项原则。如上文所述，1963~1964年周恩来总理访非时提出中国对外经济技术援助的八项原则，其中一项为：中国政府一贯根据平等互利的原则对外提供援助，从来不把这种援助看作单方面的赐予，而认为援助是相互的。基于这样的原则，中国对外援助的目的不是造成受援国对中国的依赖，而是帮助受援国逐步走上自力更生、经济上独立发展的道路。历届援外会议中，中国政府不断总结援外经验与存在的问题，在重视援外工作的同时，强调立足于国内，促进国内生产建设。改革开放将中国的战略重点转移到经济建设上，中国援非的利益原则由强调不求任何回报被调整为中非双方的互利共赢。互利共赢不仅意味着强调非洲在其中的所得，与此同时，中国开始强调自身的利益。[①] 中非合作论坛成立后，中国对非政策文件进一步阐释，中非之间要相互支持，支持彼此的正当要求与合理主张；要相互学习，共谋发展，相互学习借鉴治国理政和发展经验，共同探索可持续发展之路。中国同非洲国家开展形式多样的经贸和社会发展领域的合作，要互利互惠，共同繁荣。

此后，中国将互利共赢理念进一步深化，提出中非合作要树立正确义利观，讲求的是义利相兼、以义为先，政治上主持公道、伸张正义，经济上互利共赢、共同发展，国际事务中讲信义、重情义、扬正义、树道义。正确处理"义"和"利"的关系是新时代中非合作的必然要求。中非关系最大的"义"是把非洲自主可持续发展同中国自身发展紧密结合起来，不搞你输我赢的零和游戏，不做唯利是图的狭隘之举，最终实现合作共赢。[②]

---

① 胡美：《中国对非援助编年研究（1965—2015）》，中央编译出版社，2017，第6页。

② 中华人民共和国国务院新闻办公室：《新时代的中非合作》，中国政府网，2021年11月26日，http://www.gov.cn/zhengce/2021-11/ 26/content_5653540.htm。

同样，中非教育合作体现的是一种平等互惠的双向合作关系，而不是单向的援助关系，目的是达到双方能力建设和共同繁荣的目标。教育资源匮乏是非洲国家教育发展的主要障碍之一。毫无疑问，非洲教育的发展需要国际社会的援助和支持，但长期依赖外援给非洲发展带来一些问题，很多非洲本土问题被忽略或得不到很好的解决。中国对非教育援助目的是加强非洲自身能力建设，为非洲培养所需的人才，使非洲减少外部依赖，将中国的发展经验带到非洲，由非洲国家来选择适合的发展模式，最终促进非洲社会的自主发展。①

（四）中非教育合作遵循量力而行、注重实效的原则

中国对非洲的援助遵循量力而行的原则，说到做到，注重实效，这是自20世纪五六十年代以来，中非合作始终遵循的原则。1963年，周恩来总理在会见索马里总理舍马克时谈道："中国的援助要根据中国的力量，有多大的力量就做多大的事。不能答应了做不到，要实事求是。"② 实际上，到70年代末，中国的对外援助规模迅速扩大，在非洲援助了很多大型项目，包括坦赞铁路、毛里塔尼亚友谊港、索马里费诺力稻谷农场、马达加斯加木昂公路等，大规模无偿援助让中国不堪重负，中国对此加以反思，此后，援外形式更加多样，更讲究实效和实用性。中非合作论坛框架下，每三年颁布的行动计划对中非各领域合作做了详细而具体的规划，这些计划表明了中国对非洲所做的合作承诺。中非合作论坛每届部长级会议举办前，中国都会发布行动计划成果落实情况，这些实实在在的具体的成果得到非洲各国的普遍赞誉。也就是说，"中国坚持把中非人民利益放在首位，为中非人民福祉而推进合作，让合作成果惠及中非人民；凡是中国答应非洲兄弟的事，就尽心尽力办好"③。中国开展对非合作，讲一个"实"字。中国不仅是合作共赢的倡导者，更是积极实践者。中国致力于把自身发展同非洲发展紧密联系起来，把中国人民的利益同非洲人民的利益紧密结合

---

① 牛长松：《中国与非洲教育合作的新范式》，《比较教育研究》2010年第4期，第22~27页。
② 裴坚章：《研究周恩来》，世界知识出版社，1959，第139页。
③ 中华人民共和国国务院新闻办公室：《新时代的中非合作》，中国政府网，2021年11月26日，http://www.gov.cn/zhengce/2021-11/26/content_5653540.htm。

起来，把中国发展机遇同非洲发展机遇紧密融合起来，真诚希望非洲国家发展得更快一些，非洲人民日子过得更好一些。中国在谋求自身发展的同时，始终向非洲朋友提供力所能及的支持和帮助。特别是近年来，中国加大了对非援助和合作力度。只要是中方做出的承诺，就一定会不折不扣地落到实处。中国扩大同非洲的投融资合作，加强同非洲国家在农业、制造业等领域的互利合作，帮助非洲国家把资源优势转化为发展优势，实现自主发展和可持续发展。

中国对非洲的教育援助本着量力而行的原则，并做到"信守承诺，说到做到"。中非教育合作在投入较少的情况下，争取最佳效果。中非双方注重合作的实效。中国政府为全面落实各项对非洲的举措，制定了切实可行的措施，并不断完善后续跟踪机制，改进合作方式。[1]例如，为保证中国政府奖学金本科来华留学生教育质量、提高奖学金使用效益，中国教育部决定自 2010 年起，对中国政府奖学金本科来华留学生新生在进入专业学习前开展 1~2 年以中文学习为主的预科教育。

---

① 牛长松:《中国与非洲教育合作的新范式》,《比较教育研究》2010年第4期，第22~27页。

第六章
推进中非教育合作的机制创新

推进中非教育合作，应创新中非人文交流机制，形成政府、院校、企业、民间组织多元协作机制，构建双边与多边相结合的合作网络，设立内外部评估结合的调研评估机制，加强能力建设和人才培养的支撑机制，全面提升教育合作的有效性，从而形成稳定、长远、可持续的中非教育合作态势。

第一节　创新中非人文交流机制

中国对非人文交流已经形成了跨区域合作机制、国家间合作机制、机构间合作机制以及民间合作机制，这些不同层面的合作机制相互补充，扩大了人文交流的覆盖面，有利于政策实施，提升人文交流效果。

一　中非合作论坛机制

中非合作论坛创立于2000年，是中国对非政治交往、经贸合作和人文交流的重要平台，是中国与非洲国家以及非洲联盟委员会建立的集体磋商对话机制，是基于南南合作理念所构建的跨区域、全方位合作机制。为落实论坛所提出的合作举措，2000年11月中非合作论坛中方后续行动委员会成立，包括外交部、商务部、财政部、文化和旅游部、中央对外联络部、教育部、科技部等成员单位。这样，在中非合作论坛机制下，各成员单位全面参与实施历届会议所提出的行动方案，中非人文交流与合作迅速展开。"经过20多年的发展，论坛已成为中非开展集体对话的重要平台和务实合作的有效机制，成为新时代引领国际对非合作的一面旗帜。"① 回溯论坛的缘起，李安山、沈晓雷等学者指出，非洲是推动论坛建立的主要力量，"在论坛的创办、议题设置和机制化等方面，非洲国家充分发挥了能动性和主事权"②。非洲积极推动论坛规格的提升，在论坛框架下中非关系从"新型伙伴关系"上升为"新型战略伙伴关系"再跃升为"全面战略合作伙伴关系"，③中非双方还将2006年、2015年和2018年的论坛部长级会议升格为峰会。中非合作论坛的成立符合中非双方共同意愿，有其历史必然性，是中非共同应对经济全球化挑战、谋求共同发展的必然选择。

目前论坛有中国、53个同中国建交的非洲国家、非盟委员会共55个成员。论坛部长级会议每三年举行一届，轮流在中国和非洲国家举行。中国和承办会议的非洲国家担任主席国，共同主持会议并牵头落实会议成果。论坛产生了一系列重要的纲领性合作文件，推动实施了一系列支持非洲发展、深化中非友好互利合作的重大举措，取得丰硕成果。

20多年来，中非合作论坛取得突出成就，建立并完善了中国对非政策体系。中非合作论坛每一届部长级会议发布的宣言和行动计划都对今后三年中非合作做了具体而详细的规划，内容涉及政治、经贸、文化、安全、教育、国际合作等领域。中非合作论坛的三次峰会上，中方发表的中国对非政策文件全面阐述中国对非政策的新主张、新思想、新实践，将中非合作理念不断升华，推向历史新高度，充分体现中国的外交思想与原则。2021年11月，中国政府发布首部全面介绍中非合作的白皮书，用大量数据和事实诠释了全方位、宽领域、立体式的中非合作格

---

① 中华人民共和国国务院新闻办公室：《新时代的中非合作》，中国政府网，2021年11月26日，http://www.gov.cn/zhengce/2021-11/26/content_5653540.htm。

② 李安山：《论中非合作论坛的起源——兼谈对中国非洲战略的思考》，《外交评论》2012年第3期，第23~24页；沈晓雷：《论中非合作论坛的起源、发展与贡献》，《太平洋学报》2020年第3期，第80~93页。

③ 赵晨光：《中非合作论坛峰会的机制化：趋向、基础与发展建议》，《西亚非洲》2021年第5期，第32~53页。

局。①白皮书系统阐明"真、实、亲、诚"理念和正确义利观,"真"字强调中国始终与非洲在重大关切问题上相互支持,坚定支持非洲国家自主解决本地区问题的努力,坚定支持非洲国家探索适合本国国情的发展道路。"实"字强调中方将中国自身发展同非洲发展紧密联系起来,对非洲所做的承诺都会一一落到实处。"亲"字强调中非之间心与心的共鸣,人民之间的亲近与友好。"诚"字强调中方对非洲坦诚以待,对中非关系面临的新情况新问题,加以妥善解决。中非合作有"四个坚持"和"五不"原则。"四个坚持"即坚持真诚友好、平等相待,坚持义利相兼、以义为先,坚持发展为民、务实高效,坚持开放包容、兼收并蓄。"五不"原则即中国不干涉非洲探索符合国情的发展道路,不干涉非洲内政,不把自己的意志强加于人,不在对非援助中附加任何政治条件,不在对非投资融资中谋取政治私利。

（一）论坛框架下的教育人文交流机制

第一,自2000年到2021年,中非在文化、教育、科技、卫生、体育、新闻等人文和社会发展领域的合作不断得到重视。2000年《中非经济和社会发展合作纲领》强调更多的是经济合作,没有给予民间交往足够的关注,②将社会发展合作集中在教育领域,对文化合作项目只有一句话,"扩大文化交流,尤其是高层文化代表团、艺术和体育团组的互访,增加各类艺术展览和加强对对方文化的研究和介绍"。③中非合作论坛第二届部长级会议的文件将社会发展合作分为4个方面,包括人力资源开发和教育合作、医疗卫生合作、文化交流与合作、民间交流,突出强调要扩大民间交往,推动双方人民之间增进理解、信任与合作。中非合作论坛第三届部长级会议"北京行动计划"将旅游和新闻合作纳入合作范畴,以增进中非人

---

① 中华人民共和国国务院新闻办公室:《新时代的中非合作》,中国政府网,2021年11月26日,http://www.gov.cn/zhengce/2021-11/26/content_5653540.htm。
② 李安山:《中非合作的基础:民间交往的历史、成就与特点》,《西亚非洲》2015年第3期,第51～73页。
③ 中华人民共和国外交部:《中非经济和社会发展合作纲领》,2000年11月7日,http://switherlandemb.fmprc.gov.cn/web/gjhdq_676201/gj_676203/fz_677316/1206_678746/1207_678758/20211/t20211102_10439163.shtml。

民间的了解和友谊。中非合作论坛第五届部长级会议"北京行动计划"不仅包含人力资源开发、科技合作与知识共享、医疗卫生等社会发展领域合作内容，而且专设"人文交流与合作"一章，其包括6个子项目，共25项具体措施。从中可以看出，在双方继续加强中非经济、贸易合作及在非基础设施建设的同时，社会发展与人文领域合作在中非合作中所占的比重上升，逐步缓解了中国在非洲"软援助"不足的问题。2015年中非合作论坛约翰内斯堡峰会上，中非达成涉及工业化、农业现代化、基础设施、金融、绿色发展、贸易和投资便利化、减贫惠民、公共卫生、人文、和平与安全等方面的"十大合作计划"。在"十大合作计划"全面落实的基础上，2018年习近平主席提出2019～2021年中国与非洲重点实施的"八大行动"，即产业促进、设施联通、贸易便利、绿色发展、能力建设、健康卫生、人文交流、和平安全。中非人文交流的领域越来越宽泛和深入，中国为非洲提供思想性公共产品的意愿和举措得到强化，治国理政经验交流被放在重要位置。2018年，中非合作论坛四次提及"治国理政"，体现出三个鲜明特征：其一，治国理政经验交流被上升到"政治合作"层面；其二，推动中非治国理政经验交流机制化发展；其三，扩大政党高层交往。[①] 2021年中非合作论坛第八届部长级会议通过的"达喀尔行动计划"将教育与人力资源开发纳入社会发展合作，突出强调中非在旅游、文化、新闻与媒体、学者与智库、地方和民间交往、青年与妇女等6个方面的人文合作。

第二，在中非合作论坛框架下，中国与非洲先后召开了中非文化部长论坛、民间论坛、妇女论坛、法律论坛、农业合作论坛、青年领导人论坛、智库论坛、地方政府合作论坛等，这些分论坛进一步丰富了中非人文合作的内涵。例如，中非智库论坛正式创立于2011年，论坛以"民间为主、政府参与、坦诚对话、凝聚共识"为宗旨，每年邀请中非外交官、学者、智库、媒体广泛参与，积极对话。截至2018年，八届论坛会议分

---

① 张春：《中非合作论坛与中国特色国际公共产品供应探索》，《外交评论》2019年第3期，第128、156页。

别设置"中非关系""改革""开放""中国经验""产能合作""自主价值观""非洲2063愿景""减贫"等议题并进行深入研讨,深化了中非学术思想界的相互理解与共识。2013年中非智库论坛第三届会议上,启动了"中非智库10+10合作伙伴计划",标志着中非智库合作进入机制化阶段。中非媒体合作论坛从2012年到2017年成功举办了5届,双方在新闻报道、节目交换、人才培训、媒体运营和新媒体、努力提高中非媒体国际话语影响力和产业发展水平等方面展开了务实的合作。[①]随着中非关系的不断深入发展,中非民间交流日益成为中非合作的新途径。2011年8月,首届中非民间论坛在肯尼亚首都内罗毕举行,论坛主题为"发展伙伴关系,共促中非友好",来自中国和19个非洲国家的200多人参与论坛,其发表了"内罗毕宣言",同时宣布建立中非民间组织伙伴计划。截至2021年11月,中非民间论坛已经举办6届。在此框架下,中非民间交流取得了一系列重要成果。从2012年到2021年,举办了6届中非青年领导人论坛、4届亚非青年联欢节、6届中非青年大联欢活动。2021年,举办首届中非未来领袖对话。截至2020年,中国政府已累计向16个非洲国家派遣484名青年志愿者。中国已与53个非洲国家的100多个妇女机构(组织)建立联系和交往。中国在毛里求斯、莱索托、吉布提、津巴布韦和苏丹等国建立中非妇女友好交流(培训)中心。[②]

第三,中非合作论坛设计了一些双向交流、互动的人文合作项目。"中非联合研究交流计划"于2010年启动,该项目依托学术机构开展一系列有关中非关系和非洲问题的学术研究、研讨会和学术交流。该项目资助非方学者赴中国交流、开展联合调研及在非举办学术会议,充分体现学术交流的双向性及中非联合的性质。"中非高校20+20合作计划"同样强调双边合作,中国的20所大学(或职业教育学院)与非洲国家的20所大学(或职业教育学院)建立一对一的合作伙伴关系,双方在互访、协商和对

---

① 刘天南、蔡景峰:《中非人文交流:机制、局限与对策》,载李安山主编《中国非洲研究评论(2017)》,社会科学文献出版社,2018,第160页。

② 中华人民共和国国务院新闻办公室:《新时代的中非合作》,中国政府网,2021年11月26日,http://www.gov.cn/zhengce/2021-11/26/content_5653540.htm。

话的基础上，联合向教育部提出年度合作计划书，计划书中所包含的合作内容建立在非方需求及中方院校的优势专业的基础之上，合作方式多样，双边互惠，非洲方面的参与和努力让项目成效显著。文化领域的交流的双向性也较为明显，例如，"中非文化合作伙伴计划"在将中国文化推介到非洲的同时，也吸引非洲艺术家来中国演出、交流和培训。

（二）中国—南非高级别人文交流机制

南非在非洲综合实力最强，为金砖国家和发展中大国，是中国推进对非战略关系的重要支点国家，其在国际层面宣传非洲文化和开展非洲文化交流方面也走在其他非洲国家前面。建立中国—南非高级别人文交流机制，有利于夯实中南非和中非友好的民意基础，更好地促进中非各领域的务实合作。

中国与南非于1998年建交，短短二十几年，两国关系实现了从伙伴关系到战略伙伴关系再到全面战略伙伴关系的跳跃式发展，堪称中国与发展中国家友好合作的典范。1998年以来，中国与南非在政府、立法机构、政党、地方省市、民间等层面都建立了友好交流机制，两国在教育、文化、旅游、科技、媒体、青年等领域的交流不断深入。目前，受中国政府奖学金资助或自费来华留学的南非学生数量逐年增多，2014年当年达到1783人。[1]去非洲留学的中国学生也将南非作为首选地，截至2014年，南非的中国留学生累计超过7000人。[2]南非现有6所孔子学院、3所孔子课堂，是非洲地区孔子学院数量最多的国家。20余所中国大学同南非高校建立了合作关系，中国、南非与其他金砖国家的高校结成金砖国家大学联盟。中南非两国在2014年和2015年成功互办"国家年"活动，百余个文化演出团体互访，来自中国的舞蹈、影视、音乐在南非舞台或荧幕上不断收获当地人的掌声与喝彩。这是中国首次在非洲大陆举办"国家年"活动，具有开创性意义，为推进中南非各领域交流与合作打开了大门、提供了平台。随着两国文化合作的不断深入，不仅中国文化在南非广受欢迎，越来越多的南

---

① 中国教育部国际合作与交流司资料。
② 2019年作者在中国驻南非大使馆教育处调研所得资料。

非人也将他们的文化带到了中国。2014年曼德拉自传电影《曼德拉：漫漫自由路》在中国上映；2015年6月，12集系列纪录片《南非人在中国》在北京发布。该纪录片跟踪拍摄了12位在中国生活工作的南非人，通过记录他们真实的生活故事，展现了中国和南非两国民间的友好往来。

2017年4月，中国—南非高级别人文交流机制正式启动，这是中国与非洲国家建立的第一个政府层面的高级别人文交流机制，对推动中国与南非及其他非洲国家的人文交流具有积极作用，机制涵盖教育、科技、文化、卫生、媒体、旅游、体育、地方合作、青年和妇女权益等合作领域。机制的中国成员单位包括国务院办公厅、外交部、教育部、科技部、财政部、文化和旅游部等。委员会下设秘书处，秘书处设在教育部。双方每年轮流在中国和南非召开机制大会，同期举行各领域对口磋商。2023年2月，中国—南非高级别人文交流机制第三次会议在南非开普敦举行，双方在教育、文化、科技、旅游等领域开展了更深入的交流。

在中国—南非高级别人文交流机制框架下，各领域合作更加深入。例如，中国与南非科技部签署《关于共建中国—南非联合研究中心谅解备忘录》和《关于实施中国—南非青年科学家交流计划的谅解备忘录》，双方启动共建联合研究中心、实施青年科学家交流计划、资助双方科学家开展联合研究等方面的合作。浙江师范大学和云南大学分别成立了"中国—南非人文交流研究中心"以开展相关学术研究与研讨等。

在教育领域，2000年以来，中南非两国教育高层互访频繁，中国与南非教育部签署了多项合作协议。[①]2003年，两国在比勒陀利亚签署《中南非两国教育部长会议纪要》；2004年6月，两国首次成立中南非国家双边委员会教育分委员会，签署《教育合作协议》；2005年，南非教育部长纳蕾蒂·潘多女士率团访华，这是两国建交以来南非教育部长首次访华；2010年，南非高等教育和培训部长随南非总统访华；2013年，两国教育部长共同参加金砖国家教育部长会议。其中对南非中文教学影响最大的事件是，

---

① 牛长松：《南非孔子学院的发展特色及影响因素分析》，《比较教育研究》2017年第9期，第49~54页。

2014年，中国与南非签订《中国与南非基础教育合作框架协议》，该框架协议提到，中南非双方将鼓励学习彼此的语言、文学、文化和历史，在南非的一些学校试点合作推广中文教学与研究。2017年，中国教育部与南非高等教育和培训部正式签署《中南非高等教育合作协议》；2018年，两国政府签署了《中南非高等教育学历学位互认协议》。

二　中非合作论坛机制创新

首先，优化中非教育高层对话与磋商机制。作为中非合作论坛后续活动之一，2005年11月，由教育部、商务部、外交部联合举办的首届中非教育部长论坛在北京举行，17个非洲国家的14位教育部长和4位代表、驻华使馆官员，以及时任联合国教科文组织总干事松浦晃一郎出席了论坛。该论坛围绕"中非国家教育发展战略与交流合作"的主题展开讨论，并通过《北京宣言》。经过论坛研讨，中非教育高层在很多共同关心的教育问题上达成共识。继首届中非教育部长论坛后，2006年10月以"改革、合作、发展"为主题的首届"中非大学校长论坛"在浙江师范大学召开，中非大学校长就"发展中国家高校能力建设""高校管理体制改革""国际合作与伙伴关系"等问题展开了富有成效的研讨。2021年的"达喀尔行动计划"提出，在中非合作论坛框架下，举办中非教育部长论坛。自2005年首届中非教育部长论坛举办后，其中断多年，该论坛机制的建立有助于中非教育高层之间建立长效沟通、对话与磋商机制，为中非教育合作奠定基础，指引方向。在未来，一是可将中非教育部长论坛和中非大学校长论坛机制化；二是两种论坛可选择在中国和非洲国家每2～3年交替举办；三是可将中国教育改革经验、非洲教育发展、中非教育合作等议题纳入论坛主题，还可设立中非合作院校间的圆桌会谈或小组讨论环节。

其次，促进论坛决策的科学化。论坛每届部长级会议召开前，中方后续行动委员会秘书处都要联系委员会各成员单位，不定期召开非正式座谈会，讨论论坛下届部长级会议计划实施的合作举措，在这期间，相关专家学者也会参与其中，其就论坛举措提出建议，但总体来看，合作举措的出台缺乏科学论证和风险评估，很多学者都是临时受命，缺乏系统性调研和评估。此外，在论坛两届部长级会议之间，外交部非洲司和非洲驻华使团之间开展常规磋商协调，中国驻非各使馆与非洲国家有关部门进行磋商协调，但在论坛决策中，非方参与力度和主动性不够，[①]这也就造成在项目实施过程中，非方缺乏将合作举措纳入并内化为本土政策的积极性和驱动力。因此，为促进论坛决策科学化，教育部国际合作与交流司可牵头设立由政府官员、专家学者组成的论坛决策咨询委员会，由其长期从事论坛框架下的中非教育合作项目的论证、评估和调研，由专家学者与非洲相关教育机构或合作院校进行联络、沟通，反馈对教育合作的评价，与非盟和非洲国家磋商教育合作的内容与形式，从而促进论坛朝更加科学化和专业化的方向转变。

最后，在论坛机制下加强教育国际公共产品的供应。中非合作论坛的设立、"一带一路"倡议的提出都表明中国提供国际公共产品的意愿与能力不断增强，中国承担越来越多的国际责任。然而，中国的国际公共产品供应者的身份转变还需要一个过程。中国参与教育国际公共产品供应的时间尚短，能力不全面，经验欠缺。为缓解教育国际公共产品供应困难，中国应从持续供应角度，创新中国特色国际公共产品供应。在理念上，必须以人类命运共同体理念为指引，将中非教育合作提升到人道主义、社会正义的高度，从社会可持续性角度利用国际公共产品的溢出效应，将"一带一路"建设与中非合作论坛有机结合，发挥中非合作论坛在中国特色教育国际公共产品供应可持续性塑造中的作用。在制度上，优化教育国际公共产品供应的制度安排，建构不同层级的教育国际公共产品供应机制。在国家或中央政府层面设计一套整体性的统领机制，实现对教育国际公共产品供应的集中决策和统一协调；在部委一级形成横向联络与合作机制；在省或地区层面，教育国际公共产品供应机构与政府、企业形成功能性互动；在院校层面，将教育国际公共产品的供应纳入学校政策框架与发展规划，在院校管理、人才培养、课程建设、人员流动、科学研究等方面进行系统性变革，推动高校国际化转型。

---

① 李安山、刘海方：《论中非合作论坛的运作机制及其与非洲一体化的关系》，《教学与研究》2012年第6期，第57~65页。

第二节　形成政府、院校、企业、民间组织多元协作机制

在中非教育合作过程中，必须促使不同群体建立紧密的合作关系，只有这样才能最大化地发挥各方优势，提高援助的有效性，形成政府、院校、企业、民间组织及个人多元协作的合作网络。这种教育援助多方合作网络可以从国内和非洲两方面建立。在国内，须建立政府、院校、企业、民间组织等不同主体的协作机制，共同推进中国的对非战略。在非洲，也必须建立适当机制，将非政府组织、企业、社区、地方社团等纳入中非教育合作实践，扩大合作范围，共享信息和经验，充分利用各类资源，发挥不同参与主体的优势，避免援助的重复和浪费，扩大中非教育合作的影响力和溢出效应。

一　中资企业参与中非教育合作的路径

正如第二章所描述的，日本鼓励官方发展援助、贸易、投资密切协调，以使它们能够在推动发展中国家的增长方面全面发挥作用，JICA 推动日本在非洲当地的公司和小型企业参与官方发展援助项目。2013 年，日本首相安倍晋三发起的"ABE 倡议"就是企业与高校合作推动非洲发展的成功案例。在美国援助体系中，国际开发署、私人企业、非政府组织、高校和科研机构形成了密切的合作伙伴关系，美国以立法方式保障企业参与国家对外援助战略。

在国内，自 20 世纪 60 年代起，中国在援建坦赞铁路的过程中，一直对非洲进行技能培训和帮助其技术开发，通过对铁路技能人才的培训及对管理人才的培养实现技术转移。根据刘海方等人的研究，中国专家以在岗培训、手把手的方式，将各种技术传授给非洲工人，中国导师与非洲工人形成了亲密的一对一关系。1971~1974 年，中国在坦桑尼亚的曼古拉、姆古拉尼和姆贝亚以及赞比亚的姆皮卡开设了专门的铁路培训学校，在曼古拉的学校提供四类课程：路线与桥梁的建设与维护、远程通信技术、信号学及机车驾驶。同时，有 200 名非洲学生被派往北方交通大学（现北京交

通大学）学习工程技术。[①]同样，2015～2017年，蒙内铁路建设时，也建立了类似的三级培训体系，即铁路建设技术培训、铁路运营/管理培训及肯尼亚本土铁路工程专业建设培训。西南交通大学、陕西铁路职业工程技术学院、昆明铁道职业技术学院、湖南铁路科技职业技术学院等院校与肯尼亚铁路培训学院等培训机构合作为蒙内铁路培训了800多名学员，实现了蒙内铁路运营与管理的本土化。[②]

截至2020年底，中国在非洲设立各类企业超过3500家，[③]民营企业逐渐成为对非投资的主力，为非洲经济发展做出很大的贡献，然而，中资企业也遭遇保护当地环境、践行企业社会责任、本土化转型、文化冲突等挑战。实际上，很多在非中资企业都积极参与公益慈善活动，为当地社会做贡献，履行其在非社会责任。以华为公司为例，华为公司秉持"扎根非洲，服务非洲"的理念，实施企业社会责任倡议，在非洲设立培训中心，培养本地员工。其在肯尼亚赞助马拉松比赛，将该活动的筹款用于保护野生动物和偏远地区儿童教育；向肯尼亚女子学校捐赠电脑和打印机等设备。在南非，华为公司赞助祖鲁兰大学，为研究生提供培养经费及课题赞助。资助非洲学生来华留学也是很多中资企业采取的践行企业社会责任的方式，如中国石油公司每年从乍得选拔10名优秀高中生来华进行石油专业知识的学习。

对于经贸合作与人文交流之间的关系，很多学者有过生动的描述，将经贸合作与人文交流喻为驱动中非关系的双轮，二者缺一不可，不可偏废。如果缺少一个，中非合作的安全风险就会增加；只有两轮平衡，同时驱动，中非关系才走得平稳并不断向前。也有学者提出，政治互信、经贸合作、人文交流是中非合作的三驾马车，需要三者之间进行平衡与协调，形成经贸合作与人文交流的良性互动。

---

① 刘海方、〔美〕孟洁梅：《铁路时间：中国专家与坦赞铁路的技术转让》，黄立志译，载李安山主编《中国非洲研究评论（2012）》，社会科学文献出版社，2013，第197～215页。
② 李安山、贾丁：《从坦赞铁路到蒙内铁路：中非合作中的技术转移》，《国际社会科学杂志》（中文版）2016年第4期，第171～187页。
③ 中华人民共和国国务院新闻办公室：《新时代的中非合作》，中国政府网，2021年11月26日，http://www.gov.cn/zhengce/2021-11/26/content_5653540.htm。

首先，统筹协调，加强顶层设计。政府应为企业参与教育合作给予政策支持，除教育部制定政策外，商务部、外交部、各省市部门及其他相关部委也应积极鼓励跨部门的国际化项目，为企业参与中非教育合作提供激励机制。例如，为接收非洲留学生实习的企业提供实习补贴，对参与境外办学的企业给予税收减免等优惠政策。此外，在政府引导统筹下，建立政府、企业、院校对话沟通的平台。一方面，在非企业遭遇技能人才短缺的困境，找不到合适的工人和技术管理人才；另一方面，中国高校培养的非洲留学生找不到合适的工作，竞争不过留学欧美的非洲学生，甚至失业。为此，中国政府奖学金在名额和专业分配上可以根据中资企业和非洲技能发展需求，向某些专业领域倾斜。

其次，拓宽企业参与中非教育合作的路径。企业可以通过多重路径参与中非教育合作项目，一是为非洲学生提供赴华留学奖学金，企业可以根据自身人才需求，资助有潜力的学生赴华留学，签订定向培养合同，为企业培养本土人才。二是为非洲学生提供实习和实践机会，在非中资企业及希望开拓非洲市场的国内企业与职业技术院校合作，为非洲学生提供实习机会，开展实用性技能培训，形成产学研合作机制，既可以让非洲学生学习最先进的技术和技能，又可以让其学习国内的企业文化和职业道德，为学生回国就业或创业创造条件。接收实习生的企业因此可以加深对非洲的了解，为今后在非洲开展业务构建牢固的人脉网络。三是校企合作为本土员工提供良好培训，为员工提供岗前和在岗培训，提高劳动力技能，促进就业。四是企业、院校及第三方合作海外办学。企业和院校联合第三方根据合作国的现实诉求和需要，在国内选择国际化水平高的优质专业、优质课程、优质师资、优质资源和通用技术，共同在非办学。除这些路径外，企业还可以参与教育公益事业，如向当地学校捐赠教学设备、建造教室等。

最后，企业参与中非教育合作项目时应得到相应的回馈。根据2021年"达喀尔行动计划"，中非经贸合作正处于转型升级的关键期，经贸领域合作从以贸易为主转向贸易与投资并重，投资规模将不断扩大，中方承诺未来3年对非投资总额将不少于100亿美元，并从基础设施建设转向制造业、农业、绿色经济、数字经济等领域，促进非洲工业化进程，支持非洲更好融入全球和区域产业链价值链；①同时，在非中资企业的在地化转型加快，将雇用更多本地工人，更多使用本地材料和制成品。这对中资企业在非社会责任也提出了更高的要求，中国企业在社区发展、属地化经营、环境保护、节能减排和公益服务等方面应积极履行社会责任，提高本地化水平，为当地创造更多的就业岗位。在非中资企业加大对非投资力度、进行在地化转型及履行社会责任的过程中，应形成整合性教育合作方案，以让参与企业得到相应的经济回报或社会性收益。企业或获得人才回报，求获得宣传机会，扩大企业影响，获得经济效益，树立良好企业形象。

二 民间组织参与中非教育合作的路径

联合国是最早正式使用非政府组织概念的，非政府组织指任何独立于政府的私人非营利组织，或称为"非营利组织""自助组织"，在国内称为"民间组织"或"社会组织"。在西方政治文化传统中，非政府组织的目的主要是弥补企业基于逐利、政府基于"守夜"而丧失的一些社会功能，并维持二者之间的平衡，以便社会更好运转，为公民谋求更多的福祉，其一般活跃在医疗健康、教育、环保、扶贫等领域。②西方国家的非政府组织有着从事海外事务的悠久历史，积累了充足的海外资源和丰富经验，其派往海外的工作人员在实地工作，了解当地的气候、地理、风俗、宗教禁忌等，知道如何与当地媒体、政府、社区打交道和办事。其也通过海外项目实践，培养了大批懂得项目策划、风险评估、应急处理、培训指导、撰写报告等的多面手。西方的非政府组织与政府保持密切关系，与政府建立合作，参与政府对外援助。美国已经采取援助项目外包形式，将非政府组织培养为"服务外包承接商"，直接将一些援助项目交给非政府组织，由其独立完成，政府只提供宏观指导和进程

---

① 《中非合作论坛——达喀尔行动计划（2022—2024）》，中非合作论坛，2021年12月2日，http://focac.org.cn/focacdakar/chn/hyqk/202112/ t20211202 _ 10 461216.htm。

② 戴锋宁：《非政府组织在美国对外战略中的作用浅析》，《中国人民大学学报》2020年第4期，第113～124页。

监督。①

中国扶贫基金会②是国内从事海外援助事务的代表机构，中国扶贫基金会是在民政部注册、由农业农村部主管的全国性扶贫公益组织，继国内扶贫项目取得成功后，基金会将国内项目成功经验向海外推广，非洲是其扶贫的主要地区之一。基金会秉持"尊重当地、需求导向"的合作原则，了解到非洲儿童因贫困与饥饿而产生的现实需求后，2015年，基金会率先在埃塞俄比亚和苏丹启动"微笑儿童"免费供餐项目，以期通过为非洲受饥儿童供餐或发放粮食的方式解决贫困地区儿童的饥饿问题，助力儿童健康成长，提升入学率和出勤率，为学生顺利完成学业提供保障。基金会在非洲地区开展的教育扶贫项目已颇有影响力，至2020年，已经投入项目资金1965万元；按年统计，惠及38278人次，其中在埃塞俄比亚投入1162万元，惠及23735人次，在苏丹投入802万元，惠及14543人次。项目实施以来，收到了良好的社会效果，供餐后的学生辍学率下降，出勤率大幅增长，学习积极性提高，贫困学生的精神压力得到缓解，学生成绩大幅度提高。③ 2019年2月，中国扶贫基金会与阿里巴巴公益在北京正式启动了"国际爱心包裹项目"，该项目主要是通过捐赠基本学习用具，改善贫困地区学生的基本学习条件。该项目首批惠及埃塞俄比亚、苏丹、乌干达和纳米比亚四个非洲国家。中国扶贫基金会在埃塞俄比亚还开展了妇女职业培训项目及家庭水窖与学校净水项目，在乌干达开展"幸福家园"难民自立与社区融合项目，有效帮助非洲人民改善生活条件、提高生活质量。这些项目树立了中国良好的国际形象，在一定程度上发挥着国家利益的积极维护者、政府间外交的有益补充者的作用。

从中国扶贫基金会在非洲的教育扶贫项目的经验来看，中国扶贫基金会充分理解和尊重非洲的需求，根据非洲的需求设计和实施项目。通过埃塞俄比亚"微笑儿童"免费供餐项目，扶贫基金会与埃塞俄比亚地方政府建立

---

① 戴锋宁：《非政府组织在美国对外战略中的作用浅析》，《中国人民大学学报》2020年第4期，第113~124页。

② 2022年正式更名为"中国乡村发展基金会"。

③ 伍鹏在2019年6月26~27日"全球治理：中非教育合作与人文交流"国际研讨会上的发言内容。

密切关系，亚的斯亚贝巴教育局对该项目给予全力支持，协助遴选合作学校，并给予必要的帮助和指导。基金会充分吸收非洲当地智慧，形成兼具中非特色的项目管理运行模式。中国扶贫基金会同当地慈善机构成为项目合作伙伴，埃塞俄比亚第一夫人办公室及母性之本慈善组织的参与使得项目顺利开展，母性之本慈善组织作为当地一家公益组织，主要为在校贫困小学生提供支持服务，确保亚的斯亚贝巴的小学教育质量，熟悉当地慈善事业的运作机制，具有人脉关系和丰富经验，两者的合作让项目效率显著提升。中国扶贫基金会发挥专业、中立、创新和深入基层的特性和优势，把中非合作成果惠及基层民众。中国扶贫基金会在项目实施过程中，不断积累经验，使之更完善。在项目运作之初，提供给贫困儿童的午餐标准明显高于当地儿童午餐标准，造成学生之间的不平衡，甚至出现学校或老师利用关系将免费午餐名额提供给非贫困儿童的现象，后来，项目组经过调整将资助标准降低，并对资助儿童的筛选工作加以监督，使项目更公平和透明。中国扶贫基金会的非洲教育扶贫项目发挥了增进中非友谊的重要作用，埃塞俄比亚第一夫人罗曼·塔斯法耶女士在项目启动仪式上发表讲话，高度赞誉中国民间组织以"民间帮民间"的形式在埃塞俄比亚开展公益慈善项目。

那么，如何利用民间组织的优势和经验，将民间组织海外教育扶贫项目与中非教育合作对接，更好发挥民间组织在中非教育合作中的作用？

第一，政府加强引导和帮扶。民间组织在对非教育援助中具有一定的优势，援外项目具有更大的灵活性，可以直接深入当地社区，了解其实际需求，但民间组织的政策动员能力、统一规划能力等均受一定程度的限制，人才短缺的问题比较突出。为便于统筹协调，政府与民间组织应建立一种平等对话机制，定期举办研讨会和分享会；政府应利用数据平台统计调查民间组织的对外援助情况，统计项目类型、国别、时间、人员、内容、资金、成效等各项指标，依靠全面翔实的数据掌握民间组织对外援助的现状，发掘民间教育援助的有益成果；政府应有针对性地提供政策、资金、宣传等支持，推动形成合力进行中国对外援助工作的格局。

第二，政府推动高校、国内民间组织及非洲非政府组织联合申请和承担教育援外项目。非洲非政府组织数量庞大，在非洲政治生活中异常活跃，在从人道主义救援、社会服务到政治、经济、社会的诸多领域都发挥着重要影响力，很多非政府组织的领导者和成员都是知识精英，或在社会募集资金或得到西方国家或国外非政府组织的扶持。伴随中非关系的日益深化，非洲非政府组织也日益介入中非合作，对增进中非之间的相互了解、消除误解与分歧起着积极作用。[①] 此外，中国和非洲的非政府组织在工作核心上有很多共同关注的方面，如贫困、医疗、教育等。中非教育合作中，不仅需要国内民间组织的参与，还应利用国内民间组织与非洲本土非政府组织的关系网络，构建高校、国内民间组织、非洲本土非政府组织的多方合作机制，推进多方共同承担中非教育合作项目，从而推进非洲教育发展。

第三，政府推动民间组织和智库为中非教育合作建言献策。中国民间组织在参与对非洲教育援助的过程中积累了丰富经验，与非洲政府、当地教育机构、本土非政府组织都建立了密切的合作和信任关系，可以通过这些"走出去"的民间组织的成功实践为中非教育合作提供专家建议；建立教育援外的智库，智库可以有民间组织援外工作实践者、中资跨国企业管理人员和学术机构专业学者，智库可以为国家整体援外规划、大型援外调研设计、援外项目的监测评估等提供咨询意见。

第三节 构建双边与多边相结合的教育合作机制

一 中国与非盟在区域层面的教育合作

目前，中国与非盟已经建立起战略对话机制，双方互派使团，并签署了一些合作协议，如《中国和非洲联盟加强中非减贫合作纲要》（2014）、《关于促进中国与非洲开展铁路、公路和区域航空网络和工业化领域合作的谅解备忘录》（2015）、《中华人民共和国政府与非洲联盟关于共同推进"一带一路"建设的合作规划》（2020）等。中国积极支持非盟在推动非洲一体化等地区事务中的主导地位，对非盟《2063年议程》所描绘的非洲发展愿景给

---

① 王学军：《非洲非政府组织与中非关系》，《西亚非洲》2009年第8期，第56~61页。

予赞赏，并多次强调与该议程实现有效对接。《中非合作论坛——沙姆沙伊赫行动计划（2010至2012年）》指出，中国将加强与非盟、非洲次区域组织的对话与交流，促进非洲一体化建设，探讨在中非合作论坛框架下与这些组织开展合作的可行性。《中国对非洲政策文件》（2015）提出："中国重视并坚定支持非洲联盟在推进非洲联合自强和一体化进程中发挥领导作用、在维护非洲和平安全中发挥主导作用、在地区和国际事务中发挥更大作用，赞赏并支持非盟通过并实施《2063年议程》及其第一个10年规划。"[1] 2014年，中国设立驻非盟使团，标志中国与非盟关系发展进入新阶段。中国愿意进一步加强同非盟的高层交往，充分发挥双方战略对话机制作用，加强政治对话和互信，促进双方在发展规划、减贫经验分享、公共卫生、和平安全和国际事务等领域的合作。《中非合作论坛——北京行动计划（2019—2021年）》就中国与非盟的合作提出很多具体的合作内容（见表6-1）。

表6-1 《中非合作论坛——北京行动计划（2019—2021年）》中的
中国与非盟的合作内容

领域	合作内容
政治	中方将继续同非盟和非洲次区域组织开展磋商与对话，就非洲整体和次区域经济发展、地区重要问题等加强沟通，并继续支持非盟和非洲次区域组织加强能力建设
经济	建立中国—非盟农业合作委员会；全面推进"一带一路"建设与非盟《2063年议程》引领下的中非产能合作
基础设施建设	中方支持非洲单一航空运输市场建设。中非将在实现航空市场准入目标方面相互支持，推动实现非盟《2063年议程》旗舰项目非洲单一航空运输市场建设，支持双方空运、海运企业建立更多中非航线
贸易	中方支持非洲大陆自由贸易区建设
人文合作	中方将继续支持非洲创意经济发展，对接《非盟文化和创意产业行动计划》需求，根据非方需要推进和扩大对非文化人力资源培训
和平安全	中方继续支持非盟和非洲次区域组织在促进和维护和平以及冲突重建中发挥领导作用，将继续向非盟提供无偿军事援助，支持萨赫勒、亚丁湾、几内亚湾等地区国家维护地区安全和反恐努力

资料来源：根据相关资料整理。

---

[1] 中华人民共和国外交部：《中国对非洲政策文件》，2015年12月5日，http://newyork.fmprc.gov.cn/wjb_673085/zfxxgk_674865/gknrlb/tywj/zcwj/201512/t2015_7949942.shtml。

我们可以从以下几个方面论证中国与非盟在区域层面合作的意义与价值以及在教育领域双方可能开展的合作内容。

首先，中方合作举措与非盟战略有效对接。截至2021年，非洲已有45个国家与中国签署了共建"一带一路"合作文件，非盟《2063年议程》提出的诸多愿景与"一带一路"倡议高度契合，"一带一路"倡议将连接全球许多国家，非洲抓住这一机会，与中国密切合作，会使非洲更紧密融入世界经济发展的产业链，在投资、贸易及政策改革等方面获得更大的发展空间。中非合作论坛的合作举措与《2063年议程》都关注非洲人民的福祉，致力于推动非洲发展。中非合作论坛既制定中国与非洲国家之间的双边合作举措，也包括中国与非盟间的多边合作。中国与非盟的优先目标高度重合与一致，共同利益诉求推动了中国—非盟的合作。

其次，推动非洲互联互通与减贫发展的目标一致。基础设施严重落后掣肘非洲大陆的发展，阻碍了非洲区域和国家间的贸易往来，降低了外商投资吸引力。中非合作论坛框架下，中国努力推动非洲大陆的互联互通，助力非洲一体化。从2015年开始，中国与非洲共同推进"三网一化"（高速铁路网、高速公路网、区域航空网、工业化）建设，帮助非洲建设跨地区、跨国的铁路、公路等基础设施，推进工业化和科技发展。

再次，中国与非盟合作符合中国外交战略。中国与非盟的合作呈现"发展与外交并重"的显著特征，[①]符合中国对非外交战略。以美国为首的西方国家对中非关系的发展感到焦虑，借助其话语权，在舆论上不断对中国发起围攻，编造谎言，颠倒是非。由于西方国家在非洲的话语权优势，那些抹黑中非关系的负面报道不利于中非合作的顺利开展。中国与非盟的合作可以消弭外界对中国对非合作的"选择资源丰富国""排他性""不对称性"等误解和疑虑，也有利于中国与非盟在关切发展中国家共同利益的核心问题上相互支持，团结协作。

最后，在非盟框架下，中国可以参与的教育项目包括教育减贫经验分

---

① 习曼洁：《多边主义视角下的中国—非盟合作：机制、行动与挑战》，硕士学位论文，北京外国语大学，2021。

享、非盟人力资源培训和能力建设、同非洲妇女与青年合作、支持泛非大学建设等。中国的"造血式"扶贫、"精准扶贫"以及教育培训在减贫中的作用等经验与实践契合非洲实际需求，国内的院校、科研院所、地方政府和企业可以协作与非盟分享教育扶贫、就业扶贫等多元化扶贫经验，提升非盟官员的治理能力。中方院校可以与非盟合作定期举办妇女和青年论坛，就女性和青年的教育、创业、就业等问题进行讨论与分享。此外，非洲联盟委员会确定了泛非大学五个研究所的关键主题，这五个主题是非洲发展和实现非盟愿景的关键，相关活动分别在泛非大学的不同校区举办：阿尔及利亚的水和能源科学（包括气候变化）研究所，肯尼亚的基础科学、技术和创新研究所，尼日利亚的生命和地球科学（包括卫生和农业）研究所，喀麦隆的治理、人文与社会科学研究所，南非的空间科学研究所。中国高校可以与这些研究所合作开展联合研究及学者交流。

二 中国与国际组织对非开展多边教育合作

世界银行、联合国教科文组织、联合国儿童基金会、联合国开发计划署等国际组织在对非教育援助中发挥着重要作用，世界银行于 20 世纪 60 年代初开始为发展中国家提供教育贷款，至今已成为世界上最大的多边教育援助机构，世界银行通过提供政策建议、设定贷款条件、发表研究报告、招募非洲专业人员、召开国际学术研讨会等形式对非洲教育的发展产生了深刻的影响。[1]作为援助形式和机制的主要设计者，通过制定规则从而更全面地控制援助过程，世界银行已经从金融机构转变为知识银行，其援助政策影响了非洲国家教育的政策走向和优先事项。

通常，国际多边组织与西方国家会努力协调它们的对非援助，这些援助机构定期会面，分享信息，解决存在的分歧，用同一种声音与非洲政府对话。在这种情况下，世界银行的意见分量很重，往往成为主旨思想，影响其他援助方的援助重点及援助方式。世界银行还以建立新组织的方式加

---

① 牛长松、殷敏：《世界银行对非洲的高等教育援助政策及其影响》，《比较教育研究》2009年第11期，第41~45页。

强其影响路径。以非洲教育发展协会（Association for the Development of Education in Africa，ADEA）为例，该组织为非洲各国的教育部长、国际发展机构、非政府组织和教育专家提供了相互对话和协商的平台，促进了世界银行教育项目的开发和执行。

中非合作论坛举措中，中国在联合国教科文组织设立了教育信托基金（UNESCO–China Funds–in–Trust）项目，中国政府每年向该基金提供200万美元的资助，在科特迪瓦、埃塞俄比亚、纳米比亚、刚果（布）、刚果（金）、利比里亚、坦桑尼亚、乌干达8个非洲国家运用信息与通信技术开展教师教育培训。中国教育和科研机构，如上海师范大学、中国科学院动物研究所、湖南科技大学生命科学与化学工程学院、南京农业大学、浙江师范大学等参与了世界银行的"非洲高等教育卓越中心"和"职业技术教育卓越中心"项目。

《中非合作论坛——达喀尔行动计划（2022—2024）》明确表述："非洲是国际合作的重要伙伴，不是大国博弈的竞技场，呼吁更多国家和组织特别是非洲传统合作伙伴加入中国和部分非洲国家共同发起的'支持非洲发展伙伴倡议'，形成国际社会增强非洲可持续发展的有效合力。"[①] 中方将同有关各方开展多方合作，以多边为平台，推动非洲国家落实《2030可持续发展议程》。未来，中国可以与世界银行、联合国教科文组织、联合国开发计划署、联合国儿童基金会、非洲开发银行等国际组织和区域性银行在教育领域探索更多可能的合作路径。在中非教育合作中，中方要主动与国际组织和非洲国家非政府组织建立协调机制。同时，中方要与世界银行、联合国教科文组织、联合国儿童基金会、联合国开发计划署等国际机构以及一些西方发达国家在教育领域开展多边合作。这既有利于提升中国在国际社会的影响力，增强中国参与世界规则制定的能力，树立良好的国家形象，提升教育援助的效果，又可以提高中国教育机构的国际化程度以及参与国际事务的能力。而实际上，日本、

---

① 《中非合作论坛——达喀尔行动计划（2022—2024）》，中非合作论坛，2021年12月2日，http://focac.org.cn/focacdakar/chn/ hyqk/202112/ t20211202 _ 10 461216.htm。

美国、英国、法国等国家以及世界银行、联合国教科文组织等国际组织在教育援助领域有着丰富的经验，同时其要求与中方合作的声音日益高涨，因此在设定有关准则的情况下完全可以实现教育领域的多边合作。

首先，参与国际组织的多边合作有助于了解国际教育援助的规则、模式。根据经合组织发展援助委员会的概念，多边援助指援助国政府直接向国际发展援助体系内的多边发展机构提供的援助，或者通过多边发展机构的渠道提供和实施的双边援助。经合组织发展援助委员会包含30个成员，通过多边层面的援助实践、政策协调与对话，已经形成一套基于西方语境的援助理念、原则、标准及系统化的运作模式并被国际社会普遍采用，在国际教育援助中占据话语体系的主导地位。这些成员之间注重援助协调和有效性，制定了完善的援助评估机制。通过参与多边教育援助，中国可以了解一些良好案例，汲取和借鉴国际教育援助的模式与经验，进一步加强援助的能力建设。

其次，参与多边合作可提升中国在发展援助领域的话语权。国际组织一般将援助目的指向国际教育发展目标的实现，2015年之前，世界银行、联合国教科文组织以及经合组织发展援助委员会等将援助资源重点投向基础教育阶段，以帮助发展中国家实现全民教育目标和联合国千年发展目标；2015年后，可持续发展目标成为国际社会努力推动发展中国家共同实现的普遍目标。中国政府高度重视《2030可持续发展议程》，不仅自身朝着实现可持续发展目标不断迈进，而且推进南南合作，为其他发展中国家实现可持续发展目标提供力所能及的帮助。在这样的共识和共同目标下，中国可以更加开放地与国际组织合作沟通，主动参与国际发展议程的多边对话并提出中国方案，以提升在发展援助领域的话语权。

再次，在多边合作中贯彻非方为主的原则。中国始终尊重非方的意愿，将非方的利益放在首位，在不损害非洲国家利益的前提下开展多边合作，促进资源得到更合理、更充分的利用，使非洲受益。中方尊重非洲国家的自主权，愿在"非洲提出、非洲同意、非洲主导"的原则下与各方开展合作，携手为非洲的和平与发展做出更大贡献。

最后，中国可参与国际多边教育合作框架。中国可考虑加入世界银行的多边教育援助融资框架"全球教育伙伴关系"（GPE），该组织是全球最大的专注低收入国家教育转型的多边伙伴基金会，由全球65个发展中国家、20多个援助国政府、多边组织、市民社会组织、慈善机构和私营部门成员组成，援助重点包括扩大入学、改善学习、处理教育危机、教育性别平等、包容教育、教学质量、早期阅读等领域。该基金会具有强大的融资能力，除了现有的23个援助国，融资来源还包括国际组织、私营部门和慈善机构等。① 中国可加入GPE的融资框架，派专家参与GPE的合作对话与决策，在平等的基础上与之建立长期合作机制。另外，中国可选派更多的大学生到国际组织实习和工作，培养国际化人才。

第四节　设立内外部评估相结合的调研评估机制

为了提高援助的有效性，提高援助经费的使用价值和效率，各国都非常重视教育援助评估机制的建设，评估的目的在于验证援助目标的实现程度，检验援助的效果，提升援助的可持续性。借助于项目的跟踪评价，中方可以发现典型性案例，通过非洲和中国国内的新闻媒体、网络等对其进行推广，这有利于提高中国教育援非项目的影响力和知名度，有效地回应西方国家对中非合作的指责和诋毁。同时，加强项目追踪评估、长效评价，特别是教育援助项目的前期专家考察和论证，以及项目后期的跟进和持续性评估，这既有益于后期援助项目的完善和实施，提升援助项目的社会影响力和可持续性，也有助于我国相关政策和举措的进一步完善。

开展教育援助评估有以下几个原则：第一，评估必须贯穿教育援助过程的始末，保证评估目标与援助目的的统一、连贯；第二，在援助的不同阶段，采取不同的评估方法，将教育援助评估标准和方式多元结合；第三，注重援助结果，评估必须有利于援助决策改进，保证政府决策需求、利益相

---

① 滕珺、鲁春秀、〔加拿大〕卡伦·芒迪：《中国与世界银行"全球教育合作基金"合作途径与挑战》，《比较教育研究》2018年第12期，第19～25页。

关者需求与评估结果的使用目的相一致；第四，在循证的基础上，教育援助评估机制需要不断改进和提高；第五，评估可以加强问责。

经合组织发展援助委员会出台《发展援助评估准则》，设立五项评估标准：相关性（relevance）、有效性（effectiveness）、效率（efficiency）、影响力（impact）和可持续性（sustainability）。[①] 相关性指援助目标是否符合受援国需求及其与受援方的优先发展重点和政策一致的程度；有效性是衡量援助活动在多大程度上实现了援助目标；效率用于评估援助在多大程度上最优化利用资金，取得预期的结果；影响力指援助直接或间接产生的在当地社会、经济、环境和其他发展指标方面的影响，包括短期和长期影响；可持续性用于衡量在援助资金撤出后，项目及其收益是否可以延续。这些准则得到国际社会主要援助国和发展机构的普遍认可和遵循。

2021年，经国家国际发展合作署、外交部、商务部审议通过后，《对外援助管理办法》出台，该管理办法对中国对外援助的总体原则、政策规划、方式、项目立项、实施管理、监督和评估以及法律责任均做出了纲领性规定，提出"国际发展合作署会同援外执行部门建立对外援助项目评估制度，制定对外援助项目实施情况评估标准，组织开展评估"，"建立对外援助项目实施主体诚信评价体系，按照职责分工对实施主体参与对外援助项目过程中的行为进行信用评价和管理"，"援外执行部门向国际发展合作署报送对外援助项目组织实施情况，以及项目组织实施过程中出现的质量、安全、进度和投资控制等重大问题"。[②] 由此可见，中国对外援助越来越规范化和制度化，援外合作项目的评估体系建设势在必行。

第一，建构教育援助评估的逻辑框架。从援助项目的逻辑假设出发，建构出项目输入、输出与项目目标之间的逻辑关系，按照指标体系，收集可测量的数据与资料，清晰描述和分析项目投入以及项目产生的结果，

① 王玉萍：《DAC对外援助评估体系及对我国的启示》，《山西大学学报》（哲学社会科学版）2016年第6期，第118～125页。

② 中华人民共和国国家国际发展合作署：《对外援助管理办法》，2021年8月31日，http://www.cidca.gov.cn/2021–08/31/c_1211351312.htm。

进而判断是否达到项目的目标以及项目产生的影响。第二，建立一套完整健全的援助评估体系，将评估贯穿于项目规划、实施和反馈的全过程，包括前期的可行性调查、执行中的监督与审查、后期的评估和反馈。在项目开展之前做立项调研和基准评估，将评估与研究相结合，在项目试点成果评估的基础上，将比较成功的项目模式向更广范围推广和扩展，这种阶段性评估的逐层推进机制，有利于巩固项目实施成果，提高援助的有效性和影响。第三，实施第三方评估。为保障援助评估的独立、透明、公正和可信度，必须考虑采取第三方评估方式。政府要充分利用相关智库，建立常态化的中非教育合作项目评估机制，组织国内相关领域的专家，成立评估援助效果的跟踪调查小组，建立一套科学、具有针对性的评估体系，定期对中非教育合作项目及其效果、影响等进行调查评估，以总结得失，摸清问题与非洲需求，并不断完善对非教育政策举措，提高援助的有效性。第四，采取多元的、相互补充的评估类型。针对项目的不同阶段以及不同类型的项目，采取不同的评估类型，一般包括基准评估、过程评估、后期绩效评估、影响评估、成本—效益分析等。在项目立项实施前，组织由不同领域专家组成的评估团队开展立项调研和基准评估，主要评估项目的可行性、风险、投入成本等，过程评估主要是监督项目执行过程，也可以采取内部评估方式。后期绩效评估是对项目预期目标的实现情况所进行的综合评估。影响评估也可分为短期影响评估和长期影响评估。第五，根据教育援助项目的特殊性和项目性质制定差异化的评估标准。教育援助与经济等领域援助不同，援助与教育质量提升之间的关联性并不清晰，很难在外部援助和学生学业成绩之间建立直接因果关系。影响教育的社会、政治、经济、文化因素交织在一起，因此判断援助到底如何使教育获得可持续的改进具有挑战性。此外，教育投入是一个长期过程，援助效果和影响需要多年才会显现出来，具有长期性和滞后性，这也为教育援助评估增加了难度。因此，要根据不同项目类型，制定相应的评估标准，杜绝所有项目采取一致的标准，在评估中应将质性评估和量化指标结合使用，也要分析影响教育援助效果的各种内外部因素。

第五节　加强能力建设和人才培养的支撑机制

《教育部等八部门关于加快和扩大新时代教育对外开放的意见》指出，教育对外开放是教育现代化的鲜明特征和重要推动力，要以习近平新时代中国特色社会主义思想为指导，坚持教育对外开放不动摇，主动加强同世界各国的互鉴、互容、互通，形成更全方位、更宽领域、更多层次、更加主动的教育对外开放局面。在对教育对外开放进行政策鼓励和引导的同时，政府明确提出要加强教育对外开放的智力支撑和能力建设。

中非教育合作给中国教育发展带来机遇与挑战，是深化与创新人才培养机制的契机，是中国高校加强能力建设的良机。发展学界达成一个普遍共识，能力建设是人类发展的引擎，没有能力就没有发展。定义能力建设的方法有很多种，Di Paton 认为，能力建设是一种提高组织的有效性和可持续性的方法，这样，组织可以更好地履行其使命。[1]Lopes 和 Theisohn 认为，"以自主权为基础，以领导力为指导，感知自信和自尊，能力建设是个人、机构和社会履行职能、解决问题，设定并达成目标的能力"[2]。联合国开发计划署提出，能力建设是个人、组织和社会获得、增强和保持能力的过程，利用这些能力制定发展目标，假以时日能达成目标。[3]CIPP 对能力建设的界定更为具体，其认为能力建设可以被直接定义为加强一个组织的管理和治理，使之能够有效实现其目标并完成其使命的过程。[4]从援助方的视角将这一概念加以深化后，我们得到一个更全面的定义：能力建设是通过促进健全的管理、强有力的治理及为实现目标持续不断的努力，来增强

---

[1] Di Paton, "Report on Capacity Building in Community Organizations," Commissioned by the ASB Community Trust, December 2006, p.10, https://do6qmrbufqcd2.cloudfront.net/1007/capacity-building-report.pdf.

[2] C. Lopes & T. Theisohn, *Ownership, Leadership and Transformation: Can We Do Better for Capacity Development?* London, Sterling (VA): Earthscan Publications, 2003.

[3] UNDP, "Capacity Development: Empowering People and Institutions," 2008, https://freereadebookonline.com/title/capacity-development-empowering-people-and-institutions.

[4] CIPP, "Conceptualizing Capacity Building," January 2015, p.2, https://www2.ed.gov/about/offices/list/osers/osep/rda/cipp2-conceptualizing-capacity-building-2-10-15.pdf.

组织的能力从而使其实现使命的干预措施。

能执行能力建设任务的组织具有：（1）足够数量的拥有必要知识和技能的员工；（2）适当和充分的技术和管理系统；（3）适当的有形基础设施；（4）充足的财政和其他资源。①因此，能力建设不仅指培训人员或提供技术援助，还可能包括改造系统、改造有形基础设施、招聘新人员及提高现有资源的使用效率等。

从能力建设的概念来看，首先，能力建设是一个过程，一个变革的过程，一个持续的变革过程。能力建设应由组织目标所驱动，建立在现有优势和能力基础之上，需要持续学习，当然，也需要长期投入。其次，能力建设分为多种类型。在教育领域，变革通常涉及建设四种类型的能力：人员能力、组织能力、结构能力和物质能力。人员能力指实现变革所需要的智力（知识和技能）和意愿（兴趣、耐心、毅力）；组织能力涉及组织内部的互动、协作与沟通等；结构能力独立于在组织内工作的人员而存在，包括政策、程序和实践等要素；物质能力指实现组织目标和实施变革所需要的财政资源、设施等。这四种能力相互依存，一个领域能力的增强取决于另一个领域能力的提升。组织要实现其变革目标，必须统一建设这四种能力。在国际教育援助领域，一个新的趋势是实施综合性方案援助而不是单一项目援助。但一种观点认为，不应该将基础设施建设纳入能力建设的范畴。再次，能力建设有多个层面。联合国教科文组织提出能力建设的四个层面：个体能力、组织有效性、公共管理的规范与实践，以及政治、社会和经济环境。联合国教科文组织对教育部门实施的能力建设项目进行评估后发现，"组织机构没能对能力的多层性及能力发展的多维度给予足够重视"②，未来在实施能力建设项目时必须关注组织变革的社会和政治动态，包括正式和非正式制度的影响。由此可见，能力建设的几个层面是相互关联、相互影响的。最后，能力建设是双向的。能力建设既包含援助方的能

① CIPP, "Conceptualizing Capacity Building," January 2015, p.2, https://www2.ed.gov/about/offices/list/osers/osep/rda/cipp2-conceptualizing-capacity-building-2-10-15.pdf.

② UNESCO, "Without Capacity, There Is No Development," 2009, http://www.iiep.unesco.org/en/publication/without-capacity-there-no-development.

力建设，也包含需求方的能力建设。

能力建设总的原则是，能力建设须贯穿中非教育合作进程，教育合作实践与能力建设应形成互动关系。第一，对能力开展自我评估。参与教育合作的组织机构对自身能力加以评估，确定需要开发哪些能力，在院校层面还是个人层面开展能力建设，以及需要开发哪种类型的能力以达到国际合作的效果。第二，设立清晰的愿景与目标。第三，院校层面强有力的领导和政策支持。强有力的领导至关重要，能力建设需要时间和高层领导的投入。如果组织的领导者没有做好应对挑战的准备，并且无法从战略、创造性和积极的角度进行思考，那么能力建设工作将不会成功。

在人才培养方面，需要在教师专业培训、提高教育质量等领域培养一批专业人才，将国内教育发展经验推广到非洲国家。在这方面可以借鉴日本的经验，日本政府为了加强与发展中国家的教育合作，促进高等教育国际化，在4所公立大学专门成立了研究"国际教育合作"、支援发展中国家人才开发活动、培养国际合作人才的机构，如名古屋大学国际开发研究科、广岛大学教育开发国际合作研究中心、筑波大学教育开发国际协力研究中心等。这些机构与日本国际援助机构建立了密切的合作伙伴关系，从事发展中国家教育研究，招收发展中国家留学生，合作举办教育研讨会，派遣志愿者，进行教育援助项目的各种评估工作。

中国高校亟须培养能够参与国际事务、适应南南合作的外向型人才和具有全球竞争力的国际化人才。在当今全球化的世界，有效的教育体系必须满足全球需求和顺应全球化趋势，并以培养具有全球能力的公民为目标，仅仅确保学生具备必要的阅读、写作、数学和科学技能已经不够了。在这个超互联的世界还需要批判性和创造性地思考以解决复杂问题的能力；需要参与全球事务的技能；需要训练有素的沟通技能，以及高深的数学、科学和技术技能。只有具有全球胜任力和竞争力的国际化人才，才能在更广泛的可持续性世界和全球社会中发挥积极作用。在培养机制中，须制定贯穿学前教育、初等教育、中等教育、高等教育的全球文化能力框架，包括跨文化语境下的合作与沟通能力、社会情感技能和领导技能以及在专业领域至少熟练运用两种外语的能力等。

　　全球文化能力指与来自不同文化背景的人有效共事的能力。全球文化能力一般包括跨文化认知、对不同文化的敏感、对其他文化的包容与理解及跨文化互动。理解和欣赏世界其他地区、不同文化和不同观点是全球文化能力的基本要素。首先，所有层次的学生，从小学生、中学生，到大学生，都应结合课程学习，接受国际理解教育，学会用不同视角看待和了解世界。其次，要培养学生的多语言能力。纳尔逊·曼德拉曾说过："如果你用一个人听得懂的语言与他交谈，他会记在脑子里；如果你用他的语言与他交谈，你的话会深入他的内心。"①中方在与非洲国家开展教育交流与合作时，不仅需要学习英语、法语、阿拉伯语这些通用语，还应该学习非洲本土语言，如斯瓦西里语、豪萨语、科萨语、祖鲁语、阿姆哈拉语。应将这些非通用语的教学与专业学习相融合，以政策、制度等形式增加投入，扩大非通用语人才培养规模，以制度保障非通用语人才培养政策的长期性和稳定性。最后，要培养学生合作、交流及社会情感技能。2030教育可持续发展目标提出，要在相互依存和互联互通的多元世界中培养全球公民意识，因此要注重非认知技能培养，非认知技能不以智力测验或学业成绩来衡量，主要指批判思维、创造力、团队协作、交流沟通及解决冲突等能力，这种能力不仅有助于个体认知技能的获得，还可以在不同国家和地区的交流合作中起到缓冲作用，有利于提高国际合作的效率。

---

① Brainy Quote, "Nelson Mandela Quotes," July 18, 1918, https://www.brainyquote.com/quotes/nelson_mandela_121685.

第七章
中非教育合作可持续发展的政策建议

中非教育合作是伴随国际格局的变化和中非关系的深化而发展扩大的。随着中非战略合作伙伴关系的建立，以及教育合作在更大范围、更广领域、更高层次上出现的需求，新时期中非教育合作呈现出转型趋势。为适合新时期转型需要，中非教育合作也将采取措施走向深化发展。教育援非为民生项目，利国利民，深受非洲国家政府和普通民众的欢迎和好评。2000年中非合作论坛成立以来，中非教育合作不断取得新进展和新突破。中非教育合作规模不断扩大、领域不断拓展、层次日益提升、形式和主体渐趋多元，双方在人力资源培训、留学生交流、科研攻关、中文教学、学校援建等方面的合作成效显著。中非教育合作本着平等互利、共同发展的基本原则，惠及非洲普通民众，增进了中非之间的相互了解与认知，增强了中非教育服务社会经济发展的能力。然而，中非教育合作的可持续发展仍然面临很多新的变化。例如，受援国越来越以平等的姿态对待国际援助，主权意识和自主决策能力不断增强；援助的领域越来越广，系统性不断提升，援助机构由单一走向联合；援助机构不再是单纯的资金提供者，项目的有效性被提上议程，某些项目后一阶段的拨款往往基于前一阶段的成果评估，援助资金的利用率越来越受到重视；教育援助中的地区协调与合作日益明显；等等。因此，亟须调整和完善中非教育合作政策，在国家层面进行整体规划，以提升国家软实力。

本书将中非教育合作置于中非关系大格局、2030全球教育议程、非洲教育需求的宏观背景下来分析，分析了国际教育援助的发展趋势及美日等发达国家对非教育援助战略及其经验，对中非教育合作的历史脉络做了梳理，并对合作个案进行了实证调研，就中非教育合作战略目标、原则与机制创新提出思考与论证，最后试图就具体合作项目提出切实可行、具有操作性的政策建议。

第一节　推动中国教育发展经验落地非洲

　　未来，中非教育合作向纵深发展，必然需要在政策层面对非洲施加更大的软影响，实现中国教育发展经验在非洲的落地生根，内化为非洲本国政策，从而彰显中国的全球治理能力和国际影响力。本部分基于长期非洲教育研究、中非教育合作研究和大量非洲实地调研，提出在非洲推广中国教育发展经验切实可行的行动方案与解决路径。

　　第一，把握需求，提高中国教育发展经验应用非洲的匹配度。"锦上添花"不如"雪中送炭"及"急人之所急"，了解非洲教育发展的紧迫需求和优先事项，是开展中非教育合作的基础。建议组成以教育专家为主的联合调研团队，选择非洲5～10个国家开展联合调研，充分了解和认识非洲教育现实需求及紧迫需要解决的具有共性的教育问题，将教育合作项目与非洲国家的教育政策优先事项相一致、相对接。做好项目规划初期的基准研究，并将项目评估贯穿于从项目制定、执行到完成的合作全过程，建立基于证据和数据的合作决策机制。

　　第二，有的放矢，系统总结中国教育发展经验。需要对中国教育发展经验进行全面总结，挖掘中国在相关教育问题上的经验与教训、具体举措，论证中国教育的比较优势，做到经验分享有的放矢。可成立由国内教育各个领域学者组成的专家组，根据非洲实际需求和教育发展规划，对中国教育发展经验有针对性地加以总结。在总结某一方面教育发展经验时，需要有历史维度和发展脉络，尤其要总结中国20世纪90年代以前遇到而非洲当下正面临的那些教育难题的解决办法。具体可包括教育管理、教育财政、推动扩大入学、解决学生留级和辍学问题、女童教育、实现扫除文盲、解决师资短缺问题及促进教师职后发展、课程改革、高等教育扩招等内容。最后论证中国教育发展经验"走进非洲"的实施路径。具体可以包括以下几个部分：中国教育发展历史、中国教育发展经验、在非洲国家推行中国教育发展经验的路径。

第三，加强交流与对话，讲好中国教育发展故事。利用多种途径宣传中国教育发展经验，可通过举办教育研修班、学术交流、举办研讨会、境外办教育展、参加国际教育活动、举办专家讲座、实地考察等多种方式推广中国教育发展经验。还可利用视频等现代宣传媒介，提升传播效果。同时，要充分利用中非合作论坛框架下现有的教育合作项目，加大对非宣传力度。中国每年都为非洲国家教育官员、大学校长、中小学教师提供短期研修班，短期研修课程需要精心安排，重点宣传介绍中国教育发展经验，每期研修班可以围绕一个教育主题，从不同视角进行全面的介绍与推广，比如设计"中国扫盲教育"经验专题，具体包括中国扫盲历史、女性扫盲、农村扫盲、扫盲运动的开展、扫盲成就等内容。

第四，教育援助可以设计软+硬的综合性合作项目。在中非合作论坛框架下，设计中国对非教育援助项目，对接非洲国家教育发展规划，有针对性地解决非洲国家教育领域问题。制定整体性和长期性的教育援助项目，这种整体性和长期性包含四个方面。一是教育援助必须与中国同非洲国家其他领域的合作相互配合、相互协调。例如，教育援助应该满足非洲国家基础设施互联互通建设和工业化进程对人才的需求。二是建立有效的双/多边协商机制，实现从单一的"政府行动"向"社会行动"的转型，鼓励非政府组织、企业、私人参与对外教育合作。三是以提高效率和可持续性为目标，将不同项目整合为相互支撑的综合性援助方案，将硬援助与软投入结合起来，比如围绕"教师专业发展"这一主题将援建校舍、教师培训、专家入校指导、实验室建设、短期研修班整合为综合性技术援助方案。四是建立产学合作机制，推动企业在非投资。设立非洲留学生学习+实习项目，企业接纳非洲学生实习，既可为企业投资非洲积累人脉资源，也可促进留学生在非洲国家的中资企业就业。

第五，推动援助项目内化为非洲国家教育政策。基于中国教育的比较优势，审慎决策，有序介入，优先在最关键的基础技能领域做持续投资。从发达国家的教育援助经验看，很多国家都将重点项目从试点做起，再依靠受援国的政策将之推广至全国，进而推广到非洲其他国家，将援助项目做大做强，形成品牌效应。例如，日本在非洲实施的中学数学和科学教师培训项目以肯尼亚为基地从职后扩展到职前，延伸到非洲27个国家，受益教师达37万人。[①]因此，援助项目必须内化为非洲国家教育政策：一是确保在受援国资源和能力允许的范围内，项目得到有效实施；二是将合作项目上升到受援国的国家政策高度，实现全国范围内的推广；三是通过"本土化方案"，推进当地教育系统为项目付出努力，投入资源，维持合作成果。此外，教育合作项目若要纳入非洲国家教育政策，在政策制定过程中，需建立多元群体参与机制，项目方与中央政府、当地政府、市民社会组织、家长、教师团体、私营部门、学生、青年展开政策对话，共同制定和支持援助计划，共享合作成果，实现互利共赢。

第二节　促进非洲孔子学院多元化发展

因所处地缘环境有差异，各国孔子学院的发展存在差异性、多样性。非洲孔子学院的发展需置于中非合作的大框架以及非洲社会经济文化环境下加以分析和研判。中国与非洲的合作空间广泛，双方在政治、经贸、安全、人文等领域的合作持续加强。中非政府间高层磋商签署的教育、科技、文化协议为孔子学院的发展创设了良好的政策环境，中资企业为中文学习者提供了更多的职业选择机会，大规模奖学金项目使非洲学生来华留学更便利。孔子学院的创立基本属于需求驱动型，这一点在发展中国家尤为突出，非洲国家，除埃及外，高校中文教学基本空白，这些结对院校大多希望通过创办孔子学院提升院校声誉，吸引生源，获取更多的外部资源，提高国际化程度。非洲各国孔子学院面临一些普遍性的问题，如师资和教材的问题。[②]很多想开设中文课的学校苦于没有教师，中国派遣的中文教师和志愿者无法满足师资需求。由于对非洲社会缺乏了解，加上形成的

---

① JICA, "JICA Basic Education Cooperation in Africa," August 1, 2019, http://www.jica.gp.jp/english/publications/brochures/c8h0vm000avs7w2-att/education-EN.pdf.

② 周倩：《中国与非洲的教育交流与合作——以孔子学院为例》，《云南师范大学学报》（对外汉语教学与研究版）2010年第1期，第89~92页。

一些刻板印象，国内的中文教师在选择海外孔子学院的工作地时，愿意去欧美等发达国家，而不愿选择非洲，即便是经济较为发达的南非。[①]伴随着孔子学院生源的扩大及中文选修课的设立，中文教材的本土化也提上日程，目前使用的中文教材多与非洲本土文化脱节，跟不上时代。如果孔子学院想要进行内涵式发展，就需要在提高办学质量、影响力和文化推广的深度上做好规划和战略部署。总体上，各所孔子学院的未来发展必定要从数量增加走向质量提升及高端中文教学人才的培养；同时，财政的自给或经费的可持续也是各所孔子学院所要面对的问题。至于本土教师培养及本土中文教材的编写等问题在非洲国家政策制度框架内都可以找到解决的办法。关键的是，孔子学院应走多元化发展道路，引导非洲本土自主开展中文教学，再逐渐偏重发展服务性职能，实现经费来源的多元、职能的多元。

第一，构建中国在非文化推广的综合路径。中国要提升在非洲的软实力，必须将孔子学院与中国在非的其他文化推广活动结合起来，发挥综合效应。一是驻肯尼亚的中国国际电视台非洲分台应配合孔子学院的中文国际推广和文化传播战略，设立介绍中国文化、中国发展、中国国情的栏目，向非洲民众介绍真实的中国。二是中国在非洲成立的中国文化中心应与孔子学院形成互补，资源共享，两者可以合作举办各种文化推广活动、讲座和研讨会，以展示中国的悠久文明和当代经济、文化建设成就。三是孔子学院也应积极参与文化和旅游部举办的"中非文化聚焦"活动，让孔子学院学员参与文化聚焦活动演出等。四是孔子学院应与中国驻非使馆配合，参与使馆在非洲举办的活动，提升孔子学院在当地的影响力。

第二，推动孔子学院职能的多元化发展。有学者将孔子学院大致分为四种模式：教学主导型、社区服务型、学术研究型和融入型。从非洲孔子学院的案例来看，孔子学院的发展不能走单一模式，不仅要继续开展语言教学、文化推广、中国研究、中文专业设置等活动，而且要推动合作院校从事中国问题研究，设立中文专业课程。鉴于非洲国家中文教学基础薄弱

[①] 钟英华：《非洲孔子学院建设中的几个基本问题》，《云南师范大学学报》(对外汉语教学与研究版)2009年第1期，第37～40页。

但对中文学习需求强烈的现状，孔子学院需增加师资培养、教材开发、职业培训提供等服务性职能，走多元化发展路径。借助孔子学院的平台，组建由国内中文教学专家、顾问、志愿者与非洲学者组成的专家组，研制中文教学大纲，开发本土化特色教材，制定课程规划，将之在试点学校试用，修订后再逐渐推广。在师资培训方面，应将本土培养和中国高校中文师资培训结合起来。在非洲设立中文师范专业，同时每年选派准中文教师到国内相关高校接受4年的本科中文课程学习，有能力的可继续攻读硕士项目。孔子学院也可以从师资培训、联合开发教材，举办汉语桥比赛、进行中国汉语水平考试等活动中获得一定的收入。其也可与企业合作，为非洲各部委、中资企业或个人提供订单式中文培训。

第三，为中文学习者创设就业机会。从非洲社会及教育发展来看，目前仍严重欠缺高科技和专门技术人员，高校无法培养出具有高技能的大学生，例如，南非15~24岁青年的失业率超过62.4%，[①]这不仅是人力资源的巨大浪费，也是社会不安定的潜在因素。非洲孔子学院应结合非洲教育发展的现实和中资企业在当地投资的现状，开设商务汉语、中医汉语、旅游汉语、科技汉语等课程，培养专业人才，与中资企业合作，设立实习基地或资助学生赴华实习，为学习中文的学生创造更多实习和就业机会。

第四，将文化推广活动做实。组织国内相关领域专家，参照中国文化典籍，使用英语和非洲本土语言，如斯瓦西里语、科萨语、祖鲁语等编写通俗易懂的文化普及读物，吸纳非洲学者合作编写图文并茂的中国文化图本，并开发一些网络视频、音像资料。非洲各所孔子学院也可以联合组织文化推广活动，以扩大影响力。在文化推广活动中，孔子学院须以开放、包容、富于灵活变通的文化胸怀，对政治经济、历史文化、价值观念、生活方式、教育制度等方面存在差异的问题开展对话和文化辩论，以此加强非洲社会对中国治国理念、价值观、制度、文化等的理解和认同。

第五，借鉴英国文化委员会等类似机构的有益经验。孔子学院可以借

---

① Department of Labour in Republic of South Africa, "The South African Labour Market: All the Facts," March 13, 2013, https://www.groundup.org.za/article/south-africa-labour-market-all-facts+8421.

鉴英国文化委员会、歌德学院等类似机构的办学经验，从而充分发挥其"后发优势"。这些经验包括：一是在发展过程中坚决杜绝贪多求快，其发展战略以服从国家现阶段整体外交政策及利益为前提，集中力量发展重点地区，并根据不同地区的文化特征来展开工作；二是由专门的机构统一协调教师、教材、教学内容、教学方法、资金投入、发展计划等方面的运作，包括向政府申请增加投入、吸纳非政府资源等；三是在文化传播过程中极其注重与所在国的文化对话与交流，高度重视吸引民众目光；四是将目标群体设定为青年、学生群体；五是资源筹措多元化。

第三节　增进非洲来华留学效益

近年来，国家主席习近平多次给外国留学生回信，鼓励他们在华学习期间，更加深入地了解真实的中国，了解中国共产党，同时把他们的想法和体会介绍给更多的人，为促进各国民心相通发挥积极作用。截至2018年，超过49.2万名国际学生在中国1000多所高校学习，[1] 来华留学呈迅猛增长的态势，中国已成为重要的留学目的国。来华留学生既是公共外交的受众，也是公共外交的行为主体，是兼具外交、经济、技术、文化、教育等多重价值的资源，是我国公共外交的重要组成部分。

来华留学的公共外交属性，具有双向互动性、渐进性、长期性、隐蔽性。国际学生带着异域的历史、语言、文化、风俗来到中国，必然经历一个与中国文化碰撞和适应的过程，文化适应过程恰好是逐渐形成认同的过程。在中国学习和生活期间，留学生深度接触中国社会，在与老师、同学以及广大人民群众的长期接触与互动中，增进相互了解和亲近感，容易形成对华的积极情感。留学生与国内师生建立的同学友谊和师生情谊超越传统政治外交，创造一种长久与牢固的关系网络和知识联结，可产生长期而深远的影响，具有"润物无声"的效果。来华留学不仅是高等教育国际化

---

[1] 中华人民共和国教育部：《2018年来华留学统计》，2019年4月12日，http://www.moe.gov.cn/jyb_xwfb/gzdt_gzdt/s5987/201904/t20190412_377692.html。

的核心内容，也是中国与世界各国之间增进相互了解与友谊的途径。充分发挥来华留学生的公共外交作用，推动中非人文交流，促进民心相通，可以在以下几个方面下大力气。

第一，优化生源结构，完善来华留学遴选机制。国际学生来华留学的动机是多元的，受政治、经济、文化、教育等因素影响，有的怀有对个人发展的追求，有的受朋辈及他人影响。传统推拉理论已经很难解释国际学生跨国流动的复杂情况。一些留学生反映中国高校入学标准低于西方国家，奖学金项目缺乏竞争性，有些留学生通过私人关系，而非依靠学业成绩获得奖学金名额。然而，留学生生源质量直接影响国际教育质量，很多国家都采取主动措施大力吸引优质生源。因此，中国要在制度层面加强对留学生遴选工作的设计，严格准入条件，分别制定本科、硕士、博士不同层次留学生入学和选拔标准，如要求申请人提供与留学层次相关的学业成绩、语言能力证明、学习或科研能力证明、课外实践证明等。在政府奖学金项目中，采取竞争性遴选方式，向公众公开选拔机制，采取公开、公正、公平、透明的方式招收留学生，增加中国政府奖学金的含金量，挑选优秀生源来华深造，增进留学生对奖学金项目的积极认知。

第二，细化奖学金类型，增设各类专项奖学金。可持续发展目标提出大幅增加发展中国家高等教育奖学金数量的目标，中国积极履行国际社会责任，强化平等的发展伙伴关系，向共建"一带一路"国家，包括非洲等广大发展中国家，持续供给免费高等教育入学机会，助力其人力资源发展，发挥"造血"功能。将来华留学生的增长嵌入共建人类命运共同体的语境下，我们就会发现，对于高等教育毛入学率只有12%左右的非洲大陆来说，[1]中国提供的高等教育入学机会弥补了非洲高等教育的供给不足，展现中国为非洲实现2030教育可持续发展目标所做的贡献。为提高奖学金项目的效益，除一般类型的中国政府奖学金外，根据发展中国家经济社会发展需

---

[1] UNESCO, "Global Education Monitoring Report 2020. Inclusion and Education: All Means All," 2020, p.230, https://unesdoc.unesco.org/ark:/48223/pf0000373724.

求，可细化奖学金类目，针对性地设立有差异性、有梯度的专项奖学金。促进性别平等、妇女赋权是发展中国家一直努力追求的社会目标，因此可设立女性奖学金，资助学业成绩优异、家庭贫困的女性来华学习，助力女性在社会绽放光彩；设立治理能力专项奖学金，专门资助政府部门工作者或已有一定事业基础的人士，为非洲国家培养具有现代治理能力的未来决策者和智囊人士；面对青年就业的挑战，联合境内外企业，采取产学研合作的培养模式，增设创业奖学金，加大技能型人才培养力度，助推有志青年就业及自主创业。

在留学专业构成上，其一，为推进非洲国家工业化进程，助其充分融入全球产业链，可将政府奖学金名额向信息与通信技术、工程和科学领域倾斜，设立技术创新学科、前沿交叉学科的专项奖学金。其二，鉴于广大发展中国家急需技能型人才，我国高等职业技术学院与共建"一带一路"国家包括非洲国家的教育合作正逐步展开，包括招收国际学生、海外办学等，应将职业技术学院留学生纳入奖学金发放对象范围，鼓励一定比例的留学生攻读技术类和实用性专业。

第三，提高留学生满意度，构建趋同化与差异化相结合的留学生教育管理体系。实际上，中国政府来华留学生政策的关注点正从来华留学规模扩大转向对高校国际化办学质量的重视，构建有影响力、内涵式的"留学中国"品牌已成为中国教育对外开放的重点内容之一。留学生在中国高校的学习生活经历不仅影响其本人，关系到他们学业的成败，而且关系到中国高校的学术声誉，影响到留学生对中国的评价。留学生教育趋同化管理是我国高等教育国际化的必然趋势，但留学生教育也有其特殊性，因此应将趋同化与差异化管理相结合，建立与完善多部门协同的留学生教育质量管理和服务体系。将留学生招生、培养、课程、师资等相关工作归口到院系层面的教学单位，将留学生与国内学生统一培养与管理，推进培养全过程的趋同化管理，增加中外学生的互动；建立国际化的师资和管理团队，建构包容、多元的大学文化，赋予留学生更大的专业选择权；国际处、学生部、研究生院等业务指导部门，配合院系形成留学生协同工作机制，在心理咨询、就业指导、签证服务、安全管理等方面提供支持，吸纳留学生群体参与校园建设与管理服务。

此外，接收留学生的院校要将留学生教育质量提升纳入院校政策框架，进行留学生学习满意度常规调查，全程监测、了解来华留学生在校学习经历，及时发现问题，不断提升留学生教育质量，提升中国高校国际化办学水平。

第四，开设"理解中国"课程，增加留学生社会实践活动。欧美国家的老路在发展中国家已经行不通，南方知识的价值凸显，广大发展中国家有着迫切了解中国发展经验的热情和渴望。在坚持"四个自信"的理论引导下，中国正以积极姿态与广大发展中国家分享各领域的发展经验，分享中国智慧与中国方案，为其发展提供新思路、新路径。基于留学生了解中国的渴望与诉求，一方面在理论层面通过北京大学南南合作与发展学院等学术机构，建立信息、资源、知识的共享、互鉴、共通的学术共同体，设立"理解中国"线上课程，采取线上和线下相结合的方式，就治国理政、制度规范、文化传统等主题举办学术讲座、进行研讨与交流互动，让更多留学生认识真实的中国；另一方面，在实践层面将留学生社会实践活动纳入对外文化传播总体框架，加强顶层设计，提供经费保障，引导院校开展多样化、多类型的文化活动。国内一些普通民众缺乏对国际学生项目重要性和长远价值的认知与了解，对留学生奖学金、待遇等问题存在误解，为避免民众及国内学生与非洲留学生之间产生隔阂与误解，须加强留学生与普通民众的接触与互动。社会实践活动可以从两条线展开。一条线将社会实践活动从校园延展到社区，从城市扩展到乡村，让留学生融入社区，深入了解中国历史文化传统和社会发展现状，增进与普通民众的接触，促进民心相通，夯实民意基础。另一条线组织留学生深入革命老区、改革前沿等实践场所，了解党的历史与精神及治国理政经验。

第五，保持学术联络，完善来华留学生校友机制。校友是大学宝贵的资源，留学生校友是世界了解中国的纽带，是国家间人文交流的载体，他们将在中国的所见、所闻、所感传播开来，由他们讲述的中国故事感染力强、令人信服，他们对中国的评价、看法会起到令人意想不到的宣传效果，有利于提升中国国家形象。留学生校友借助其广泛的人脉资源，搭建起母校与其所在国高校间的关系网络，增进院校间国际合作，并为母校海外招生推荐优质生源，因此，留学生校友具有很高的附加价值，各院校需建立校友跟踪机制和校友联系网络，完善校友档案建设，适时筹建海外校友会，切实加强校友联系，充分开发、利用、维护海外校友资源，发掘留学生校友的公共外交潜力。

第四节　加强中非职业技术教育合作制度保障

非洲国家近20年的经济增长态势并没有带来显著的减贫效果，资源依赖型经济未发生实质性改变，经济增长仍严重依赖石油、天然气等单一大宗商品的出口，农业和制造业尚处于初级阶段，制造业占GDP的比例甚至比20世纪80年代还低。2020年，非洲制造业附加值仅占全球总量的2%，[①]工业化进程面临众多挑战，而技术技能人才短缺是制约工业化进程的一个关键因素。基础教育的质量低下直接影响生产力，阻碍个人获得新技能。工业技能的缺乏造成大多数从业者只能进入低端行业、非正规部门就业，非洲80%的劳动力依靠家庭小块地和手工作坊等收入不稳定的工作维持生活，青年失业率超过20%，就业状况十分糟糕。[②]非洲又是全球人口增长最快的地区，到2050年，非洲人口预计增至25.7亿人，[③]年轻的人口结构对技能培训和就业的需求愈加迫切。但由于财政拮据，非洲国家很难有持续的资金投入职业技术教育，职业技术教育存在供给严重不足、技能错配、师资力量薄弱、社会认可度低等问题。

在"一带一路"倡议和中非合作论坛机制下，基于非洲国家的现实诉求，中国与非洲在职业技术教育领域从多个路径开展全方位务实合作，助

---

① Nelson Correa and Valentin Todorov, "African Industrial Competitiveness Report: An Overview of the Manufacturing Industry in the Region," February 2021, https://www.unido.org/sites/default/files/fiels/2021-02/African%20Ioindustrial%20Report.pdf.

② ILO, "Global Employment Trends for Youth 2020:Africa," March 9，2020，https://www.ilo.org/global/ about-the-ilo/WCMS_737670/lang—zh/index.htm.

③ 《非洲期盼释放人口红利》,《人民日报》2017年10月9日，第23版。

力非洲工业化进程，深度打造中非命运共同体。中国与南非的职业技术教育合作是中非职业技术教育合作的典型案例，中国—南非职业教育合作联盟已更名为中非（南）职业教育合作联盟，有超过140家企业、院校、智库等单位加入中非（南）职业教育合作联盟。在联盟的指导下，中非职业技术教育合作逐渐推进，本部分为促进中非职业技术教育合作的机制保障提出如下建议。

第一，招生制度保障。例如，当前，中国—南非职业技术教育合作实践已经形成了一个基本的程序标准，首先，对于南非选派的各专业的学生，由中非（南）职业教育合作联盟中方秘书处面向联盟所有中方院校单位，公开发布申请通知；其次，各院校自愿申报，提出本校的接收计划和工作方案；最后，中方秘书处对申报学校材料进行审核，报联盟理事会会议进行审批，项目于公示后实施。但在加强内部管理的同时，也应加强与南非方的沟通与协调。中方院校应与南非高等教育和培训部、南非中国文化和国际教育交流中心联合制定南非来华留学统一招生标准，对学生的专业知识基础、语言能力等做出明确的规定，同时，联盟应给予中方院校一定的招生自主权，允许中方院校参与招生和遴选过程。此外，合作项目应该采取开放透明的招生方式，在非洲各职业技术学院做好招生宣传和动员，采取竞争性遴选方式以保证生源质量。调研中发现，南非学生来华之前，对将要学习生活的城市不了解，对中方院校也了解甚少，因此，项目中方院校要在非洲加大宣传力度，中方可通过南非中国文化和国际教育交流中心推介中国高职院校，包括院校办学理念、专业特色、师资、课程、成就等内容。

第二，援外教师选派机制保障。一方面，高职院校要加大国际化教师队伍的培养力度。除了培养教师的英语语言能力外，还应该提供跨文化教育和教学法的培训，高校教师应具备国际化视野及对多元文化的包容与尊重，并将这种对多元文化的尊重与包容从课堂扩展到校园及整个社会。另一方面，教育部应该建立援外教师人才库，完善援外教师选派机制，调动外派教师的积极性，解决援外教师在工作、生活中遇到的签证、待遇、职称评审等方面的实际问题，切实解决援外教师的后顾之忧，建设一支适应国际交流与合作的高素质、专业化、国际化的教师队伍。

第三，校企合作制度保障。中小企业拥有解决诸多问题的独特技术，但是由于没有经验和人脉，想进军海外，门槛很高，也有很多困难。国家应对这些中小企业在海外的发展提供帮助，支持和鼓励非洲留学生到中小企业实习，为其走向海外奠定基础。国家应该为中小企业接收海外留学生给予减免税收或者提供补贴的政策支持，鼓励企业外向型发展。而那些在非洲的中国企业也应该参与非洲学生实习项目，针对海外中国企业的用工需求和技能需求，项目可采取订单培养方式，将中国企业海外用工需求与非洲学生实习对接，保证非洲留学生回国后充分就业。

第四，境外办学制度保障。教育部应与国家相关部门联合出台关于高校境外办学的政策法规，对境外办学的定义、类型进行清晰界定，对办学资质、审批程序、评估程序、学历授予与认证、资金来源、退出机制等进行准确说明，规范高校境外办学行为。首先，建立境外办学资质审批制度，明确开展境外办学必须达到的各类标准与要求，避免盲目扩张。其次，建立境外办学经费保障制度，允许多渠道融资、多元化办学；对院校经费如何投入境外办学机构，如何将国内设备用于境外机构以及如何制定外派教师的工资待遇标准等做出规范。最后，建立境外办学质量保障制度。将境外办学尽快纳入我国教育质量保障体系之中，对高校开展的境外办学项目进行全程监控和有效管理；对境外分校的专业设置、师资配备、招生资格、管理人员的规范、教学设施的配置等做出明确规定。

第五节　完善赴非志愿者派遣工作

中国从2005年开始向非洲派遣青年志愿者，其主要从事中文教学、农业技术、计算机技术、医疗卫生等方面的志愿服务工作，为促进非洲发展、巩固中非友谊做出了积极贡献。但非洲大陆地域辽阔、国家众多，目前我国向非洲派遣的青年志愿者人数远不能满足非洲各国的需求。派遣高校毕业生赴非做志愿者，不仅具有重要意义，而且具有可行性。其主要体现在以下几个方面。

（一）我国派遣高校毕业生赴非做志愿者具备良好的自身条件

随着我国的高等教育体系不断发展，我国已经迈入高等教育大众化阶段。我国高校毕业生规模大，这为赴非志愿服务工作提供了人力资源保障。而随着中非关系不断发展，非洲在高校学生心中的形象也在不断改善，不少大学生对非洲这片神奇大陆产生了浓厚兴趣。而鉴于国内就业市场日趋饱和，就业的竞争日趋激烈，非洲将日益成为大学生毕业后的一个明智选择，加上我国对非政策的倡导等，这些都有利于高校毕业生选择赴非做志愿者。

（二）我国派遣高校毕业生赴非做志愿者具备良好的环境

21世纪中非合作论坛建立以来，中非关系获得全面持续的迅速发展，这为派遣高校毕业生赴非做志愿者提供了良好的国际环境。同时，中非既有深厚的传统友谊，又有坚固的现实合作基础。中非关系在经济、政治、文化等领域得到全面发展，中国在非洲人民心目中的整体形象好，而且日益提高，这将为志愿者们顺利融入非洲提供良好的社会心理和文化氛围基础。这种有利的文化和社会心理氛围，不但有助于高校毕业生赴非做志愿者，而且有利于他们真正融入非洲本土，从而把志愿活动落到实处。

（三）我国派遣高校毕业生赴非做志愿者具备良好的教育文化方面的基础

随着孔子学院在非落户、生根和苗壮成长，非洲孔子学院得到了非洲人民的热烈欢迎和赞誉。大批的非洲人在孔子学院学习中文，并对中国文化产生了浓厚的兴趣。派遣在非洲孔子学院进行中文教学的志愿者为派遣大批高校毕业生赴非做志愿者奠定了良好基础。例如，浙江师范大学在喀麦隆的孔子学院的中文教学的志愿者派遣方面做出了很好的尝试，并在当地获得了好评。派遣高校毕业生赴非做志愿者既是派遣在非孔子学院中文教学志愿者的拓展和延伸，也是对它的全面提升和有益超越。

（四）我国派遣高校毕业生赴非做志愿者具有强大的动力机制

这种动力主要体现在三个方面：国内的动力、来自非洲方面的动力、中非关系发展的合力。从国内方面来讲，派遣高校毕业生赴非做志愿者是我国高等教育国际化的重要体现，因此，它具有来自我国高教发展的动力；从非洲方面来看，出于历史等原因，非洲现代化建设现处于艰难期，既面临财力问题，也面临人力资源问题，而我国高校毕业生既有较好的综合文化素质，又有扎实的专业知识和技能，因此，派遣高校毕业生赴非做志愿者，具有广阔的需求空间和较好的前景；从中非关系的发展来看，这种为非洲提供的真诚和有效的志愿服务式的援助既是中非深入发展之需要，也必将为中非友谊大厦添砖加瓦。

（五）我国具有优良的志愿者文化传统和比较完善的志愿者体系

志愿者精神是一种伦理性、美德性精神。我国具有志愿者文化的传统，当代中国也继承发扬了这种志愿者精神。2008年北京的奥运会志愿者精神让全世界的人感受到了中国的志愿者的魅力。其实这种志愿者精神不仅可以在国内推广，也可以在国际上弘扬，尤其是在非洲这片大陆上。我国不仅具有独特的志愿者文化传统，而且具有完善的志愿者体系，如西部志愿者计划等，规范的志愿者制度和优良的志愿者文化为我国派遣赴非洲高校毕业生志愿者提供了重要的制度和文化精神方面的有利条件。

综上所述，不难发现，中非发展的新局面下，派遣高校毕业生赴非做志愿者这一举措不仅具有重大的现实意义，而且具有很强的可行性。概言之，它不仅具有良好的主客观条件，也具有较好的内部和外部条件；不仅具有强大的动力机制，也具有有利的志愿者精神和制度体系；不仅具有广阔的前景，也具有坚实的现实基础；不仅能给非洲人民带来真诚和有效的援助，也能促进中非共同发展和中非关系的全面提升和可持续发展。

为长期、有效地向非洲国家派遣青年志愿者，发挥赴非志愿者的积极作用和社会效益，建立起赴非青年志愿者的长效机制，使之逐渐步入组织化、规范化和系统化的轨道，提出以下参考建议。

第一，建立志愿者健康和安全保障制度。非洲国家生活条件艰苦，社会环境复杂，存在各种风险以及社会动荡等不稳定性。志愿者在参与志愿服务活动的过程中可能会遇到与人身健康和安全有关的各种问题，因此，志愿者组织应该制定较为完善的志愿者健康和安全保障制度。应为每位志愿者购买医疗保险和人身意外伤害保险，安排援非医疗队为赴非志愿者提供健康咨询、指导和医疗服务，驻非使馆专人负责突发性公共卫生事件的应急管理。原则上志愿者的住所由派往国家政府提供，但根据当地情况，使馆应支援和配备当地安保，保障志愿者居住和交通安全。如果派往国家因选举或政变出现政局形势恶化，应提供紧急避难措施，确保志愿者的人身安全。

第二，制定志愿者个人发展的激励政策。为回国后的志愿者提供更多的个人发展机会，制定志愿者激励政策，提升海外志愿服务的社会影响力。首先，为每位赴非志愿者发放海外志愿服务活动证明书；其次，组织优秀赴非志愿者回国参加报告会或研讨会；再次，为赴非志愿者在就业、研究生入学和公务员考试方面提供相应的优惠政策；最后，为回国志愿者提供"回国志愿者教育培训津贴""回国志愿者人才培养奖学金""回国志愿者创业资助金"等。

第三，开展有针对性的技能培训。在将志愿者派遣至非洲国家之前，可委托国内长期开展非洲研究的学术机构对志愿者进行为期2~3个月的培训，使志愿者学习非洲志愿服务活动的必要知识，培养一定的志愿服务能力和素质。其培训课程如下。

（1）志愿服务讲座。内容包括志愿服务理念、志愿服务活动相关案例、中非关系、中非合作现状等。此外，按照国际通行惯例，志愿者抵达非洲后，一般在所在国接受短期培训，之后被派往非洲比较艰苦的农村独立开展志愿服务。因此，需要对志愿者进行独立工作能力、合作精神、沟通能力以及本土融入意识等方面的培养和训练。

（2）非洲国家情况讲座。内容包括非洲国家概况、生活环境、法律法规、教育、经济、文化、宗教等。

（3）安全管理讲座。内容包括卫生保健知识、体育安全知识、交通安全知识和治安措施等。

（4）外语培训。内容包括英语或法语课，甚至是非洲本土语言如斯瓦西里语、豪萨语等小语种课，以及外语演讲会、经验交流讲座。

（5）社会实践活动。内容包括志愿者经验交流学习、志愿服务社会实践。

第四，给予合理的资金支持。目前，国家为赴非中文教师志愿者每月提供不少于1000美金的资金支持，其他领域志愿者可参考此标准，或提供其他福利待遇，以保护志愿者的公益热情并为他们提供方便。除一般生活费、住宿费、差旅费、交通费外，对去非洲艰苦国家的志愿者提供额外的补贴。还应为赴非志愿者提供相应的福利待遇，如为志愿者支付"国内公积金""国民养老金""医疗保险金"等。

第五，将中非合作项目与志愿服务相结合。赴非志愿者可以参与中非合作项目，如农业领域的志愿者可以到农业示范中心，教育领域的志愿者可以到中国援建学校任教，医疗领域的志愿者可以去援非医疗队。但更多志愿者应该根据非洲国家实际需求，尤其是国际志愿者派遣的一般原则，由非洲国家安排到所需要的地方开展志愿服务。

第六节　完善中非高校合作机制

中国与非洲的高校在学者交流、学生互派、专业建设、联合研究、学术研讨等方面都有广泛合作。在"中非高校20+20合作计划"下，中非高校建立了一对一的校际合作关系；还有一些院校入选了"中非智库10+10合作伙伴计划"。以浙江师范大学为例，该校中非国际商学院自2013年起，每年选派10名左右学生到斯坦陵布什大学联合培养，互认学分。近年来中非两国高校间互访达到了一定的规模，签订了众多合作备忘录，但真正落实并长期持续的合作项目不多，正如南非学者所言，希望这些合作能够真正落实到院系和个人。因此，中非高校还需进一步加强和深化合作，做好规划与实施。

第一，扩大中非高校合作网络，加强学者交流互动。非洲高校也有一些在国际学术领域具有优势和特色的学科。例如，南非在高等教育领域有其独到之处，南非的大学有不少强项专业达到了国际领先水平，南非的大学在生物、材料、工程、地质、采矿、医学、数学等学科上与我国有广泛的合作前景，中国改革开放和教育改革成果对南非的大学也有很大的吸引力。因此，应积极支持国内重点大学与非洲高校开展实质性交流，聘请非洲知名学者来华长期和短期讲学，制定和实施非洲杰出学者和科学家来华工作计划，每年资助一定数量的非洲学者和科学家来华短期工作；利用已进入当地主流社会的华裔学者的有利资源，引进非洲优质教育资源，建立非洲知名专家库；积极探讨组织学者互访交流团（组），将双边高校、科技合作向纵深推进。

第二，鼓励、支持非洲院校成立"中国研究中心"。非洲大陆缺乏"汉学家"，普通民众对中国的了解和认知深受西方媒体的影响，存在很多误解和偏颇。因此，中国应扶持非洲，尤其科研能力强的学术机构成立更多的"中国研究中心"，大力给予经费支持，为人员和学术交流提供更多的便利。南非马蓬古布韦战略反思研究所、约翰内斯堡大学、博茨瓦纳大学等有一定研究基础的研究机构可以作为支持的重点。

第三，大力推进中国与非洲学界开展联合研究。中国与非洲国家已经有一些联合研究的基础，比如中国与南非的清洁能源联合研究、矿产资源开发利用联合研究等。南非科技界极力推崇"第四次工业革命"，认为人工智能、机器人5.0、自动驾驶、3D打印、物联网、纳米技术、生物技术、材料科学、能源储备、量子计算等高科技必然引领未来，中国与南非要加强在这些领域的合作和创新。在联合研究中，中非学者可推动博士研究生和硕士研究生联合培养，实现双向交换，促进能力提升。

第四，拓展"中非高校20+20合作计划"形式。将"20"拓展为"20+"，一是，增加参与高校数量，非"中非高校20+20合作计划"的高校也可以参与项目；二是，加入第三方企业，即"非洲国家高校+中国高校+中国企业"，形成校企联动的形式。鼓励更多"中非高校20+20合作计划"中方学校在一些优势科目上和非洲国家形成持续合作。如北京交通大学为肯尼亚培养铁路管理人才，上海交通大学与中国科学院大学和非洲高校联合协会、东非高校理事会、应用科学工程技术合作组织签署了合作备忘录等。

第五，加强国内高校自身能力建设。有效地为非洲国家提供教育援助，实际上是对中国教育的一大挑战，也是中国高校加强自身能力建设的重要契机。中国高校应成立"教育开发国际合作研究院"，开设有关中国教育发展、国际教育合作、推广教师培训经验等课程，使用英文授课，培养参与国际教育合作的人才，招收发展中国家学生攻读硕士和博士学位，从事教育发展问题研究。各援非院校应将教育援非纳入院校的长期发展战略之中，在援非过程中，加强学校自身能力建设，提高参与国际合作的能力。

第七节　加强非洲教育研究[①]

从比较教育学学科发展来看，移植借鉴一直是国内比较教育学学科存在和发展的内生动力。在这种理念的支配下，比较教育以西方发达国家的教育为主要研究对象，而忽略了经济欠发达地区的教育，尤其是非洲教育。20世纪七八十年代，国际教育、发展教育被纳入比较教育领域之后，"理解"和"交流"的目的得到关注，比较教育的交流、理解的目的凸显，这是因为我国教育的发展已经进入一个新的阶段，已经在一定程度上拥有了对话的话语权，可以在某些问题上共同探讨，相互学习。非洲教育研究突破比较教育传统的"借鉴"价值，在"和而不同"的多元文化和全球化背景下，"理解"和"交流"为其主要目的。非洲教育研究关注非洲民族文化特性，实现跨文化的交流与对话，达成不同民族之间的相互理解，并借此提升本民族文化的影响力和生命力。

长期以来，外部世界对非洲的大学和高等教育了解甚少，存在不少偏见与误解。实际上非洲大陆虽然总体上相对落后，但其高等教育依然有自己的特色与优势，在某些学科领域依托非洲大陆丰富独特的自然与人文资源而在国际上占有不可替代的地位。非洲国家的教育在发展水平、教育理念、教育模式上存在着很大的差异，只有对其系统细致地研究，才能更好地服务中非教育合作的实践。中非合作正迅猛发展，取得了一

---

① 部分内容参见牛长松《非洲教育研究综述》，《西亚非洲》2011年第5期，第47～51页。

些成效，这期间也暴露了诸多问题和挑战，这些都对非洲研究提出了更高的要求，非洲研究包括非洲教育研究显得日益重要而迫切。中非教育合作是中非合作的基础领域，对中非政治、经济、科技等其他领域合作有着重要的影响。而中非教育合作要发挥其增进中非双方相互了解、提升国家软实力、树立良好国家形象的作用，必须具有可持续性和前瞻性，因而需要基础研究做支撑，需要对非洲本土教育做深入细致研究，了解非洲国家的实际需求。此外，中非教育合作持续深入的背景下，非洲教育研究具有鲜明的实践价值和现实意义，非洲教育研究在了解非洲教育的基础上，输出本国教育发展经验，重视中非教育合作的有效性，为中非教育交流与合作提供决策建议。

中国高等教育正从规模扩张走向内涵式发展，从注重本土化走向本土化与国际化相结合，从趋同化走向特色化。面对国内外高等教育市场的激烈竞争，高校必须打造优势与特色学科，形成学科品牌。而非洲学恰恰正是"中国学术的新边疆"。西方的非洲研究有很深的积淀，拥有广大的研究群体以及充裕的研究经费。与之相比，中国的非洲研究刚刚起步，该领域还有很多有待解决的重大理论和现实问题，如当代非洲发展道路选择问题。因此，非洲学科建设的过程即高校自身能力建设的过程，学科建设与非洲研究、人才培养、援非人力资源培训、政策咨询等形成良性互动，为高校创造更大的发展空间，并形成独有的特色。

一　非洲教育研究的主要议题

非洲大陆的长久和平尚未实现，局部动荡依然存在，贫困依旧蔓延，饥饿仍未消除，民主尚遥遥无期。如何理解非洲发展问题？教育在社会发展中发挥怎样的作用？中国在非洲发展中扮演怎样的角色？要对这些问题进行解释和回答，大量的研究课题摆在研究者的面前。

（一）非洲教育与社会发展的关系

没有教育，就没有发展。独立后的非洲国家把教育看作促进社会发展和政治进步的一种有力工具。知识经济时代，教育在发展过程中的引擎作用越加凸显。研究者既要从非洲社会、政治、经济、文化、技术、人口等各种不同角度来研究教育，也要从教育角度研究非洲社会发展问题。教育与社会发展之间的关系密切，其中可以细化出若干子课题：教育与人力资源开发，教育与经济发展，教育与社会流动，教育与社会公平，教育与非洲文化传承，教育、移民和国家，教育与儿童权利等。

（二）非洲教育发展

非洲教育发展是一个比较宏大的问题，其核心在于非洲如何找到一条适合自己的教育发展道路，而要发展，就必须进行改革，教育改革问题是教育研究中历久弥新的话题，可以该问题为中心，从不同侧面、不同角度，选取国别或区域开展以下研究：扩大入学、质量提升、跨文化交流与对话、课程改革、性别平等、教育管理、教育财政、教师教育、教育中的语言问题、教育市场化等。

（三）非洲教育本土化

非洲教育具有明显的外部依赖特征，西方传统认识论钳制了非洲教育发展，造成非洲教育发展过程中的自卑感和无能感。非洲教育本土化或非洲化就是要发展以非洲为中心的教育，密切联系非洲实际需要，培养能创造性建设非洲的人才。相关议题包括非洲教育本土化理论、非洲教育本土化动因与机制、非洲教育本土化战略、非洲教育本土化实践、非洲教育区域化或一体化等。

（四）对非教育援助

对非援助促进了非洲经济社会发展，增进了我国与非洲国家的友谊，深化了中非互利关系，树立了中国良好的负责任大国形象。随着我国各领域对非援助投入的日益增加，如何通过援助进一步促进非洲发展，不断提高援助的有效性，成为一项重要课题。相关议题包括：一是教育援助如何促进国家软实力提升，二是如何利用教育援助开展对非公共外交，三是教育援助模式创新，四是教育援助评估机制建设，五是教育援非比较研究。

二　非洲教育研究的主要思路

非洲教育研究要保持其活力和可持续性，必须避开一些误区，避免一些问题。目前非洲教育研究的问题主要集中在以下几个方面。一是研究领域和国别相对集中，研究主题主要集中在高等教育，国别集中在南非、埃及、尼日利亚等非洲大国，对初等、中等教育涉猎不多，对非洲法语国家及小国研究较少。二是非洲教育作为一个学科方向缺乏明确具体的中长期规划，学理研究欠缺，理论研究滞后。三是非洲教育研究的人才培养问题亟待解决，如课程设置、培养模式、教材开发等都处于摸索阶段。四是科研力量仍显薄弱。我国的非洲教育研究队伍虽已有一定的规模，但研究人员"兼职"多，专职少，且研究人员稳定性差，多产作者少，尚未形成核心骨干力量。[①]还有一个比较突出的问题是，当前非洲教育研究者的语言背景较为单一，外语均为英语，急需法语或阿拉伯语背景的学者加入研究队伍，深入开展对非洲法语国家的研究。此外，中国学者应加强国际交流与合作，既与非洲本土学者和西方学者联合开展研究、合作出版和发表学术成果，还应与非洲研究其他领域学者相互配合，开展综合性、跨学科的研究。

在研究内容上，非洲教育研究不应单单从教育本身探讨教育问题，更应关注非洲教育与社会发展之间的互动关系，全面而深刻地把握影响非洲教育发展的各种社会因素，从不同层面、不同角度对非洲教育进行全方位的分析。教育与民族国家构建、教育与社会流动、教育与减贫、教育与经济发展、教育与民主、教育与艾滋病、教育援助等主题应成为非洲教育研究中的核心和热点问题。应将区域研究与国别研究二者结合起来，对非洲教育的区域研究能使我们以更广阔的视野考察国别教育问题，推动国别教育研究向更高层次发展。在研究方法上，非洲教育研究在文献研究的基础上，应注重实证研究，强调长期而深入的田野调查，运用政治学、人类学、社会学、哲学、经济学的多学科方法，将量化研究与质性研究相结合。

中国综合国力的提升与教育发展必然加快中国教育的国际化进程，中国教育经历了前期借鉴和模仿的输入阶段，开始需要将"中国经验"输出

① 顾建新、张三花：《我国非洲教育研究二十年：回顾与思考》，《西亚非洲》2004年第6期，第56~63页。

到世界其他地区。中非教育交流与合作可以推动中国高校自身质量提升和能力建设，促进中国教育走向世界，扩大教育对外开放。非洲现在是世界上经济增速最快的地区之一，非洲大陆在全球的战略地位不断上升，研究非洲、了解非洲对中非关系发展至关重要。非洲教育必将成为比较教育学新的学科增长点，带动比较教育学学科研究方法和研究范式的转变。更多的学者将参与非洲教育研究，以全球化的视野，从非洲本土问题出发，产出更多的从"中国人的视角"对非洲做的客观、独立、公正的研究。

参考文献

一　中文论文

〔美〕安妮塔·韦勒、黄姗:《公共外交与中国—非洲文化交流:以内罗毕大学孔子学院为例》,《中国道路的现实与未来》,中国社会科学出版社,2013。

安然等:《非洲留学生教育需求与招生宣传模式》,《高教探索》2007年第5期。

包亮:《撒哈拉以南非洲孔子学院课程体系现状分析及建议》,《国际汉语教育》(中英文)2020年第1期。

蔡礼强、刘力达:《发达国家社会组织参与对外援助的制度吸纳与政策支持——基于美英德日法五国的比较分析》,《国外社会科学》2019年第5期。

曹黎:《从千年发展目标到釜山合作宣言——国际援助理论的变迁》,《经济研究导刊》2013年第9期。

陈昳可、郑崧:《浙江高校留学生在学满意度调查:现状、影响因素及对策》,《浙江教育科学》2018年第3期。

陈静、祝士明:《中国援助埃塞俄比亚职教师资问题探究》,《中国职业技术教育》2014年第18期。

陈静:《高等职业教育跨境办学合作模式研究——基于鲁班工坊在非洲的实践》,《天津教育》2021年第22期。

陈秀琼、龚晓芳:《来华非洲留学生跨文化学业适应调查与分析》,《教育评论》2018年第9期。

陈学金:《文化多样性与学校教育:西方国家的实践及中国的历程》,《广西民族研究》2018年第1期。

陈尧光:《美国对亚、非、拉丁美洲的教育渗透》,《世界知识》1964

年第 13 期。

陈志禄、张民选：《中国和博茨瓦纳的教育合作与交流：内容、特点及政策启示》,《比较教育研究》2015 年第 11 期。

程迈、刘伯成：《对推动非洲孔子学院发展因素的实证研究与调整建议》,《复旦国际关系评论》2017 年第 1 期。

程伟华等：《非洲来华留学研究生教育问题与对策》,《学位与研究生教育》2012 年第 8 期。

戴兵：《二十载耕耘结硕果新时代扬帆启新程——纪念中非合作论坛成立 20 周年》,《中国投资》2020 年第 z2 期。

戴锋宁：《非政府组织在美国对外战略中的作用浅析》,《中国人民大学学报》2020 年第 4 期。

戴蓉：《孔子学院与中国语言文化外交》, 硕士学位论文, 复旦大学, 2008。

翟俊卿、钦夏昱：《非洲职业教育的新发展——非盟〈促进青年就业的职业技术教育大陆战略〉解析》,《职业技术教育》2019 年第 9 期。

段胜峰：《非洲来华留学生汉语教学研究》, 博士学位论文, 西南大学, 2014。

高书国：《中国教育国际化发展阶段与特征分析》,《中国高教研究》2016 年第 12 期。

高天宜、钱一平：《1949–1976 年中非关系发展的再思考》,《史志学刊》2020 年第 3 期。

高旭、吴多利：《中非高校 20+20 合作计划对我国教育援外工作的启示》,《国际公关》2019 年第 8 期。

顾建新、张三花：《我国非洲教育研究二十年：回顾与思考》,《西亚非洲》2004 年第 6 期。

〔布隆迪〕荷迈尼基尔德·卢旺塔巴古、周倩：《促进非洲与中国的高等教育合作——布隆迪案例》,《西亚非洲》2007 年第 3 期。

贺文萍：《推倒高墙：论中非关系中软实力的建设》,《西亚非洲》2009 年第 7 期。

贺文萍：《西方的"新帽子"挡不住中非关系稳步前行》，《环球时报》2018年7月26日，第14版。

贺文萍：《中非教育交流与合作概述——发展阶段及未来挑战》，《西亚非洲》2007年第3期。

黄星永、洪永红：《新南非劳动权制度的嬗变及中资企业的应对》，《湘潭大学学报》(哲学社会科学版)2019年第1期。

姜洋：《中非高等教育合作与交流探究》，《重庆高教研究》2013年第4期。

蒋凯、徐铁英：《近代以来中国留学教育的历史变迁》，《大学教育科学》2007年第6期。

金应忠：《从"和文化"到新型国际关系理念——兼论人类命运共同体意识》，《社会科学》2015年第11期。

李安山、刘海方：《论中非合作论坛的运作机制及其与非洲一体化的关系》，《教学与研究》2012年第6期。

李安山、沈晓雷：《非洲留学生在中国：历史、现实与思考》，《西亚非洲》2018年第5期。

李安山、贾丁：《从坦赞铁路到蒙内铁路：中非合作中的技术转移》，《国际社会科学杂志》(中文版)2016年第4期。

李安山：《东京非洲发展国际会议与日本援助非洲政策》，《西亚非洲》2008年第5期。

李安山：《论中非合作论坛的起源——兼论对中国非洲战略的思考》，《外交评论》2012年第3期。

李安山：《为中国正名：中国的非洲战略与国家形象》，《世界经济与政治》2008年第4期。

李安山：《中非古代关系史研究四十年》，《社会科学战线》2021年第2期。

李安山：《中非合作的基础：民间交往的历史、成就与特点》，《西亚非洲》2015年第3期。

李军、田小红：《中国大学国际化的一个全球试验——孔子学院十年之路的模式、经验与政策前瞻》,《中国高教研究》2015年第4期。

李萍萍:《中非高等教育交流与合作研究——以中非高校20+20合作计划为例》,硕士学位论文,浙江师范大学,2015。

李盛兵、王志强:《中外合作办学30年——基于11省市中外合作办学分析》,《华南师范大学学报》(社会科学版)2009年第2期。

李盛兵:《新中国成立70年高等教育国际化特征与趋势》,《北京教育》(高教)2019年第10期。

梁克东:《中非职业教育合作的理念与路径》,《职业技术教育》2020年第6期。

刘爱生、黄英:《非洲大学治理改革、排名及其与中国的合作——访博茨瓦纳大学教育学院院长塔布拉瓦》,《世界教育信息》2015年第2期。

刘宝存、张继桥:《改革开放四十年教育对外开放政策变迁的历史考察》,《高校教育管理》2018年第6期。

刘宝存、张永军:《"一带一路"沿线国家孔子学院发展现状、问题与改革路径》,《西南大学学报》(社会科学版)2019年第2期。

刘海方、〔美〕孟洁梅:《铁路时间:中国专家与坦赞铁路的技术转让》,黄立志译,载李安山主编《中国非洲研究评论(2012)》,社会科学文献出版社,2013。

刘海方:《中国对非留学生奖学金政策沿革与绩效研究》,载李安山主编《中国非洲研究评论(2015)》,社会科学文献出版社,2017。

刘鸿武、林晨:《中非关系70年与中国外交的成长》,《西亚非洲》2019年第4期。

刘天南、蔡景峰:《中非人文交流:机制、局限与对策》,载李安山主编《中国非洲研究评论(2017)》,社会科学文献出版社,2018。

楼世洲、刘秉栋:《日本对非洲教育援助框架"图景"分析——历届"东京非洲发展国际会议"透视》,《比较教育研究》2017年第5期。

楼世洲:《从援助走向合作:基于"中非大学20+20合作计划"的分析》,《比较教育研究》2014年第5期。

楼世洲、徐辉:《新时期中非教育合作的发展与转型》,《教育研究》

2012 年第 10 期。

卢丽华：《"全球公民"教育思想的生成与流变》，《比较教育研究》2009 年第 11 期。

罗恒等：《"一带一路"倡议下职业教育国际合作模式探究——以中国–肯尼亚职教项目为例》，《比较教育研究》2018 年第 9 期。

罗建波：《中国与发展中国家的治国理政经验交流：历史、理论与世界意义》，《西亚非洲》2019 年第 4 期。

吕景泉：《非洲鲁班工坊项目建设、发展策略及管理政策研究》，《职业教育研究》2021 年第 5 期。

吕景泉：《服务"一带一路"，职业教育的新作为——"鲁班工坊"》，《天津职业院校联合学报》2018 年第 1 期。

马博、朱丹炜：《国家身份变迁：新中国援非政策与"中非命运共同体"构建》，《亚太安全与海洋研究》2019 年第 4 期。

马丽杰：《非洲地区孔子学院与职业教育结合的探索与实践》，《职业技术教育》2016 年第 35 期。

孟嘉璐等：《非洲留学生作为人才储备推动对非贸易的策略研究》，《金融经济》2019 年第 10 期。

孟嘉璐等：《孔子学院在非洲——浅析如何推进中非教育共同体迈向新高度》，《中国民族博览》2019 年第 8 期。

孟照海：《高等教育国际化的动因及其反思》，《现代教育管理》2009 年第 7 期。

牛长松、殷敏：《世界银行对非洲的高等教育援助政策及其影响》，《比较教育研究》2009 年第 11 期。

牛长松：《非洲教育研究综述》，《西亚非洲》2011 年第 5 期。

牛长松：《基于教育援助有效性视角的中非教育交流与合作评估——喀麦隆的个案》，《比较教育研究》2011 年第 12 期。

牛长松：《教育援助与国际社会责任——中日在非援建学校项目的案例比较》，《比较教育研究》2014 年第 5 期。

牛长松：《南非孔子学院的发展特色及影响因素分析》，《比较教育研究》2017年第9期。

牛长松：《中国与非洲教育合作的新范式》，《比较教育研究》2010年第4期。

牛长松：《孔子学院与中国对非语言文化外交》，《西亚非洲》2014年第1期。

彭伟步、焦彦晨：《海外华文传媒的文化影响力与中国文化软实力的建设》，《新闻界》2011年第5期。

秦玉友、李琳、赵忠平：《失学的概念、影响因素和控制策略——基于UNESCO的10年EFA全球监测报告的分析》，《外国教育研究》2012年第12期。

冉春：《南京国民政府留学教育管理研究》，博士学位论文，华中师范大学，2007。

沙伯力、严海蓉：《非洲人对于中非关系的认知（下）》，《西亚非洲》2010年第11期。

沈晓雷：《论中非合作论坛的起源、发展与贡献》，《太平洋学报》2020年第3期。

施晨：《来华留学生满意度分析——以厦门某高校为例》，《高教论坛》2018年第5期。

宋懿琛：《美国对外教育援助的战略与实践》，《世界教育信息》2009年第10期。

苏芳菱：《大学国际化发展战略研究综述》，《魅力中国》2010年第8期。

孙霄兵：《中国教育对外开放70年的政策演变与发展成就》，《国家教育行政学院学报》2019年第10期。

孙玉兰、李灿、吴红梅：《从理想到现实：非洲来华留学生兼职困境研究——以南京八所高校为例》，《高教探索》2015年第12期。

孙志远：《构建"中国教育走出去"战略的四个基本问题》，《复旦教育论坛》2021年第1期。

唐金花：《我国高职教育对非洲合作模式研究——以浙江省为例》，

《黑龙江高教研究》2016年第5期。

滕珺、鲁春秀、〔加拿大〕卡伦·芒迪：《中国与世界银行"全球教育合作基金"合作途径与挑战》，《比较教育研究》2018年第12期。

田小红、李军：《发达国家与发展中国家孔子学院的功能与服务模式比较研究》，《江苏高教》2015年第5期。

〔日〕土居健市：《"日本特色"的对非教育合作及其对中国的借鉴——东京非洲发展国际会议回顾展望》，《清华大学教育研究》2021年第3期。

万秀兰：《非洲大学科研政策、困境及中非合作建议》，《比较教育研究》2016年第12期。

王洪一：《试论"中国威胁论"》，《西亚非洲》2006年第8期。

王建梁、单丽敏：《全球教育治理中的"全球教育伙伴关系组织"：治理方式及成效》，《外国教育研究》2017年第8期。

王学军：《非洲非政府组织与中非关系》，《西亚非洲》2009年第8期。

王玉珏等：《新时代中非高等教育合作的思考与展望》，《世界教育信息》2020年第9期。

王玉萍：《DAC对外援助评估体系及对我国的启示》，《山西大学学报》（哲学社会科学版）2016年第6期。

魏浩、袁然、赖德胜：《中国吸引留学生来华的影响因素研究——基于中国与全球172个国家双边数据的实证分析》，《教育研究》2018年第11期。

文雯、王朝霞、陈强：《来华留学研究生学习经历和满意度的实证研究》，《学位与研究生教育》2014年第10期。

吴晓萍：《中国形象的提升：来自孔子学院教学的启示——基于麻省大学波士顿分校和布莱恩特大学孔子学院问卷的实证分析》，《外交评论》2011年第1期。

吴瑛、葛起超：《中国文化对外传播效果调查——以日本、黎巴嫩孔子学院为例》，《云南师范大学学报》（对外汉语教学与研究版）2011年第1期。

习曼洁：《多边主义视角下的中国—非盟合作：机制、行动与挑战》，硕士学位论文，北京外国语大学，2021。

项建英：《中非文化交流困境及中国对非教育的使命》，《比较教育研究》2011年第12期。

肖风翔、王光明：《经济全球化背景下的高等教育国际化》，《河北师范大学学报》(教育科学版)2008年第1期。

谢雪屏：《论文化软权力与中国国家形象的塑造》，《山西师大学报》（社会科学版）2009年第5期。

熊淳：《国际教育援助的趋向转变》，《教育研究》2013年第4期。

熊淳：《日本对非洲外援政策的历史演变探析》，《日本研究》2011年第4期。

熊建辉：《加强中南基础教育合作 增进中非友好交流——访南非基础教育部部长安吉·莫采卡》，《世界教育信息》2014年第6期。

徐晶晶：《日本对非洲数学和科学教育援助研究》，硕士学位论文，浙江师范大学，2015。

杨薇、翟风杰、郭红、苏娟：《非洲孔子学院的语言文化传播效果研究》，《西亚非洲》2018年第3期。

杨尊伟：《面向2030可持续发展教育目标与中国行动策略》，《全球教育展望》2019年第6期。

余伟斌：《中国对非外交政策的文化软实力研究》，博士学位论文，武汉大学，2014。

袁祖社：《面向人类共同福祉的国家伦理反思："文化软实力"研究之忧思》，《求是学刊》2012年第1期。

詹海玉：《"一带一路"背景下的孔子学院发展策略探讨》，《河北师范大学学报》（教育科学版）2017年第6期。

张春：《中非关系的国际贡献论初探》，《西亚非洲》2012年第3期。

张春：《中非合作论坛与中国特色国际公共产品供应探索》，《外交评论》2019年第3期。

张端鸿：《来华留学生教育为何难以实现管理趋同化》，《中国科学报》

2019年7月17日，第4版。

张光：《冷战后的日本对外援助政策走向》，《日本学刊》1993年第4期。

张磊：《鲁班工坊在中非教育合作中的SWOT分析及策略要义》，《天津教育》2021年第13期。

张磊等：《鲁班工坊核心要义的致用之道：认知、行动与策略——以埃塞俄比亚鲁班工坊为例》，《职业教育研究》2021年第9期。

张力玮：《非洲大陆教育战略（2016-2025年）》，《世界教育信息》2016年第12期。

张立军、张谅：《非洲留学生来华学习动因调查分析——以中国地质大学（武汉）为例》，《教育观察》2014年第2期。

张梦颖：《中非关系的媒体作用：现状与提升》，《新闻知识》2019年第5期。

张民选：《疫情下的教育国际公共产品供给：世界危机与中国行动》，《比较教育研究》2021年第2期。

张卫宇、邵成忠：《论人力资本论对于教育变革的影响》，《高等建筑教育》1999年第2期。

张雯：《非洲来华硕士项目留学生的学术适应、文化适应与文化认同——一项质性研究》，硕士学位论文，浙江师范大学，2019。

张秀琴等：《中国和非洲国家的教育交流与合作》，《西亚非洲》2004年第3期。

张媛远、云蔚：《中非职业技术师范教育合作的实践路径研究——以埃塞俄比亚FTVETI为例》，《职业教育研究》2021年第10期。

张忠祥、陶陶：《中非合作论坛20年：回顾与展望》，《西亚非洲》2020年第6期。

赵晨光：《中非合作论坛峰会的机制化：趋向、基础与发展建议》，《西亚非洲》2021年第5期。

赵鹏飞等：《"一带一路"职业教育校企协同走进非洲》，《中国职业技术教育》2017年第29期。

赵玉池：《国际教育援助研究》，博士学位论文，西南大学，2010。

郑崧：《有效援助议程下的中国对非教育援助》，《比较教育研究》2011年第12期。

郑宇：《援助有效性与新型发展合作模式构想》，《世界经济与政治》2017年第8期。

中非合作论坛中方后续行动委员会：《中非合作论坛第四届部长级会议后续行动落实情况》，2012年7月。

钟英华：《非洲孔子学院建设中的几个基本问题》，《云南师范大学学报》(对外汉语教学与研究版)2009年第1期。

仲鑫：《对二战后发展理论及官方发展援助关系的思考》，《南京财经大学学报》2008年第2期。

周谷平、韩亮：《"一带一路"倡议与教育外交》，《比较教育研究》2018年第4期。

周金燕：《非认知技能的概念及测量进展》，《全球教育展望》2020年第5期。

周培源、朱瑞娟：《中外人文交流机制的"人本化"传播模式探索——以中国—南非高级别人文交流机制为例》，《国际传播》2017年第4期。

二 中文著作

〔塞内加尔〕巴帕·易卜希马·谢克：《法国在非洲的文化战略：从1817年到1960年的殖民教育》，邓皓琛译，商务印书馆，2016。

《邓小平文选》(第二卷)，人民出版社，1983。

《中非教育合作与交流》编写组编著《中国与非洲国家教育合作与交流》，北京大学出版社，2005。

白云真等：《中国对外援助的支柱与战略》，时事出版社，2016。

〔美〕菲利普·库姆斯：《世界教育危机》，赵宝恒、李环等译，人民教育出版社，2001。

费孝通：《费孝通论文化与文化自觉》，群言出版社，2005。

胡美:《中国对非援助编年研究（1956—2015）》，中央编译出版社，2017。

吉佩定主编《中非友好合作五十年》，世界知识出版社，2000。

金立群主编《世界银行：寻求发展之路》，北京工业大学出版社，1994。

〔英〕肯尼斯·金:《中国对非洲的援助与软实力：以教育和培训为例》，刘爱生、彭利平译，浙江大学出版社，2015。

黎家松主编《中华人民共和国外交大事记》（第二卷），世界知识出版社，2001。

李安山主编《中国非洲研究评论（2011）》，北京大学出版社，2012。

李建忠:《战后非洲教育研究》，江西教育出版社，1996。

李滔:《中华留学教育史录（1949年以后）》，高等教育出版社，2000。

李小云主编《普通发展学》，社会科学文献出版社，2005。

梁蒙迅:《社会发展论》，山东人民出版社，1991。

刘鸿武、黄梅波等:《中国对外援助与国际责任的战略研究》，中国社会科学出版社，2013。

刘鸿武:《非洲文化与当代发展》，人民出版社，2014。

刘鸿武等:《新时期中非合作关系研究》，经济科学出版社，2016。

陆苗耕、黄舍骄、林怡主编《同心若金——中非友好关系的辉煌历程》，世界知识出版社，2006。

〔赞比亚〕莫约:《援助的死亡》，王涛等译，世界知识出版社，2010。

裴坚章:《研究周恩来》，世界知识出版社，1959。

曲星、钟龙彪:《当代中国外交》，中国人民大学出版社，2012。

世界银行:《撒哈拉以南的非洲教育政策——调整、复兴和扩充》，朱文武等译，浙江大学出版社，2008。

孙进主编《定位与发展：比较教育的理论、方法与范式》，山东教育出版社，2015。

田正平主编《中外教育交流史》，广东教育出版社，2004。

童星：《发展社会学与中国现代化》，社会科学文献出版社，2005。

北京大学非洲研究中心编《中国与非洲》，北京大学出版社，2000。

王鲁新：《中国与非洲国家教育合作与交流》，北京大学出版社，2000。

《中非教育合作与交流》编写组编著《中国与非洲国家教育合作与交流》，北京大学出版社，2005。

王小林：《贫困测量：理论与方法》，社会科学文献出版社，2012。

吴传华、郭佳、李玉洁：《中非人文交流与合作》，中国社会科学出版社，2018。

熊淳：《人文贫困与基础教育援助：日本的非洲策略研究》，上海三联书店，2013。

薛理银：《当代比较教育方法论研究——作为国际教育交流论坛的比较教育》，首都师范大学出版社，1993。

刘鸿武、徐薇主编《中国—南非人文交流发展报告（2016—2017）》，浙江人民出版社，2018。

于富增等：《教育国际交流与合作史》，海南出版社，2001。

袁本涛：《发展教育论》，江苏教育出版社，2005。

〔美〕约瑟夫·奈：《软实力——世界政坛成功之道》，吴晓辉、钱程译，东方出版社，2005。

张永宏、安春英主编《中非发展合作的多维视阈》，云南大学出版社，2012。

张忠祥：《中非合作论坛研究》，世界知识出版社，2012。

赵长峰：《国际视角下的中非合作研究》，华中师范大学出版社，2016。

中华人民共和国教育部中非教育部长论坛文集编辑组：《2005中非教育部长论坛文集》，北京大学出版社，2006。

三 中文官方文献

《中国共产党第十九次全国代表大会工作报告（全文）》，中国青年网，2017年10月30日，https://xibu.youth.cn/gzdt/zxyw/201710/t20171030_
10935323.htm。

《中非合作论坛——达喀尔行动计划（2022—2024）》，中非合作论坛，
2021年12月2日，http://focac.org.cn/focacdakar/chn/hyqk/202112/ t20211202
_ 10 461216.htm。

《中非合作2035年愿景》，中非合作论坛，2021年12月8日，http://
focac.org.cn/focacdakar/chn/hyqk/202112/t20211208_10464357.htm。

中华人民共和国国务院新闻办公室：《新时代的中非合作》，中
国政府网，2021年11月26日，http://www.gov.cn/zhengce/2021-11/26/
content_5653540.htm。

《〈中国企业在南非发展报告〉发布》，人民网，2016年12月9日，
http://world.people.com.cn/n1/2016/1209/c1002-28936834.html。

《中非合作论坛——北京行动计划（2019—2021年）》，中非合作论坛，
2018年9月5日，http://focacsummit.mfa.gov.cn/chn/ hyqk/t1592247.htm。

《中国与非洲关系大事记（1949-2003）》，中国网，2006年10月30日，
http://www.china.com.cn/chinese/HIAW/445819.htm。

中华人民共和国国务院新闻办公室：《中国与非洲的经贸合作》，国新
网，2010年12月23日，http://www.scio.gov.cn/zfbps/ndhf/2010/Document/
832287/832287.htm。

中华人民共和国商务部：《中国对外投资发展报告2018》，2019年1月
28日，http://www. mofcom.gov.cn/article/201901/20190128155348158.pdf。

四　英文论文

Addison, T., M. Niño-Zarazúa , F.Trap, "Aid, Society Policy and
Development," *Journal of International Development*, Vol. 27, No.8 (2015).

Akhtar, Nadeem, Cornelius B. Pratt and Shan Bo, "Factors in the Cross-
cultural Adaptation of African Students in Chinese Universities," *Journal of
Research in International Education*, Vol. 14, No.2 (2015).

Alesina, A., D. Dollar, "Who Gives Foreign Aid to Whom and Why?"

Journal of Economic Growth, Vol. 5, No.1 (2000).

Amoah, Padmore Adusei, Obert Hodzi, Robert Castillo, "Africans in China and Chinese in Africa: Inequalities, Social Identities , and Wellbeing," *Asian Ethnicity*, Vol. 21, No. 4 (2020).

Beck, Ann, "Colonial Policy and Education in British East Africa, 1900-1950," *The Journal of British Studies*, Vol. 5, No. 2 (1966).

Birchler, K. , and K. Michaelowa, "Making Aid Work for Education in Developing Countries: An Analysis of Aid Effectiveness for Primary Education Coverage and Quality," *International Journal of Educational Development*, Vol.48 (2016).

Bloom, David E., "Demographic Upheaval," *Finance & Development*, Vol. 53, No. 1 (2016).

Bodomo, A., "The Bridge Is Not Burning Down: Transformation and Resilience within China's African Diaspora Communities," *African Studies Quarterly*, Vol. 17, No.4 (2018).

Bolewski, Wilfried, & Rietig, Candy M., "The Cultural Impact on China's New Diplomacy," *The Whitehead Journal of Diplomacy and International Relations*, Vol. 9, No. 2 (2008).

Boulding, K.E., "National Images and International Systems," *The Journal of Conflict Resolution*, Vol.3, No.2 (1959).

Burgess, Lisa María, "Conversations with African Students in China," *Transition*, No. 119 (2016).

Chapman, David W., & Jessica Jester Quijada, "An Analysis of USAID Assistance to Basic Education in the Developing World, 1900-2005," *International Journal of Education Development*, Vol. 29, No. 3 (2009).

Chung, B.G., "The Korean Model of ODA: A Critical Review of Its Concept and Practices Reflected in Educational ODA," *Asian Education and Development Studies*, Vol. 3, No. 1 (2013).

Dong, Lili, & David W. Chapman, "The Chinese Government Scholarship Program: An Effective form of Foreign Assistance?" *International Review of Education*, Vol. 54, No.2 (2008).

Dreher, A., P. Nunnenkamp, R. Thiele, "Does Aid for Education Educate Children? Evidence from Panel Data," *The World Bank Economic Review*, Vol. 22, No. 2 (2008).

Edeh, Emmanuel Chidiebere, & Tachago Tchuente Ines Brenda, "Examining the Impact of China-Africa Educational Cooperation: A Case Study of Cameroon," *Journal of Education and Practice*, Vol.4, No.11 (2019).

Gil, Jeffrey, "The Promotion of Chinese Language Learning and China's Soft Power," *Asian Social Science*, Vol. 4, No.10 (2008).

Haugen, H. Ø., "China's Recruitment of African University Students: Policy Efficacy and Unintended Outcomes," *Globalisation, Societies and Education*, Vol. 11, No.3 (2013).

Haugen, H. Ø., "From Pioneers to Professionals: African Brokers in a Maturing Chinese Marketplace," *African Studies Quarterly*, Vol. 17, No.4 (2018).

Heyneman, Stephen P., Bommi Lee, "International Organizations and the Future of Education Assistance," *International Journal of Educational Development*, Vol. 48 (2016).

Ikuenobe, Polycarp, "Moral Education and Moral Reasoning in Traditional African Cultures," *The Journal of Value Inquiry*, Vol. 32, No.1 (1998).

King, Kenneth, "China's Cooperation in Education and Training with Kenya: A Different Model?" *International Journal of Educational Development*, Vol. 30, No. 5 (2010).

King, Kenneth, "The External Agenda of Educational Reform: A Challenge to Educational Self-Reliance and Dependency in Sub-Saharan Africa," *Journal of International Cooperation in Education*, Vol.7, No.1

(2004).

Leslie, Agnes Ngoma, "Introduction China-Africa Relations: Theoretical and Practical Perspectives on African 'Migrants'in China," *African Studies Quarterly*, Vol. 17, No.4 (2018).

Li, Anshan, "African Students in China: Research, Reality and Reflection," *African Studies Quarterly*, Vol. 17, No. 4 (2018).

Niño-Zarazúa, Miguel, "Aid, Education Policy, and Development," *International Journal of Education Development*, Vol. 48 (2016).

Niu, Dong, "Transient: A Descriptive Concept for Understanding Africans in Guangzhou," *African Studies Quarterly*, Vol. 17, No.4 (2018).

Niu, Changsong, "China's Educational Cooperation with Africa: Toward New Strategic Partnerships," *Asian Education and Development Studies*, Vol. 3, No. 1 (2013).

Nordtveit, B. H., "An Emerging Donor in Education and Development: A Case Study of China in Cameroon," *International Journal of Educational Development*, Vol.31, No.2 (2011).

Omolewa, Michael, "Traditional African Modes of Education: Their Relevance in the Modern World," *International Review of Education*, Vol. 53, No. 5/6 (2007).

Psacharopoulos, G., "Returns to Education: A Further International Update and Implications," *Journal of Human Resources*, Vol. 20, No. 4 (1985).

Reimers, F., "Education and Structural adjustment in Latin America and Sub-Saharan Africa," *International Journal of Educational Development*, Vol. 14, Issue 2 (1994).

Riddell, A., and M. Niño-Zarazúa, "The Effectiveness of Foreign Aid to Education: What Can Be Learned?" *International Journal of Educational Development*, Vol. 48 (2016).

Smith, Rennie, "Education in British Africa," *Journal of the Royal African Society*, Vol. 31, No. 122 (1932).

Starr, Don, "Chinese Language Education in Europe: The Confucius Institutes," *European Journal of Education*, Vol. 44, No.1 (2009).

Sumida, Sugata, "Donor's Motivation of the Educational Aid," *International Journal of Educational Development*, Vol.55 (2017).

Tang, Xiaoyang, "Dose Chinese Employment Benefit Africans? Investigating Chinese Enterprises and Their Operations in Africa," *African Study Quarterly*, Vol.16, No.3–4 (2016).

Tano, Kouassi Joseph, & Qiu Yun Sun, "The African Student Associations' Survival and Adaptation in China: Cases of Jinhua and Wuhan," *Asia Pacific Journal of Advanced Business and Social Studies*, Vol. 3, No.2 (2017).

Tilak, J.G., "Foreign Aid for Education," *International Review of Education*, Vol. 34 (1988).

Vandemoortele, J. , "If Not the Millennium Development Goals, then what?" *Third World Quarterly*, Vol. 32, No. 1 (2011).

Wang, Ying, "Language Policy in Chinese Higher Education: A Focus on International Students in China," *European Journal of Language Policy*, Vol. 9, No.1 (2017).

Wen, Wen, Die Hu, Jie Hao, "International Students' Experiences in China: Does the Planned Reverse Mobility Work?" *International Journal of Educational Development*, Vol. 61 (2018).

White, Bob W. , "Talk about School: Education and the Colonial Project in French and British Africa (1860-1960)," *Comparative Education*, Vol.32, No.1 (1996).

Yang, Rui, "Soft Power and Higher Education: An Examination of China's Confucius Institutes," *Globalization, Societies and Education*, Vol. 8, No.2 (2010).

五 英文著作（包括论文集）

de Wit, Hanson, ed., *Strategies for Internationalization of Higher*

Education: A Comparative Study of Australia, Canada, Europe and the United States of America, Amsterdam: European Association for International Education, 1995.

Fafunwa, A. Babs, *History of Education in Nigeria*, London: Routledge, 2018.

Fafunwa, A. Babs, *New Perspectives in African Education*, Lagos: Macmillan, 1967.

Gillespie, S., *South-South Transfer: A Study of Sino-African Exchanges*, New York: Routledge, 2001.

Ginsburg, M. B., ed., *Understanding Educational Reform in Global Context: Economy, Ideology and the State*, London: Garland Publishing, Inc., 1991.

Glennerster, R., M. Kremer, I. Mbiti, & K. Takavarasha, *Access and Quality in the Kenyan Education System: A Review of the Progress, Challenges and Potential Solutions*, Massachusetts: Massachusetts Institute of Technology, 2011.

Glennie, Jonathan, *The Trouble with Aid: Why Less Could Mean More for Africa*, London : Zed Books Ltd., 2008.

Gough, A., *Teacher Education for Sustainable Development: Past, Present and Future*, Springer International Publishing, 2016.

Jones, P.W., *World Bank Financing of Education: Lending, Learning and Development*, London and New York: Routledge, 1992.

Kamlibeppu, Takao, *History of Japanese Policies in Education Aid to Developing Countries, 1950s-1990s: The Role of the Subgovernmental Processes*, New York & London: Routledge, 2002.

Kanbul, R., M. Spence, eds., *Equity and Growth in a Globalizing World*, Washington, D.C.: The International Bank for Reconstruction and Development, 2010.

Liu, Haifang, & Monson Jamie, "Railway Time: Technology Transfer and the Role of Chinese Experts in the History of TAZARA," in *China and Africa in a Global Context* (Volume I), Leiden: Brill, 2013.

Lahiri, S., ed., *Theory and Practice of Foreign Aid*, Amsterdam: Elsevier, 2007.

Lopes, C., & T.Theisohn, *Ownership, Leadership and Transformation: Can We Do Better for Capacity Development?* London, Sterling (VA): Earthscan Publications, 2003.

Majgaard, Kirsten, and Alain Mingat, *Education in Sub-Saharan Africa: A Comparative Analysis*, Washington, D.C.: World Bank, 2012.

Ninkovich, Frank A., *The Diplomacy of Ideas: U.S. Foreign Policy and Cultural Relations, 1938–1950*, Cambridge: Cambridge University Press, 1981.

Nwonwu, F., ed., *The Millennium Development Goals: Achievements and Prospects of Meeting the Targets in Africa*, Pretoria, SA: African Institute of South Africa, 2008.

Varghese, N.V., & L. Buchert, eds., *Financing Education: Redesigning National Strategies and the Global Aid Architecture*, Paris: International Institute of Education Planning, 2011.

Yamada, Shoko, ed., *Post-Education-For All and Sustainable Development Paradigm: Structural Changes with Diversifying Actors and Norms*, Bingley: Emerald Group Publishing Limited, 2016.

六　外文官方文献

"Accra Agenda for Action (Second Draft, 27 June 2008)," July 16, 2018, https://realityofaid.org/accra-agenda-for-action -second-draft-27-june-2008/.

African Union and UNICEF, "Transforming Education in Africa: An Evidence-based Overview and Recommendations for Long-term Improvements," September 20, 2021, https://www.unicef.org/media/ 106686/ file/Transforming%20 Education%20in%20Africa.pdf.

AU，"Continental Education Strategy for Africa (2016-2025)，"January 1，2016，https://au. int/sites/default/files/documents/29958-doc-cesa_-_ english-v9.pdf.

AU，"Continental Strategy for Technical and Vocational Education and Training to Foster Youth Emplo-yment，"June 2014，https//au.int/sites/default/ files/ documents/35054-doc-tvet-english_-_final_2.pdf.

Brundtland Commission，"Report of the World Commission on Environment and Development: Our Common Future，"1987，https:// sustainabledevelopment.un.org/content/documents/5987our-common-future.pdf.

Campus France，"The International Mobility of African Students，"November 2017，https:// www.campusfrance. org/en/ resource/ the-international-mobility-of-african-students.

CIPP，"Conceptualizing Capacity Building，"January 2015，https:// www2.ed.gov/about/offices/list/osers/osep/rda/cipp2-conceptualizing-capacity-building-2-10-15.pdf.

Congressional Research Service，"Foreign Assistance and the Education Sector: Programs and Priorities，"July 1，2021，https://sgp.fas.org/crs/row/ R44676.pdf.

European Commission, *Commission Staff Working Document: More and Better Education in Developing Countries,* Brussels: European Commission, 2010.

Government of Japan，"Japan and Africa: Strengthening Bonds，"July 1，2019，http://dwl.Gov -online.go.jp/ video/cao/dl/public_html/gov/book/ hlj/20190701/html5.html#page=5.

ILO，"Global Employment Trends for Youth 2020:Africa，"March 9，2020，https://www. ilo.org/global/ about-the-ilo/WCMS_737670/lang—zh/ index.htm.

JICA，"JICA Basic Education Cooperation in Africa，"August 1，2019，http://www.jica.go.jp/english/publications/brochures/c8h0vm000avs7w2-att/

education-EN.pdf.

JICA, "2010 JICA Annual Evaluation Report," March 1, 2011, https://www.jica.go.jp/english/ our_ work/Evaluation/reports/2010/index.html.

JICA, "Approaches for Systematic Planning of Development Projects," March 1, 2004, https://www.jica. go.jp/jica-ri/IFIC_and_JBICI-Studies/english/publications/reports/study/topical/ approach- es/pdf/higher-01. pdf.

JICA, "JICA's Operation in Education Sector: Present and Future," September 2010, https://openjicareport. jica.go.jp/240/240/240_000_1000043055.html.

JICA, "Philosophy and Significance of JICA's Assistance in Mathematics and Science Education," March 1, 2007, https://www.jica.go.jp/jica-ri/IFIC_and_JBICI-Studies/english/publications/ reports/study/topical/philosophy/pdf/philosophy_00.pdf.

JICA, "Technical and Vocational Education and Training Support (TVETS) Project in Ghana", December 2011, https:// openjicareport.jica.go.jp/pdf/12047833.pdf.

JICA, "The History of Japan's Educational Development:What Implications Can Be Drawn for Developing Countries Today," March 1, 2004, https://openjicareport.jica.go.jp/242/242/242_000_ 117 78784.html.

MOFA of Japan, "African Development Towards the 21st Century: The Tokyo Agenda for Action," October 21, 1998, https://www.mofa.go.jp/region/africa/ticad2/agenda21.html.

MOFA of Japan, "BEGIN: Basic Education for Growth Initiative," March 20, 2013, http:// www. mofa.go. jp/region/africa/education3.html.

MOFA of Japan, "Development Cooperation Charter," November 2, 2015, https://www.mofa.go.jp/policy/oda/page_000138.html.

MOFA of Japan, "Illustrative List of Ongoing and Pipeline Projects/Programs for African Development as a Reference Document for TICAD Ⅱ," October 21, 1998, http://www.mofa.go.jp/region/Africa/ticad2/index.html.

MOFA of Japan, "Japan's ODA White Paper 2006," September 1, 2006, https://www.mofa. go.jp/policy/oda/ white/2006/ODA2006/html/honpen/hp202020101.htm.

MOFA of Japan, "Japan's ODA White Paper 2017," February 1, 2018, https://www.mofa. go.jp/policy/oda/ white/2017/html/honbun/b3/s2_1_1_1-2_03.html.

MOFA of Japan, "The ABE Initiative-Pilots of African Business," October 7, 2019, https:// www. mofa.go.jp/files/000469595.pdf.

MOFA of Japan, "TICAD Tenth Anniversary Declaration," October 1, 2003, http://www. mofa.go.jp/region/ africa/ticad3/declaration.html.

"Nairobi Outcome Document," December 21, 2009, https://unctad.org/system/files/official-document/aconf215d2_en.pdf.

OECD, "Green at Fifteen? How 15-year-olds Perform in Environmental Science and Geoscience in PISA," 2006, https://www.oecd.org/pisa/pisaproducts/42467312.pdf.

Overseas Development Institute, "Education Cannot Wait: Proposing a Fund for Education in Emergencies," May 2016, https://www.odi.org/sites/odi.org.uk/files/resource-documents/10497.pdf.

UNCTAD, "Cairo Declaration and Cairo Plan of Action," May 12, 2000, https:// unctad.org/en/ Docs/tb24d2.en.pdf.

UNDP, "Capacity Development: Empowering People and Institutions," 2008, https://freereadebookonline.com/title/capacity-development-empowering-people-and-institutions.

UNDP, "South-South Cooperation," https://www.asia-pacific.undp.org/content/rbap/en/home/development-impact/south-south-cooperation.html.

UNDP, "The Sector Wide Approach: A Country Assessment," 2012, http://www.undp.org/ content/dam/ swaziland/docs/thematics/UNDP_SZ_Poverty_SectorWideApproachReport2012.pdf.

UNESCO, "Education 2030 Incheon Declaration and Framework for

Action for the Implementation of Sustainable Development Goal 4," January 1, 2016, http://uis.unesco.org/sites/default/files/documents/education-2030-incheon-framework-for-action-implementation-of-sdg4-2016-en_2.pdf.

UNESCO, "Regional Overview: Sub-Saharan Africa," 2015, http://www.unesco.org/new/fileadmin/MULTIMEDIA/FIELD/Dakar/pdf/Synthesis ReportofEFA reviews AFR.pdf.

UNESCO, "Global Education Monitoring Report 2020. Inclusion and Education: All Means All," 2020, https://unesdoc.unesco.org/ark:/48223/pf0000373724.

UNESCO, "Charting the Course of Education and HIV," 2014, https://unesdoc. unesco.org/ark:/48223/pf0000226125.

UNESCO, "Dakar Framework for Action. Education for All: Meeting Our Collective Commitments," April 26-28, 2000, https://unesdoc. unesco.org/ark:/48223/pf0000120240.

UNESCO, "Education for All 2000-2015: Achievements and Challenges," 2015, https://en.unesco.org/gem-report/report/2015/education-all-2000-2015-achievements-and- challenges.

UNESCO, "Education for People and Planet: Creating Sustainable Futures for All," September 6, 2016, https://en.unesco.org/gem-report/report/2016/education-people-and-planet-creating-sustainable -futures-all.

UNESCO, "Overcoming Inequality: Why Governance Matters," 2009, https://en.unesco.org/gem-report/report/2009/overcoming-inequality-why-governance-matters.

UNESCO, "Education for Sustainable Development Sourcebook," 2012, http://unesco. org/images/0021/002163/216383e.pdf.

UNESCO, "Global Education Monitoring Report 2020. Inclusion and Education: All Means All," 2020, https://unesdoc.unesco.org/ark:/48223/pf0000373724.

UNESCO, "South-South Cooperation," https://en.unesco.org/themes/

education/south-south- cooperation.

UNESCO，"Teaching and Learning: Achieving Quality for All，" April 2014，https://en.unesco.org/gem-report/report/2014/teaching-and-learning-achieving- quality-all.

UNESCO，"Without Capacity, There Is No Development，" 2009，http://www.iiep.unesco.org/en/publication/without-capacity-there-no-development.

UNICEF，"Transforming Education in Africa: An Evidence-based Overview and Recommendations for Long-term Improvements ，" September 18，2021，https://www.unicef.org/reports/transforming-education-africa.

United Nations，"Financing for Sustainable Development Report 2019，" April 8，2019，https://www.un.org/development/desa/publications/financing-for-sustainable-development-report-2019.html.

United Nations，"The Millennium Development Goals Report 2015，" July 6，2015,https://www.un.org/en/node/89740.

U. S. Department of Education，"Succeeding Globally Through International Education and Engagement，" 2018, https://sites.ed.gov/international/files/2018/11/Succeeding-Globally-Through- International-Education-and -Engagement-Update-2018.pdf.

USAID, "Education is Transformational，" August 22, 2019, https://www.usaid.gov/documents/ 1865/education-transformational.

USAID, "Education，" August 22, 2019, https://www.usaid.gov/education.

USAID, "USAID Education Policy，" November 2018，https://www.usaid.gov/education/policy.

USAID, "USAID Education Policy: Program Cycle Implementation and Operational Guidance，" May 18, 2020, https://www.usaid.gov/documents/1865/education-policy-program-cycle-implementation-and-operational -guidance.

USAID，"Shared Interest: How USAID Enhances U.S. Economic Growth，" May 15, 2018，https://www.usaid.gov/documents/1870/shared-interest-how-usaid-enhances-us-economic-growth.

USAID, "U.S. Government Strategy on International Basic Education(Fiscal Years 2019-2023)," September 14, 2018, https://www.usaid.gov/sites/default/files/documents/1865/USG-Education-Strategy_FY2019-2023_Final_Web.pdf.

USAID, "USAID Education Progress Report 2018-2021," 2021, https://www.usaid.gov/sites/default/files/documents/2018-2021-Progress-Report-121721-508.pdf.

USAID, "USAID Education Strategy Progress Report," 2018, https://www.usaid.gov/sites/default/files/ documents/1865/USAID_2018_Progress_Report_Web.pdf.

USAID, "USAID Education: Access to Quality Education for Children and Youth with Disabilities," 2019, https://www.usaid.gov/sites/default/files/documents/1865/FactSheet _Disability _7.31.19_FINAL.pdf.

USAID, "USAID Education: Education in Crisis and Conflict," August 21, 2019, https://www.usaid.gov/documents/1865/usaid-education-education-crisis-and-conflict-pdf.

USAID, "USAID Education: Girls' Education," August 21, 2019, https://www.usaid.gov/ documents/1865/usaid-education-girl%E2%80%99s-education.

USAID, "USAID Policy Framework: Ending the Need for Foreign Assistance," 2018, https:// www.usaid. gov/sites/default/files/documents/1870/Web_PF-MINI_BOOKLET_10APRIL2019.pdf.

World Bank, "Education Sector Strategy," 1999, https://eric.ed.gov/?id=ED432533.

World Bank, "World Development Report 2018: Learning to Realize Education's Promise," 2019, https://openknowledge.worldbank.org/bitstream/handle/10986/283 40.pdf.

World Bank, "Education Sector Working Paper," 1995, https:// documents.worldbank.org/curated/en/809951468739309587/pdf/multi-page.pdf.

World Bank，"Primary Education：A World Bank Policy Paper，" 1990, https: //files.eric.ed. gov/fulltext/ ED325244.pdf.

World Bank，*Education Sector Policy Paper*，Washington, D.C.: World Bank，1980.

图书在版编目（CIP）数据

中非教育合作战略与机制创新研究 / 牛长松著.
北京：社会科学文献出版社，2024.11. --ISBN 978-7
-5228-4249-3

Ⅰ.G719.2；G719.4

中国国家版本馆CIP数据核字第2024Q9Z930号

中非教育合作战略与机制创新研究

著　　者 / 牛长松

出 版 人 / 冀祥德
责任编辑 / 高明秀
文稿编辑 / 邹丹妮
责任印制 / 王京美

出　　版 / 社会科学文献出版社·区域国别学分社（010）59367078
　　　　　地址：北京市北三环中路甲29号院华龙大厦　邮编：100029
　　　　　网址：www. ssap. com. cn
发　　行 / 社会科学文献出版社（010）59367028
印　　装 / 三河市龙林印务有限公司

规　　格 / 开　本：787mm×1092mm　1/16
　　　　　印　张：19.75　字　数：303千字
版　　次 / 2024年11月第1版　2024年11月第1次印刷
书　　号 / ISBN 978-7-5228-4249-3
定　　价 / 128.00元

读者服务电话：4008918866

▲▲ 版权所有 翻印必究